Politisches Denken · Jahrbuch 1992

In Verbindung mit der
Deutschen Gesellschaft zur Erforschung des Politischen Denkens.

Redaktionsanschriften:

Prof. Dr. Volker Gerhardt
Philosophisches Seminar der Deutschen Sporthochschule Köln,
Postfach 45 03 27, D-5000 Köln 41

Prof. Dr. Henning Ottmann
Philosophisches Seminar der Universität Basel,
Nadelberg 6–8, CH-4051 Basel

Wissenschaftlicher Beirat:

Karl Dietrich Bracher (Bonn), Reinhard Brandt (Marburg), Maurice Cranston (London), John Dunn (Cambridge), Iring Fetscher (Frankfurt), Klaus Hartmann (Tübingen) (†), Wilhelm Hennis (Freiburg), Dieter Henrich (München), Otfried Höffe (Tübingen), Hasso Hofmann (Würzburg), Nikolaus Lobkowicz (Eichstätt), Hermann Lübbe (Zürich), Odo Marquard (Gießen), Kenneth Minogue (London), Michael Oakeshott (London) (†), J. G. A. Pocock (Hopkins University), Melvin Richter (New York), Quentin Skinner (Cambridge), Michael Stolleis (Frankfurt)

Politisches Denken
Jahrbuch 1992

Herausgegeben von
Volker Gerhardt, Henning Ottmann
und Martyn P. Thompson

Verlag J. B. Metzler
Stuttgart · Weimar

Die Deutsche Bibliothek – CIP-Einheitsaufnahme

Politisches Denken: Jahrbuch ...;
Jahrbuch der Deutschen Gesellschaft zur Erforschung des Politischen Denkens. –
Stuttgart: Metzler.
Erscheint jährlich. – Aufnahme nach 1991 (1992)
ISSN 0942-2307
1991 (1992) –

Dieses Werk einschließlich aller seiner Teile ist urheberrechtlich geschützt.
Jede Verwertung außerhalb der engen Grenzen des Urheberrechtsgesetzes
ist ohne Zustimmung des Verlages unzulässig und strafbar.
Das gilt insbesondere für Vervielfältigungen, Übersetzungen,
Mikroverfilmungen und die Einspeicherung und Verarbeitung
in elektronischen Systemen.

ISSN 0942-2307
ISBN 3 476 00873 8

© 1993 J. B. Metzlersche Verlagsbuchhandlung
und Carl Ernst Poeschel Verlag GmbH in Stuttgart
Satz: Fotosatz Dorner, Aichwald
Druck: Gulde-Druck, Tübingen
Verarbeitung: Buchbinderei Riethmüller, Stuttgart
Printed in Germany

Verlag J. B. Metzler Stuttgart · Weimar

Inhalt

Aufsätze

Hans Maier:
Natur und Kultur
1

Rüdiger Bubner:
Die Nation – das partikularisierte Allgemeine
19

Peter J. Opitz:
Max Weber und Eric Voegelin.
Mit einem Anhang:
Die Korrespondenz Eric Voegelins
mit Leopold von Wiese und Marianne Weber
29

Joachim Fischer:
Plessner und die politische Philosophie
der zwanziger Jahre
53

Werner Becker:
Der Bankrott des Marxismus.
Über das Ende einer Weltphilosophie
79

J. G. A. Pocock:
What was Revolution and has it a Future?
91

Martyn P. Thompson:
The Modern Revolutionary Idea
95

MELVIN RICHTER:
Remarks on an Apparent Paradox:
Tocqueville's View of Bonapartism as
the Heir to the Revolutions of 1789 and 1848
103

Laurence Dickey:
The French Revolution and Liberalism
111

NORBERT KAPFERER:
Aufstieg und Fall der Kaderphilosophie
der DDR – Ein Lehrstück zum Verhältnis
von Philosophie und Macht
117

Diskussionen

EMIL ANGEHRN:
Zivilgesellschaft und Staat.
Anmerkungen zu einer Diskussion
145

LUDGER KÜHNHARDT:
Fukuyamas Diagnose der Gegenwart
159

Rezensionen

HENNING RITTER:
Theory rather than Barricades.
Wolfgang Schieder's Study of Karl Marx
as a Political Actor
169

UWE JUSTUS WENZEL:
Neuere Studien zum Geist der Weimarer Zeit
173

UWE JUSTUS WENZEL:
Subjektivität und Allgemeinheit.
Oskar Negt und Alexander Kluges Fragmente
zu einer Theorie des Politischen
179

HENNING OTTMANN:
Eine Rehabilitierung klassischer Politik
über: Eric Voegelin,
Die Neue Wissenschaft der Politik
183

REINHARD MEHRING:
Staatslehre als politische Ekklesiologie
über: Armin Adam, Rekonstruktion des Politischen.
Carl Schmitt und die Krise der Staatlichkeit 1912–33
185

REINHARD MEHRING:
Apologie im Selbstgespräch
über: Carl Schmitt, Glossarium.
Aufzeichnungen der Jahre 1947–1951
189

REINHARD MEHRING:
Epos der Moderne
über: Peter Koslowski,
Der Mythos der Moderne.
Die dichterische Philosophie Ernst Jüngers
191

REINHARD MEHRING:
Zwischen Zukunft und Zustand
über: Dieter Grimm,
Die Zukunft der Verfassung
195

Hans Maier

Natur und Kultur

Die Natur zu beherrschen durch Kultur – das galt in der Neuzeit als unbestrittener Auftrag des Menschen. Das Urbarmachen von Wäldern und Sümpfen, die Bestellung des Erdreichs, die Zähmung des Feuers, die Erschließung der Meere und Gewässer, zuletzt die Eroberung des Luft- und Weltraums – all diese Kulturtaten sind von der Philosophie der Neuzeit ausdrücklich legitimiert worden in der Absicht, die Menschen »zu Herren und Meistern der Natur zu machen« (René Descartes).

Diese Bewegung, so meine ich, kommt in unserer Zeit zum Stillstand. Zumindest verlangsamt sie sich. Die unbegrenzte Nutzung der Natur durch den Menschen wird in Frage gestellt; die Endlichkeit der natürlichen Ressourcen tritt in den Blick. Während der wissenschaftlich-kulturelle Zugriff auf die Natur den Menschen selbst erreicht hat (Reproduktionsmedizin, Gentechnologie), wird gegen das Konzept der Naturbeherrschung immer stärkere Kritik laut. An die Stelle von Kulturvertrauen tritt Kulturskepsis. Umgekehrt schlägt die Naturskepsis der frühen Neuzeit in Naturvertrauen, ja Naturverehrung um. Der Kulturprozeß verliert seine Selbstverständlichkeit. Die Natur kehrt zurück. In ihren extremen Formen reicht die erste Bewegung bis zur Kulturverneinung, zumindest zur Verneinung der Industriekultur, bis zu Vorstellungen einer »asketischen Weltzivilisation«, ja bis zur Absage an Handeln und menschliche Aktivität überhaupt (»Arbeit ruiniert die Welt«). Und ebenso reicht die zweite Bewegung bis zu Formen der Remythologisierung, der Retabuisierung der Natur – zu Positionen der Naturandacht und Naturverehrung, ja des Neo-Animismus.

I

Orientieren wir uns zunächst über jenes Unbehagen in der Kultur, das als erster Sigmund Freud 1930 mit diesen Worten benannt hat. Beginnen wir mit etwas scheinbar Äußerlichem: nämlich der reißenden Schnelligkeit, mit der in der modernen Welt Wissen, Bildung, Lebensformen einander ablösen, sich selbst überholen, wechselseitig verzehren – und mit den begreiflichen Reaktionen, die das auslöst.

»Wissen ist Macht« – das galt für einen langen Abschnitt abendländischer Geschichte, von Renaissance und Humanismus bis zu den Arbeiterbildungsvereinen des 19. Jahrhunderts. Heute ist es anders: der Überdruck des abrufbaren Wissens versetzt uns eher in sanfte oder dumpfe Ohnmacht. Noch nie haben sich die Formen der Wissensvermittlung so schnell, so revolutionär verändert wie heute. Die Informationsverarbeitung wird immer perfekter: die größte Bibliothek der westlichen Welt, die Library of Congress in Washington, stellt jährlich rund 1 Milliarde bedruckter Seiten neu ein. Abermillionen bits können heute im Volumen eines Zuckerwürfels gespeichert werden. Die Laser-Glasfasertechnik, die Basis der Breitwandverkabelung, ermöglicht es, pro Sekunde 10 Milliarden Zeichen zu übertragen; das entspricht dem Inhalt von 10000 Taschenbüchern. Kinder programmieren den Heim-Computer in Basicsprache, »editieren« das private Bildschirmtext-Terminal, längst bevor sie richtig schreiben, lesen und rechnen gelernt haben.

Die Wirkungen dieser Entwicklung auf Elternhaus und Bildungswesen, auf die Kultur im weitesten Sinn liegen auf der Hand: Wozu noch Rechnen, wenn der solargespeiste Taschenrechner bereits billiger ist als ein Taschenbuch, wenn der Fahrscheinautomat »weiß«, wieviel Wechselgeld er herausgeben muß? Wozu noch Rechtschreiben, wenn heute bereits Sprech-Schreib-Automaten Sprache in Texte verwandeln, wenn die künftige Generation »intelligenter« Computer nach modernen Muster-Erkennungsverfahren sogar Bilder – Fotos oder Personen – identifizieren kann? Wozu noch Aufsätze schreiben, wenn im Leben (beinahe) nur noch computerlesbare Formblätter auszufüllen sind, angefangen von der Steuererklärung bis zum Multiple-choice-Fragebogen der Führerscheinprüfung oder des Medizinerexamens?

Mit der Überfülle nimmt zugleich die Entropie des Wissens zu. Experten behaupten, daß sich die Informationsmenge derzeit etwa alle 6 Jahre verdoppelt. Die stetig expandierende und zugleich sich aufzehrende Stoffülle bringt Schulen und Hochschulen, Bildung und Arbeitswelt in Bedrängnis. Sie verändert vor allem die Formen der Weitergabe von Kultur. Wenn Bildung Form ist, geprägte, persönliche Form aus allgemein zugänglichen Erkenntnissen und Erfahrungen, wenn sie »das ist, was übrigbleibt, wenn man alles vergessen hat«, dann hat sie es in der modernen Welt schwer. Vieles hat Mühe, sich zu entwickeln und die nötige Festigkeit zu gewinnen. Leicht geht zu einem Ohr hinaus, was zum andern hineingeht.

Und mit den Wissensformen wechseln die Lebensformen. Auf der einen Seite eine Fülle neuer Kenntnisse und Erkenntnisse, ein wahrer Spiralnebel der Informationen – auf der anderen Seite die erhöhte Mobilität des Lebens, der Wechsel von Arbeitsplätzen, Wohnstätten, Berufen, Lebensbindungen. Gehen wir nicht heute durch viele Häuser, Einrichtungen, Wohn-, Eß- und Schlafgelegenheiten ebenso selbstverständlich hindurch, wie umgekehrt sich unsere Vorfahren von diesen Dingen – Gefügen dunkler Dauer – überholen ließen? Früher menschliches Hand-Werk, das die kurze Lebensspanne einer Generation durch Dauer und Qualität in den Schatten stellte – heute das Leben selbst, das sich gegenüber den wechselnden Schauplätzen, Geräten, Umwelten des Menschen als das mit längerem Atem Dauernde erweist. Man sehe nur einmal das fast magische Ritual, die besonnene Umständlichkeit, die noch in Stifters »Mappe« einen Hausbau umgibt, und vergleiche damit die technischen Vorgänge und das Tempo bei der Entstehung eines Hauses in Systembauweise heute. Bei solchem Tempo der Veränderung ist oft das Leben selbst nicht mehr als ein flüchtig aufleuchtendes und verlöschendes Lichtsignal.

Ein zweites Indiz für die Formveränderung von Kultur: die Zweifel am Leistungsprinzip. Die Situation ist paradox: Nie hat Leistung im Aufbau der sozialen Ordnung eine ähnliche Rolle gespielt wie heute; nie zugleich war sie so umstritten. Bis heute ist das Leistungsprinzip das zentrale, das architektonische Gliederungs- und Gestaltungsprinzip der Industriekultur. Es ist kaum durch ein anderes zu ersetzen. Und doch werden heute gerade die auf Leistung beruhenden Strukturen unserer Gesellschaft angefochten. Es zeigen sich Rückbewegungen zu quasi-ständischen Autonomien und Immunitäten.

So erleben wir heute, wie Großbetriebe, Großverbände, Gewerkschaften und ähnliche Institutionen Schritt um Schritt eigene autonome Strukturen entwickeln, die zwar vom staatlichen Gesetz noch lose umfangen sind, aber in Teilbereichen bereits eine quasi-herrschaftliche Form gewinnen. Stationen auf diesem Prozeß sind nicht nur die Tarifautonomie der Sozialpartner und der Fortschritt der Mitbestimmung (keineswegs nur innerhalb der Wirtschaft!) – zu denken ist auch an die Schwierigkeit, ja Unmöglichkeit, Unternehmen oberhalb einer bestimmten Größenordnung dem normalen Spiel des Marktmechanismus zu überlassen. Oder man denke an die Struktur von Großbetrieben, an die dort üblichen Sicherheitsvorkehrungen, an eigene Werksaufsichten, interne Ordnungsdienste, betriebseigene Märkte mit Sondervergünstigungen für die Belegschaft usw. Es ist schwer, bei all dem nicht an vorindustrielle Formen, an mittelalterliche Immunitäten und Exactionen erinnert zu werden.

Bürgerinitiativen, gewaltfreie und z. T. auch gewaltübende Kräfte kämpfen heute zu einem Gutteil – ich wage zu sagen, in der Mehrzahl – nicht für Veränderungen im Sinne eines ständig umverteilenden Leistungsprinzips, sondern für Verstetigung im Sinne statischer erworbener Rechte (oder dessen, was man dafür hält). Veränderung ist suspekt: Kraftwerke sollen nicht gebaut, Bäume nicht gefällt, Häuser nicht abgerissen werden. Da der Staat in seinen sozialstaatlichen Handlungsfeldern selbst schon das Leistungsprinzip kräftig eingeschränkt, zumindest durch andere Prinzipien (des Sozialen, der Zumutbarkeit usw.) ergänzt hat, wehrt er sich gegen solche Tendenzen oft nur schwach und mit schlechtem Gewissen.

Die Schule verdient in diesem Zusammenhang ein eigenes Wort. Sie ist erst in den letzten beiden Jahrhunderten aus einer Standesschule zu einer Leistungsschule geworden. Der Satz der Weimarer Verfassung »Vorschulen bestehen nicht mehr« zog den Schlußstrich unter eine sozialgeschichtliche Epoche. Vorschule – das war die Schule, die den Ständen, vor allem den adeligen Familien Ostelbiens für ihre Kinder zur Verfügung stand. Jetzt wurde dieses Privileg aufgehoben; in der Schule setzte sich das Prinzip demokratischer Egalität durch. An die Stelle der Herkunft trat die Leistung.

Heute wird gerade in Schulen und Hochschulen das Leistungsprinzip in Frage gestellt. Ich erinnere an die von vielen Seiten kommenden Einwände gegen die Notengebung, an die publikumswirksame Parole »Fördern, nicht auslesen!«, an das Vordringen des Losverfahrens im Zulassungsrecht. Der Lehrer, der sich weigert, eine andere Note als gut zu geben – in der Absicht, damit »das staatliche Zensurensystem zu entlarven« – ist längst kein Einzelfall mehr. Und der Ruf nach gleicher Förderung, unabhängig von der Begabung und Anstrengung des einzelnen, ist im Lauf der Zeit immer stärker geworden – je mehr sich zeigte, daß Bildungsexpansion nicht nur sozialen Aufstieg, sondern auch sozialen Abstieg programmieren kann.

Ähnliches gilt für die Arbeitswelt; doch herrscht hier – im Unterschied zum Bildungswesen – eine schwierige Dialektik. Arbeit wird humanisiert durch Technik; man vergleiche nur die industrielle Fertigung vor 50 Jahren mit der heutigen – aber auch einen Haushalt, eine Küche von heute mit der Zeit unmittelbar vor oder nach dem Zweiten Weltkrieg. Die Entlastung von körperlicher Arbeit und entwürdigender Fron ist dank einem universellen Einsatz von Energie weit vorangeschritten, und es ist kein Zweifel, daß eine generelle »Energieverweigerung«, wie manche Gruppen sie wollen, zu allererst die Humanisierung der Arbeitswelt treffen und den Sozialstaat zerstören würde.

Zugleich aber muß festgestellt werden, daß die fortschreitende Entlastung von Arbeit auch Langeweile und Sinnleere hinterläßt und daß das unvermittelte Gegenüber von Arbeit und Freizeit, die Einteilung des Lebens in mechanische Ableistung von Arbeitsvorgängen einerseits und freigehaltenen Freizeitkonsum andererseits offensichtlich den Wünschen vieler Menschen nicht gerecht wird. Ist es nicht paradox und bezeichnend zugleich, daß heute ein großer Teil echter, nämlich freigewählter Arbeitsleistungen gerade in der *Freizeit* erbracht werden und daß nicht nur Aussteiger in Landkommunen das Glück gerade in dem suchen, was man einmal »knechtliche Arbeit« nannte: im Säen, Ernten, Mahlen, Backen, Sägen, Pferdestriegeln und Melken?

Ein Drittes: innerhalb der Kultur wird das Rationalitätsprinzip selbst angefochten. Nähern wir uns der Sache vom Anekdotischen her: Ein französischer Kollege berichtet kopfschüttelnd, Studenten in den USA, aber auch in Frankreich, antworteten, wenn sie auf logische Darlegungen kein rationales Gegenargument zur Verfügung hätten, oft einfach mit einem »so what?« Zwingende Logik interessiere überhaupt nicht mehr. In zunehmendem Maß sehe er sich Diskussionspartnern gegenüber, welche den rationalen Dialog verweigerten. Daher schlage er vor, Logik als neues und wichtiges Schul- und Universitätsfach schleunigst überall einzuführen. Nur so könne man dem Verfall der Rationalität Einhalt gebieten. – Eine zweite Geschichte: In einer Synode wird ein Arbeitsausschuß für politische und soziale Fragen gebildet. Synodalmitglieder, die für diese Fragen beruflich und wissenschaftlich ausgewiesen sind, stehen zur Verfügung. Sie werden jedoch durch Mehrheitsentscheidung ausdrücklich ausgeschlossen, da sie »betriebsblind« seien; stattdessen wird – bewußt – ein Nicht-Fachmann als Vorsitzender gewählt. Kommentar eines Betroffenen zum anderen: »Wir haben uns disqualifiziert – durch Kompetenz!« – Dritte Geschichte: Ein Religionslehrer weigert sich, Noten zu geben, vielmehr, er gibt immer die gleichen. Selbst seiner langmütigen Kirche wird das zuviel - sie suspendiert ihn vom Dienst. Prompt wird er bei der Enquetekommission »Ursachen des Jugendprotests« des Deutschen Bundestages als »Sachverständiger« zu Fragen der Schule einvernommen. Seine Ausführungen über Leistungsstreß und Notenterror zieren inzwischen die einschlägigen Protokolle. Dies war der umgekehrte Fall: einer hatte sich qualifiziert - durch Inkompetenz.

Spott wäre gewiß allzu billig. Dennoch kann man über das Phänomen nicht einfach zur Tagesordnung übergehen. Denn hier werden Veränderungen sichtbar, die das Grundverständnis der Industriekultur betreffen.

Nun könnte man sagen, hier werde einfach dem technizistisch überlasteten Kulturbegriff der Moderne friedlich der Garaus gemacht. Aus dem Begriff der Kultur werde das Kunsthafte, Technische entfernt, während neue Bereiche aufgenommen würden: Unterhaltung, Soziokultur, Sport, Animation. Doch das wäre allzu einfach. Kultur schließt ja in ihrem neuzeitlichen Verständnis Herstellung, Produktion, Technik ein. Ja sie ist in stärkstem Maß herstellender Eingriff, produktive Intervention in Naturvorgänge – Ausdrücke wie Bodenkultur, Kulturarbeiter erinnern noch heute daran. Selbst die Nutzung der Natur zu Erholung, Wanderungen, Spaziergängen ist eine bewußt vom Kulturwillen des Menschen geschaffene Nische, ein Reservat in der umfassenden Verfügung über Natur. Es geht also nicht an, im Kulturbegriff nur die pflegerische, gärtnerische Idyllik, nicht aber das Moment der Bemächtigung und Umwandlung gelten zu lassen.

Zusammenfassend: Das Tempo der Wissensvermehrung wirft die Frage nach Normen und Maßstäben auf. Was bleibt von Kultur angesichts der Entropie des Wissens?

Das Leistungsprinzip ist nicht mehr selbstverständlich – gegenüber der Leistung gewinnt das Los, gegenüber dem berechenbaren Werk das Aleatorische, gegenüber dem Geplanten das Zufällige an Boden.

Die Rationalität wird angefochten – Max Weber erkannte in ihr einen Grundzug neuerer Geschichte, aber sie führte für ihn zugleich in neue Abhängigkeit, in ein »stählernes Gehäuse neuer Hörigkeit«.

II

Und nun die gegenläufige Entwicklung. Man könnte sie, sehr abgekürzt, auf folgende Formel bringen: Was die Kultur an Zustimmung verliert, das gewinnt die Natur. Oder auch: die Kultur weicht zurück, die Natur kehrt zurück. Galt Kultur in der Neuzeit als Ermächtigung zur Schaffung einer ganz und gar menschlichen, von Natur unabhängigen Welt, schloß sie ganz selbstverständlich Naturbeherrschung durch technische Verfahren ein, so ist solches Kulturvertrauen in der Gegenwart deutlich im Abnehmen; eine ausgeprägte Kulturskepsis ist an seine Stelle getreten.

Demgegenüber entwickelte sich der Diskurs über Natur höchst positiv – es herrscht in der Gegenwart ein erstaunliches, immer noch wachsendes Naturvertrauen.

Die Stufen dieser Wiederentdeckung, dieser Re-Etablierung der Natur will ich in gedrängter Kürze schildern. Hier greifen faktische Entwicklungen, Erkenntnisprozesse, Bewußtseinsveränderungen und gesetzgeberische Maßnahmen ineinander.

Das erste Stichwort lautet *Naturschutz*. Die Natur wird in ihrem Eigenleben, ihrer Schutzbedürftigkeit neu entdeckt. Ein Gefühl für die Bedrohung der Natur beginnt sich zu verbreiten. Das beginnt schon im 18. und 19. Jahrhundert. Interessanterweise finden wir die ältesten Äußerungen zum Naturschutz nicht unter diesem Namen, sondern unter dem Titel »Naturdenkmalpflege«. Sie wurzeln in jenem frühromantischen Geist, den wir in München im Englischen Garten studieren können. Auf den italienischen Garten mit seinem Gleichgewicht von Natur und Kunst, auf den französischen mit seinem Vorrang der Kunst folgt der englische Garten, der die Natur in den Mittelpunkt stellt. Freilich ist es noch immer eine vom Menschen geschaffene, auf ihn bezogene Natur. Aber an die Stelle künstlicher Zergliederung ist die Einheit der Empfindung getreten – die Natur soll nicht gärtnerisch gebändigt, artistisch überformt werden; vielmehr gilt es den Garten selbst der Natur anzunähern, ihn zum Naturdenkmal zu machen.

So erstarkt die Natur zum eigenen Subjekt mit eigenem Recht. Lange Zeit – die längste Zeit – war sie einfach Wirtschaftsobjekt. Noch die älteren Wald- und Forstordnungen, in Deutschland bis ins 16. Jahrhundert zurückgehend, sind vor allem von ökonomischen Zielen geleitet – es geht um den Erhalt der Substanz, um die Pflicht zur Aufforstung usw. Langsam greift dann die Gesetzgebung auf die Felder über mit Feldordnungen und Feldpolizeigesetzen. Und allmählich wird »die Landschaft« – ein ideelles Gut – in den Schutz einbezogen, wobei sich Agrikultur und Hortikultur, ökonomische und ästhetische Ziele verbinden. Die Weimarer Reichsverfassung stellt, hundert Jahre nach den ersten Landschaftsgärten, in ihrem Artikel 150 die »Naturdenkmäler« unter ihren Schutz. Damit ist der ideelle Natur- und Landschaftsschutz begründet, der uns heute in Natur- und Nationalparken, im Artenschutz, in Maßnahmen der Pflege und Entwicklung und nicht zuletzt in den Einrichtungen der Erholung in Natur und Landschaft begegnet.

Verfährt der Naturschutz vor allem bewahrend, konzentriert er sich auf klar umrissene, abgegrenzte Schutzobjekte, so geht der *Umweltschutz* – unser zweites Stichwort – darüber hinaus. Zwar umfaßt auch er noch mannigfache Schutzmaßnahmen: Gewässer-, Boden-, Immissions- und Strahlenschutz. Aber wie das Wort Umwelt sagt, geht es jetzt nicht mehr nur um eine ästhetisch genossene, dem Menschen gegenübergestellte Natur – es geht um die gesamte Lebenswirklichkeit des Menschen, um die Luft, die er atmet, um das Wasser, das er trinkt, um die Pflanzen und Tiere, die er ißt, um Bauen, Wohnen, Leben und ihre natürlichen Voraussetzungen. Demgemäß greift der Umweltschutz weiter aus: er schützt nicht nur Vorhandenes, er sorgt vor, wehrt ab, verbietet, stellt Gefährdungen fest, entwickelt Standards und Normen des Schutzwürdigen. Insofern dringen im Umweltrecht wiederum ökonomische Gesichtspunkte vor, freilich solche neuer Art: Naturressourcen werden unter Perspektiven der Knappheit betrachtet; Landschaftsverbrauch und Schadstoffausstoß sollen reduziert werden; Strategien der Entlastung, des Ausgleichs, der Vermeidung werden entwickelt, kurz: an die Stelle von Naturbeherrschung tritt Einfühlung in die Natur, an die Stelle produktiver Veränderung das Sein-Lassen als Ausdruck menschlicher Freiheit.

Dies alles ist begleitet – drittes Stichwort – von einer schon im 19. Jahrhundert einsetzenden *Kritik an Naturwissenschaft und Technik,* genauer an der eingrenzenden, messenden, reduzierenden Methode der exakten Wissenschaften Physik, Astronomie und Chemie. Schon die Naturphilosophie der Goethezeit versucht die Beschreibung neben das Messen zu stellen, die Darstellung des Ganzen neben die Zergliederung in Elemente. In solcher Einheit des Empfindens wurzeln Goethes Naturgedichte, Alexander von Humboldts Landschaftsbeschreibungen, Caspar David Friedrichs Bilder und die Landschaftsgärten des Fürsten von Pückler-Muskau. Gewiß dominiert in Wirtschaft und Technik des 19. Jahrhunderts die exakte Wissenschaft, die zu letzten Konsequenzen der Naturbeherrschung fortschreitet. Noch Marx und seinen Schülern gilt der Sieg über die Natur als Voraussetzung für eine Gesellschaft, in der Freiheit und Überfluß herrschen. Aber auch die Gegenstimmen fehlen nicht: Wie anders klingt es, wenn Franz von Baader von der »ehehaften Verbindung« von Mensch und Erde spricht, wenn Hegel, entgegen der modernen Trennungstendenz, Natur als »das Andere des Geistes« begreift, wenn die romantische Medizin sich im Hinblick auf den menschlichen Organismus gegen den methodisch bedingten naturwissenschaftlichen Reduktionismus zur Wehr setzt.

Philosophische Dimension gewinnt die in Biologie und Medizin nie ganz verstummte Kritik an der exakten, messenden Naturwissenschaft mit Friedrich Nietzsche. Hier wird erstmals die Frage nach der »Grundstellung« des Menschen gegenüber der Natur aufgeworfen. Die Aussagen der Naturwissenschaft werden als Ausdruck des Herrschaftswillens erkannt: Der Mensch legt sich die Natur zurecht, um sie zu beherrschen. Wissenschaft im Sinne Galileis führt zur »Sklaverei der Natur«. Das Ergebnis ist dialektisch: einerseits kann der Mensch, wenn er die Herrschaft über die Natur gewonnen hat, auf alle Tugenden verzichten, die auf dem Weg dahin nötig waren; er darf wieder ganz natürlich werden, ganz Leib, ganz Leben, grausam, unbekümmert, unmoralisch. Auf der anderen Seite nimmt die große Natur vom Menschen keine Notiz, sie geht über ihn hinweg – so daß er sich ihrer nur in einer Bewegung des Sich-Auslieferns, des amor fati versichern kann. Ist er doch in Wahrheit, entgegen allem Selbststolz, eine Randfigur, ein »Eckensteher des Kosmos«, nur im Tod mit der Wirklichkeit versöhnt. So heißt es beim späten Nietzsche: »Die Natur lieben! Das Todte wieder verehren! Es ist nicht der Gegensatz, sondern der Mutterschooß, die Regel, welche mehr Sinn hat als die Ausnahme: denn Unvernunft und Schmerz sind bloß bei der sogenannten ›zweckmäßigen‹ Welt, im Lebendigen.«

Nietzsches Philosophie eröffnet einen bis heute anhaltenden kontinuierlichen Diskurs über die Natur. Noch Heideggers Kritik an der modernen Naturwissenschaft steht in seiner Tradition. Der Entwurf ist beeindruckend – Spinozas »große Natur«, von aller Identifikation mit Gott gereinigt, kehrt wieder als kosmisches, den Menschen überwältigendes Fatum. Aber die Lösung ist doch auch erschreckend: denn sie verlangt, das zu lieben, was man nicht ändern kann, und dem einen Sinn zu geben, was – als gleichmütig wiederkehrendes Geschehen – sinnlos ist.

Ziehen wir Bilanz, so entdecken wir im gegenwärtigen Bewußtsein zwei vage und unbestimmte, aber mächtige Strömungen. Auf der einen Seite wird die naturbezwingende und weltverändernde Aktivität des Menschen (das also, was die Neuzeit Kultur nennt) in Frage gestellt; dem homo faber begegnet Mißtrauen überall – das reicht bis zu grundsätzlichen Zweifeln an Handeln und Verändern überhaupt, bis zu nostalgischen Beschwörungen einer asketischen oder kultischen, einer meditativen, »sanften«, handlungsarmen Kultur. Faust ist kein Titel für heute, und wenn Goethe seinen Helden am Ende von Landgewinn und Deichbau, von neuen Räumen für Millionen fantasieren läßt, während die Lemuren schon bereitstehen, den Blinden wegzutragen unter Mephistos ironischem Kommentar – dann zeigt dieser ambivalente Kontext schon die ersten Einbrüche in das zu Goethes Zeit noch unerschütterte Fortschrittsbewußtsein. Nicht zufällig geht Fausts Werk, das er dem Meer abgerungen zu haben meint, in einer Überschwemmung unter – im großen Schmaus Neptuns, des Wasserteufels, wie Mephisto sagt. Und das Geklirr der Spaten – für Faust ein Zeichen des Sieges über die Natur – signalisiert nicht das Gelingen des Dammbaus, sondern die Vorarbeiten für eine Bestattung: »Man spricht, wie man mir Nachricht gab / von keinem Graben, doch vom Grab.«

Auf der anderen Seite bleibt die Natur, die das Werk des Menschen an sich zurücknimmt, amorph und ungreifbar. Seltsam hilflos wirken daher die neuzeitlichen Bemühungen, Natur zu verlebendigen, sie zur Eigenmacht gegenüber menschlicher Arbeit und Kultur zu machen. Auf die Ambivalenz des goetheschen Faust habe ich schon hingewiesen: dem Welteroberer Faust ist nicht nur die Aussicht nach drüben »verrannt« – sein Gegenspieler Mephisto weiß auch, daß Natur keine Ewige Wiederkehr ist, sondern »vollkommnes Einerlei«, »reines Nichts«, das »Ewig-Leere«. Alle Naturphilosophie hat von daher im Kontext moderner Naturbemächtigung etwas Ohnmächtig-Beschwörendes – es sei denn, Natur werde bewußt aus den modernen Zusammenhängen der Weltbemächtigung, der naturwissenschaftlichen Berechnung entlassen. Natur wird, so bei Nietzsche, zum Paradigma des »Zufalls«, des Fatums, des vernünftig-unvernünftigen ewigen Kreislaufs der Dinge, des Ungesetzlich-Übermächtigen, das den Menschen zur Bedeutungslosigkeit verdammt. Und ähnlich steht es mit vielen naturphilosophischen Bemühungen unseres Jahrhunderts, von Plessner, Gehlen, Löwith bis zur Gegenwart – sie enden bei Appellen an die Weisheit des Ostens, an die Reste kosmologischer Tradition, an die Fähigkeit zur Selbstbegrenzung und Selbstkontrolle, an die begrenzende Wirkung institutioneller Geländer; kurzum, es gelingt ihnen nicht, die Paradigmata von Kultur und Natur zu integrieren.

III

Über Natur und Kultur wird heute anders gesprochen als noch vor 50 Jahren. Wie damals das Verhältnis gesehen wurde, das drückt ein Satz aus, den ich der vorzüglichen Arbeit des Schweizers Joseph Niedermann *Kultur* (Florenz 1941) entnehme: »Denn immer bleibt der Mensch aufgerufen, sich in Ethos und Geist über die Natur zu erheben.« Zu ergänzen ist: durch Kultur. Das war Jahrhunderte hindurch die Devise der europäischen, der westlichen Welt: Natur war Stoff, Kultur war Form; Natur war Materie, Kultur der sie formende Geist. Diesem Programm ist inzwischen die ganze Welt verpflichtet – es wirkt nicht nur in den industriellen Ländern, sondern auch in den Entwicklungsländern, obwohl die Kritik von außen und von innen zunimmt.

In den »alten Ländern« der industriellen und technischen Kultur ist die Kritik besonders ausgeprägt. Hier sei auf zwei jüngst erschienene Bücher hingewiesen. Das eine, Hans Peter Thurns *Kulturbegründer und Weltzerstörer* (Stuttgart 1990), thematisiert Kultur als Zerstörungsprozeß – der Mensch als »Ruinenbaumeister«, als Totengräber der Natur. Das andere, Klaus Michael Meyer-Abichs *Aufstand für die Natur* (München 1990) entwirft eine neue »Rechtsgemeinschaft der Natur«, ja einen »Natur-Staat« – die Natur erscheint als rettende Macht, als Zuflucht vor der zerstörenden Gewalt des Menschen.

Hören wir Hans Peter Thurn:

»Wie in der Natur ist auch in der Kultur *Destruenität* als Universal- und Totalphänomen anwesend, in passivem ebenso wie in aktivem Betracht: alles ist vergänglich, dem Niedergang und Tod geweiht; alles kann zum Anlaß ruinöser Entwicklung geraten, kann zu Abbau und Zerstörung reizen... der Mensch versucht seit jeher, auch aus dieser Not auf seine Weise eine ›Tugend‹ zu machen, indem er Destruktivität und Produktivität paart, um diese Kombination zugleich technisch immer weiter auszubauen. Unter allen Lebewesen der Erde ist er daher das einzige, das mit nichtnatürlichen Mitteln destrugene Vorratshaltung betreibt. Er schreibt und verbreitet Anleitungen, gar Lehrbücher über Kriegsführung, Folter, Einbruch und Diebstahl; er erfindet, produziert und hortet Unmengen von Waffen vom einfachsten Messer bis zu Bomben und Raketenarsenalen; er entwickelte geeignete Verhaltensprogramme für jede Art von Schadenszufügung, probiert sie immer wieder aus, lebt sie vor und gibt sie teils informell (der ›Klauer‹ in der Schulklasse, der andere mitziehen will), teils formell (Kriegsschulen, paramilitärische Ausbildungslager etc.) an Mitmenschen weiter; ja er dressiert gar Tiere (Löwen, Bären, Hunde u. a.) zur Unterstützung seiner kämpferischen Auseinandersetzungen, die jedoch inzwischen durch die Verbesserung technischen Geräts weitgehend entbehrlich wurden. Mehr noch: damit die latente Destrugenität auch unter kulturellen Verhältnissen nicht versiegt, vielmehr weitverzweigt entzündbar sowie erforderlichen- oder gewünschtenfalls in destruktive Akte umsetzbar bleibt, pflanzt der Mensch seiner Lebenswelt eine Vielzahl von Abbau-, Verdrängungs und Vernichtungsanregungen ein. Er macht sich zum Gärtner und Heger der Deszendenz, indem er die Kultur mit einerseits innerpersönlich wirksamen Dezimierungsmotiven sowie mit andererseits äußerlich anrufenden Deformationsstimuli durchsetzt. Halten die Innenmotive die menschliche Disposition zur Tilgung lebendig, so definieren die Außenreize Gelegenheiten, bei denen man sich derogativ betätigen kann, darf oder soll (aaO 150ff.).«

Ich will diese pessimistische Diagnose hier nicht diskutieren. Man könnte vieles gegen sie einwenden. Sie mag uns als Paradigma dienen für eine kulturkritische Strömung, die heute immer mehr an Boden gewinnt. Kultur wird gesehen als Gewalt, und zwar von allem Anfang an: schon der Bauer übt Gewalt gegen die Erde; der Forstmann gegen den Wald; der Schiffer gegen die See; der Baumeister gegen die unverbaute Natur usw. Es gibt kein Werk der Kultur, so die These von Thurn, das nicht zugleich Zerstörung wäre. Auf dem Grund aller schöpferischen Umwandlung der Natur wuchert die Gewalt – so ist Kultur etwas tief Ambivalentes: sie »verbessert« zwar die Natur, nimmt ihr aber auch den Lebensraum; sie »melioriert« das Zusammenleben der Menschen, kann aber auch der Politik zerstörerische Züge aufprägen. Die Guillotine im Dienst des revolutionären Fortschritts 1793 und die geopferten Regenwälder von heute – sie stehen bei Thurn als Destruktionssymbole nebeneinander. Kein Vertrauen in ein verheißenes Glück am Ende der Zeit kann das Entsetzen über aktuelle Zerstörungen mindern. Ob Fausts »heilsam-schaffende Gewalt« der zerstörerischen

Energie die Waage zu halten vermag, bleibt offen. Denn der Mensch ist nicht nur Kulturbegründer, sondern auch Zerstörer; er ist, sozial wie kulturell, Schöpfer und Totengräber seiner Welt.

Kann »Natur« den Destruktionstrieb des Menschen auffangen, wenigstens mildern? Daß dies möglich sei, ist die These, die Klaus Michael Meyer-Abich seit Jahren in seinen Schriften vertritt. Seine Gedanken haben im Lauf der Zeit eine Wandlung durchgemacht. In dem Buch »Wege zum Frieden mit der Natur« (1984) erschien Natur als das große Gegenüber des Menschen – man erlebte ihre Neuentdeckung durch einen philosophischen Physiker aus der Schule Carl Friedrich von Weizsäckers. Ihre Eigenständigkeit wurde scharf betont. Die Grenzen naturwissenschaftlicher Welterschließung durch Maß und Messen, isolierende Auswahl und gegenüberstellende Analyse wurden hervorgehoben. Ein Moment des Enthusiasmus, der Schwärmerei durchzog das Buch – manche Formulierungen erinnerten an Spinozas, Goethes, Nietzsches »Große Natur«. Natur erschien bei Meyer-Abich als selbständiges Subjekt, als anthropomorphe Größe, als Handlungspartner: man konnte mit ihr »Frieden schließen«, sie war offenbar in der Lage, zu handeln und zu verhandeln. Das paßte in eine Zeit, in der viel von Re-Mythologisierung, Re-Tabuisierung der Natur die Rede war. Mythologisches Sprechen über Natur, früher allenfalls mit poetischer Lizenz gestattet, wurde seit den siebziger Jahren in erstaunlich breitem Maße öffentlich akzeptiert.

Meyer-Abichs jüngstes Buch *Aufstand für die Natur* vermeidet solche Einseitigkeiten. Es nimmt zwei neue Positionsbestimmungen vor. Einmal werden die Probleme von Natur und Kultur miteinander verknüpft – mit der vielleicht ein wenig zu eleganten Formel, Kultur sei der »menschliche Beitrag zur Naturgeschichte«, und es komme darauf an, »durch Vernunft und Freiheit zur Natur zurückzufinden«. Sodann nimmt Meyer-Abich innerhalb des Naturbegriffs eine Unterscheidung vor: er unterscheidet das Ganze der Natur von dem, was er »natürliche Mitwelt« nennt.

»In einem physiozentrischen Weltbild ... hat alles, belebt oder unbelebt, seinen Eigenwert im Ganzen der Natur. Dies ist keine Rückkehr zum geozentrischen Kosmos der Antike. Nicht die Erde ist es, sondern die Natur des Ganzen, um die sich nun alles runden soll und die für alles, was geschieht, der ruhende Bezugspunkt wird ...

Zweierlei ist zu berücksichtigen, um nach den bisherigen Fehlschlägen nicht gleich aufzugeben oder es sich mit einer vermeintlichen Unausweichlichkeit der Anthropozentrik allzu bequem zu machen. Einmal haben alle Dinge und Lebewesen ihren Eigenwert nicht in ihrer jeweiligen Vereinzelung, sondern *im Ganzen der Natur*. Im Mittelpunkt steht *die Natur,* weder das einzelne Ding oder Lebewesen noch die Art, und dies gilt für sie alle, nicht nur für den Menschen. So wie dieser erst dann ganz von sich aus denkt, wenn er vom Ganzen her denkt, sind auch die anderen Dinge und Lebewesen ihrem Wesen nach so groß wie die ganze Welt, d. h. sie erfahren ihre eigentliche Bestimmung vom Ganzen her.

Zum andern ist der Naturzusammenhang aller Lebewesen und Dinge... ein geschichtlicher. *Die Natur hat eine Geschichte,* Vergangenheit und Zukunft. Sie drängt auf etwas hin, was erst werden soll. Die Schöpfung ist noch im Gang, sie ist nicht schon gewesen, und sie ist noch lange nicht zu Ende... Die Natur entwickelt sich, und dabei kommt erst heraus, was sie eigentlich ist. Ich denke, wir Menschen sollen dazu beitragen, daß dies geschieht (aaO 90f.).«

An diesem Text ist zweierlei bemerkenswert: einmal der Nachdruck, mit dem ein biozentrisches Denken an Stelle der alten Anthropozentrik gefordert wird; zum anderen die Begründung aus der theologischen Denkfigur der Schöpfung, der Mitgeschöpflichkeit. In der Tat lebt der Mensch nicht, wie das Tier, »von Natur« in einem determinierenden Lebenszusammenhang: seine Stellung im Kosmos erwächst aus Freiheit, aus Interpretationen und Aktionen. Für den Menschen gibt es keine »Natur an sich«. Nur der Gedanke an eine gemeinsame Schöpfung könnte ihn veranlassen, seine weltverändernden Aktionen mit Rücksicht auf andere Mitgeschöpfe einzuschränken oder zurückzunehmen. Aber kann die Bereitschaft zu solcher Interpretation außerhalb jüdisch-christlicher Überlieferungen einfach vorausgesetzt werden?

Sowohl bei Thurn wie bei Meyer-Abich wird das überlieferte Verhältnis von Natur und Kultur nachdrücklich in Frage gestellt. Im einen Fall erscheint Natur als Opfer, Kultur als Vormacht der Zerstörung; im anderen Fall wird Kultur in den Dienst der Naturgeschichte gestellt (oder, in theologischer Variante, in den Dienst der Weiterführung der Schöpfung). Nicht mehr Natur bedarf in dieser Sicht der Legitimierung (wie in der frühen Neuzeit), sondern Kultur. Das ist neu, und es stellt sich die Frage nach den Gründen.

IV

Einen Schlüssel bietet die Wortgeschichte von Kultur. Sie zeigt, daß die uns vertraute Weite, ja Unbegrenztheit des Begriffs ein Ergebnis neuzeitlicher Entwicklungen ist. Kultur als selbständiger Begriff taucht exakt in dem Augenblick auf, in dem das Programm neuzeitlicher Naturherrschaft und Naturaneignung entwickelt wird. Nochmals Joseph Niedermann: »›Kultur‹ bedeutet alles, was der Mensch an der Natur und über die Natur hinaus für sich und die Gemeinschaft schafft und geschaffen hat, und ist damit der umfassendste Begriff der Geschichte, soweit sie menschliches Tun in sich begreift.«

Über anderthalb Jahrtausende – von Cicero bis zu Samuel Pufendorf – sprach man zwar von Kultur in mannigfachen Zusammensetzungen, kam aber ohne den heute vertrauten selbständigen Begriff aus. Gewiß nicht deshalb, weil man keine Kultur hatte. Eher deshalb, weil man unter Kultur nicht einen Sachzusammenhang, ein Gefüge von Werten und Gütern verstand, etwas vom Menschen

Unabhängiges, sondern eben eine *zum Menschen* gehörige Tätigkeit. Kultur war ein Tätigsein. Für die Resultate dieses Tätigseins hatte man noch kein Wort – allenfalls begnügte man sich mit der Feststellung, das vom Menschen Gepflegte sei gebildeter, reicher, edler aus der Pflege hervorgegangen. Daraus wird man schließen dürfen, daß es in dieser Zeit mehr auf das Tun als auf die Ergebnisse ankam, oder anders ausgedrückt: daß kein Ergebnis, so wichtig es war, neues Tun überflüssig machte. Immer war in der Kultur das Tun wichtiger als das Empfangen, das Erfinden wichtiger als die bloße Übernahme. Kultur tritt daher zuerst (und lange Zeit allein) als Verbum auf: colere, pflegen ist die immer neue, den verschiedensten Sachgebieten zugewandte Tätigkeit des Menschen. Sie kann der Natur, dem Körperlichen, dem Seelischen und Geistigen gelten, kann Feldbestellung meinen, cultura agri, oder Pflege des Geistes, cultura animi. Immer wird dem Verbum das Objekt beigesellt, dem die sorgende, pflegende, »kultivierende« Bemühung gilt; Kultur, das heißt Fähigkeiten entwickeln, Tugenden einüben, Sitten veredeln, Altäre bereiten, Götter verehren. Es dauert bis weit in die Neuzeit hinein, bis zu Pufendorf, bis das Wort Kultur auf Objekte, erläuternde Genitive, erklärende Epitheta verzichten kann. Erst mit Voltaire, Kant, Herder wird Kultur auch begrifflich ein selbständiger, den Einzelmenschen übersteigender Bestand. Man kann ihr nicht mehr ausweichen. Sie gilt jetzt überall und muß von allen rezipiert werden.

In der Wortgeschichte spiegelt sich die Sachgeschichte. In den Worten colere, cultura herrscht lange Zeit das Pflegerische, Gärtnerische vor, die Attitüde des Hirten und Bauern. Vorsichtig werden die Elemente gezähmt. Langsam werden Land und Wasser erschlossen. Die technischen Apparaturen sind noch bescheiden. Das Hand-Werk wiegt überall noch vor. Erst die neuzeitliche Weltbemächtigung läßt technische Gehalte in das Verständnis von Kultur einfließen. Nicht mehr der Hirt und Bauer, sondern der homo faber bestimmt die Inhalte der Kultur. Beherrschung tritt in den Vordergrund, das Bezwingen der Naturkräfte, das Erforschen, Erobern, Untertanmachen der Welt. Die alten Begriffsinhalte werden dynamisiert: Pflege wird zur Herrschaft, das Schmuckhafte dient der Meliorisierung, aus der Bildung des Geistes wird Wissen als Instrument der Macht.

Indem er sich verselbständigt, wird der Kulturbegriff zugleich wertneutral: man kann jetzt nicht mehr nur seine Tugenden, man kann auch seine Laster pflegen: colere vitia. Gebildet kann auch gerissen heißen, elegant und raffiniert. Bacon, der den neuen »technischen« Kulturbegriff verficht, huldigt noch einmal der Tradition: er spricht, Cicero und Vergil im Blick, von den »georgica animi«, der Georgik des Geistes. Die Seele soll bebaut, veredelt werden wie ein Acker. Der Mensch soll ehrfürchtig eindringen in die Natur, soll ihr die Geheimnisse ihres Wirkens ablauschen als ihr Diener und Erklärer; denn nur durch Gehorsam wird sie besiegt. Aber das sind Verbeugungen vor einer schon toten Vergangenheit; in Wahrheit löst sich gerade bei Bacon der Zusammenhang von agricultura und cultura endgültig auf. Kultur wird zu einer Mechanik des Geistes, die sich über die Natur erhebt, sie zu beherrschen sucht. Diese aber, die Natur, wird zunehmend als Gegenpol zum Geistigen, als Materialität gedacht; sie kann gegenüber der Kultur keinen Eigenstand mehr beanspruchen.

Damit ist eine Entwicklung in Gang gesetzt, an deren Ende der technisch erweiterte, organisatorisch aufgeladene Kulturbegriff des 19. und 20. Jahrhunderts steht. Er bezieht zwar seine Geltung nach wie vor aus humanistischen Quellen, aus den Epochen der cultura animi – doch längst hat sich sein Schwerpunkt verschoben ins Technische, Wirtschaftliche, Wissenschaftliche. Zu Philosophie, Dichtung, Musik sind Erfahrungswissenschaft und Technik hinzugekommen. Industrielle Produktivität, steigende Exportraten, die Patentbilanz, die Nobelpreisträgerstatistik – das alles gehört vor dem Ersten Weltkrieg zum Radius der Kultur hinzu. Besonders in Deutschland, wo der Zeitgeist manchmal ins Karikaturistische übersteigert wird, ist man bemüht, den Kulturbegriff vielfältig nach allen Seiten zu erweitern, ins Organisatorische, Technische, ja ins Militärische hinein. Mit einem Gran Ironie blickt Carl Zuckmayer in seinem *Hauptmann von Köpenick* auf jene Zeit zurück; er legt dem Uniformschneider Wormser die Worte in den Mund: »Was sag ich immer? Der alte Fritz, der kategorische Imperativ und unser Exerzierreglement, das macht uns keiner nach! Das und die Klassiker, damit hammer's geschafft in der Welt!«

Wer diese Entwicklung vor Augen hat, wird Verständnis dafür aufbringen, daß Kultur heute in Deutschland (aber auch anderswo) nicht mehr so umfassend, so anspruchsvoll, so fordernd daherkommt wie einst, daß sich vor allem die alte Verbindung von Kultur und Leistung gelockert hat. Das bringt Probleme mit sich: der Kulturbegriff verschließt sich heute zunehmend gegenüber dem Wissenschaftlichen, Wirtschaftlichen, Technischen. Anderseits öffnet er sich zu Gesellschaft, Lebensform, zum Moralischen und Politischen hin. Wissenschaftler und Techniker werden dabei manchmal ausgegrenzt. Die Liedermacher, die Animateure dagegen dürfen sich eingemeindet fühlen. In all dem zeigen sich Wandlungen, die das Verhältnis von Natur und Kultur berühren. Kultur will sich nicht mehr einfach über die Natur erheben. Aber wo ist die Natur, ist sie noch ein verläßliches Gegenüber, gibt es sie noch?

V

Wir haben früher schon die Wieder-Erhebung, die Re-Etablierung der Natur verfolgt. Von den Naturdenkmälern der Goethezeit und der Romantik führte der Weg zum Naturschutz und Umweltschutz, von der »Großen Natur« Spinozas zum Wiedererwachen der Naturphilosophie im 19. Jahrhundert. Dieser Weg ist mittlerweile zu Ende gegangen. Die Natur ist in den öffentlichen Diskurs zurückgekehrt. Freilich mehr als Gegenstand der Sorge und des Schutzes, als Objekt gesetzgeberischer Maßnahmen, weniger als Zielpunkt einer Theorie.

Diskussionen, wie wir sie in den Büchern von Thurn und Meyer-Abich finden, kreisen unsichtbar um das Thema der »Natur an sich«. So soll die Natur in Verfassungen und Gesetzen um ihrer selbst willen geschützt werden. Manche wollen ihr den Status eines Rechtssubjekts verleihen. Hier ist viel guter Wille, aber auch viel Voluntarismus, viel Wunschdenken unterwegs: »Legt ihr's nicht aus, so legt ihr's unter.«

Reinhard Löw hat angesichts einer als Mythos oder Tabu auf den Schild erhobenen Natur an die Tatsache erinnert, daß menschliches Verhalten gegenüber der Natur ohne eigene Entscheidungen nicht auskommt. »Natur« nimmt dem Menschen keine Entscheidungen ab. In einem Aufsatz über »Das philosophische Problem der ›Natur an sich‹« (Philosophisches Jahrbuch 97 [1990], S. 53 ff.) schreibt er:

»Der erste Fehler ist der ökologische Fehlschluß. Denn ein ökologisches Gleichgewicht, welcher Art auch immer, enthält *in sich* keinen Appell zu seiner Aufrechterhaltung. Gleichgewichte stellen sich nach dem Umkippen eines Gewässers ebenso von selbst wieder ein, wenn auch auf anderem Niveau, wie in vergifteten Böden: Bestimmte Algen, Pilze, Bakterien lieben ein solches Milieu, gedeihen am besten in verdünnter schwefliger Säure.

Das heißt: Eine bestimmte Art von ökologischem Gleichgewicht als wünschenswert gegen eine andere Art auszuzeichnen ist Sache des *Menschen,* und damit verläßt der ganze Begründungszusammenhang für Naturschutz jedenfalls den Bereich der ›Natur an sich‹. Denn ob ein umgekipptes Gewässer schön ist, darüber denkt der Mensch anders als die Milliarden glücklicher Einzeller, die in ihm wimmeln. Ökologie kann nicht mehr sagen als das, was ist, nie aber das, was sein soll. Genausowenig ist die numerische Zahl der Arten ein Argument: Denn wie soll man Algen, Pilze, Bakterien gegen Forellen, Schleien, Karpfen und Hechte aufrechnen dürfen? Auch hier trifft der *Mensch* Entscheidungen und nicht die Natur an sich.

Der zweite Fehler ist der evolutionistische Fehlschluß, d. h.: Die Berufung auf Evolution ist unhaltbar. Selbstverständlich ist in langen Zeiträumen Gewachsenes für das organische Leben gut angepaßt in allen biozönotischen Zusammenhängen. Aber wiederum wird aus dem ›Ist‹ kein ›Soll‹, wird aus dem Faktum keine Norm. Denn in der Deskription von Naturprozessen kommt Rücksichtnahme nicht vor. Die Lebewesen rotten aus, quälen, fügen Schmerz und gewaltsamen Tod zu; das niedliche Eichhörnchen plündert die Nester der Singvögel, der hübsche Efeu erstickt die Ulme, der Tigervater frißt seine Kinder. Aber die ›Natur‹ ist unschuldig, es gibt in ihr kein moralisches Sollen. Die Wesen handeln streng nach ihrer Natur. Das einzige Wesen, das sein Sein als Naturwesen überschreiten kann, auf Ausrottung, Qual und Schmarotzertum verzichten kann, ist der Mensch. Und darum ist die Berufung auf Evolution eben die Entscheidung und das anschließende Auswählen der Menschen. *Sie* beschließen, das eine haben zu wollen und das andere nicht. Wieder geht es nicht um ›Natur an sich‹, sondern um menschliche Entscheidungen über eine vom Menschen erlebte und beurteilte Natur.

Der dritte Fehler bezieht sich generell auf den Versuch, Natur ›an sich‹ zu schützen. Dazu müßten Kriterien angegeben werden oder werden können, *warum* unberührte Landschaften einen an-sich-Vorzug haben sollen vor besiedelten, oder *warum* ein Marmorblock in Carrara einen an-sich-Vorzug haben soll gegenüber seiner künstlerischen Bearbeitung durch Michelangelo oder Henry Moore. Wenn wirklich von einem ›an sich‹ die Rede sein soll, so kann sich das nur gegen den Menschen überhaupt richten. Aber selbst dann ist doch klar, daß das ein *Mensch* dekretiert und nicht die Natur. Die ›an-sich‹-Fassung der Natur, man mag es drehen und wenden, wie man will, entkommt nicht dem anthropozentrischen und anthropomorphen Ausgangspunkt. Vollends deutlich wird das dann in den eingangs erwähnten deutschen Gesetzesvorhaben. Denn wenn Natur ›an sich‹ schutzwürdig sein soll – wer ist die Instanz für Abwägungen? Die Natur kann es nicht sein, also sind es Menschen. Denen aber steht nun im Falle des ›an sich‹ das Problem ins Haus, daß die Kritiker des Naturschutzes ihnen einfach Naturschwärmerei und zum Teil auch Menschenverachtung vorwerfen können. Sich zu berufen auf einen vorher selbst gesetzten ›absoluten‹ Wert mit anschließender Tabuisierung und daraus die Kompetenz abzuleiten, nun die strittigen Fälle eigenmächtig zu entscheiden: Das bedeutet reine Willkür hier und totale Rechtsunsicherheit da. Der jeweils zuständige Minister und seine Beamten könnten beliebig weit auslegen – da von einem absoluten Wert gedeckt –, wie die Natur gegen wen immer geschützt werden soll, daß z. B. prinzipiell keine Wiesen und Wälder mehr betreten werden dürfen. Andere Minister und Beamte könnten ebenso beliebig meinen, solange der Rhein noch über 50% H_2O enthalte..., sei er ›an sich‹ noch nicht beeinträchtigt (aaO S. 66ff.).«

Diese Sätze sind eine vortreffliche Warntafel angesichts der Versuchung, vor kontroversen Entscheidungen in eine ebenso willkürliche wie inappellable Berufung auf »die Natur« zu flüchten. Sie führen uns zum Kern der Sache, zum Kern des Themas Natur und Kultur zurück. Dazu einige zusammenfassende Überlegungen.

Kultur ist das Hergestellte. Kultur schaffen heißt herstellen. Die herstellende Tätigkeit des Menschen tritt dem Nicht-Hergestellten, der Natur, gegenüber. Herstellen ist einerseits abgehoben von der Natur: Kulturschöpfungen sind Artefakte, sie ›entstehen‹ nicht von selbst, sie werden gemacht. Anderseits ist ihre Entstehung doch nie ganz unabhängig von der Natur, denn auch das Herstellen orientiert sich an der Natur, ahmt sie nach oder vollendet sie (Aristoteles).

Wer die heutige Problematik des Verhältnisses von Natur und Kultur verstehen will, der muß zuerst den neuzeitlichen Blick auf beide rekonstruieren. Hier stehen sich Natur und Geist, Körperwelt und bewußte Realität als getrennte Größen gegenüber. Natur wird beherrschbar gemacht durch wissenschaftliche Erkenntnis. Die Kräfte der Natur werden im Experiment gestellt, befragt, gemessen. Die Erkenntnis wird aus den Erscheinungen herausgelöst und durch Induktion verallgemeinert. Dieses Konzept der Trennung von Natur und Geist war umso erfolgreicher, als die neue messende Zuwendung zur Natur ein bisher nie gekanntes Potential der Natur-Beherrschung entband – Erkenntnis der Natur wurde jetzt auch Macht über die Natur. Diese Macht ist gewonnen aus Interpretation – das zeigt sich bei Bacon und anderen bis in sprachliche Einzelheiten hinein. Im Unterschied zu Marx' Vermutungen haben die Philosophen der Neuzeit die Welt nicht nur interpretiert, sondern auch verändert. Sie haben sie *durch Interpretation verändert*.

Natur gerät in der Neuzeit in die Perspektive des Herstellens, der Produktion – so wie Herstellen in der Antike im Horizont der Natur verbleibt. Daher kann es Kultur im aneignenden, die Natur verwandelnden Sinn erst in der Neuzeit geben. Hier kommt es zu einer eigentümlichen Zweiteilung der Naturzuwendung: die von der messend-herstellenden Methode nicht erfaßte »Große Natur« wandert ins Literarisch-Fiktionale ab (»Seht ihr den Mond dort stehen?«), oder sie bleibt ein zu künftigem Gebrauch aufbewahrtes Potential wie bei Spinoza-Goethe. Das explosive Hervortreten der Natur in Nietzsches Werk leitet dann eine neue Phase ein – Kulturkritik und Naturbeschwörung gehen künftig Hand in Hand.

Kultur und Natur – diese Worte umschreiben keine Sachproblematik, sondern ein Problem des menschlichen Selbstverständnisses. Es gibt ja nicht »Kultur an sich«, »Natur an sich«. Das muß für den Bereich der Kultur kaum mehr nachgewiesen werden. Hier haben die Werke des Menschen den Menschen eingeholt. Die gleiche Einsicht ist aber für die Natur erst noch zu gewinnen; denn Natur wird heute in vielen Äußerungen weniger begriffen als tabuisiert, weniger verstanden als mythologisiert.

Ich schließe mit zwei Fragen, die der Theologe und Philosoph Richard Schröder gestellt hat: »1. Wie kann ein Verständnis der Natur gewonnen werden, welches dem Sachverhalt entspricht, daß das Naturverständnis der modernen Naturwissenschaft richtig ist, aber nicht hinreicht – ohne in unausgewiesene Naturschwärmerei und Technikfeindschaft zu verfallen? 2. Wie kann einem weiterreichenden Naturverständnis Geltung verschafft werden trotz der internalisierten und industriell institutionalisierten Macht des Naturverständnisses, das der modernen Technik zugrunde liegt?« (*Denken im Zwielicht,* Tübingen 1990, S. 17).

Rüdiger Bubner

Die Nation – das partikularisierte Allgemeine

Seit Montesquieu wissen wir, daß die Gesetze eines Staates Rücksicht nehmen müssen auf externe Gegebenheiten wie Klima, geographische Lage, Lebensweise vor Ort, Stellung zu Nachbarn, kulturelle Profile usw. Diese Rücksichtnahme macht den »Geist« der Gesetze aus. Zwar liegen die genannten Umstände außerhalb der Zuständigkeit aller Gesetzgeber, aber die staatlichen wie die bürgerlichen Gesetze finden echte Anwendung nur in jenem Rahmen. Das Verhältnis stellt sich also anders dar, als die gängige Überzeugung wahrhaben will. Nicht ist der *Geist* der Gesetze in ihrem rationalen Kern begründet, der im Prinzip universalistisch auf alle Staaten und ihre jeweiligen Gesetzgebungen gleichermaßen auszuweiten wäre. Vielmehr besteht der Geist gerade im Auslegungsvorgang, der zum toten Buchstaben hinzutreten muß. Die Gesetzestexte sind positive Setzungen, die noch der passenden Bezugnahme auf reale Gegebenheiten bedürfen. So heißt es ausdrücklich, daß der législateur auf solchen Geist zu achten habe.[1] Diese Leistung geht über den Setzungsakt selber hinaus und vollendet erst das mit der Gesetzgebung Gemeinte. Anders und in moderner Terminologie gesagt: Die kluge Achtsamkeit auf den wechselnden Kontext von Normen gibt ihnen das historische Gewicht, das sie für ihre Wirksamkeit benötigen.

Dieser Gedanke enthält in nuce die Konzeption des *Nationalstaats* als der primären Rechtsverwirklichung in konkreten Institutionen. Nachdem man in der Neuzeit entdeckt hatte, daß alle Staaten wegen der Einheit des Globus in Relation untereinander stehen, mußte der Pluralität von Staaten aufgrund unterschiedlicher Existenzbedingungen Rechnung getragen werden. Dem dient die rechtsphilosophische Betrachtung Montesquieus. Hegel hat seit seiner frühen Lektüre von Montesquieu den Ausdruck der »Volksgeister« gewählt. Diese bedeuten keineswegs zivilisatorische Individualitäten mit einer Basis in ethnischer Spezifikation, in sprachlicher Homogenität und überlieferten Gebräuchen. Nach Auskunft der Rechtsphilosophie des reifen Hegel[2] ist *Volksgeist* der Name für die realen Inkarnationen des Vernunftprinzips des Rechts. Man muß sich der genuin aufklärerischen Herkunft des Begriffs bei Montesquieu und auch beim Historiker Voltaire versichern, um ihn nicht, wie es leicht geschieht, in die obskurantistische Ecke einer politisch blinden Romantik zu verweisen.

---

[1] Vgl. *De l'Esprit des Lois* (1748), XIX 4 u. 6
[2] *Grundlinien der Philosophie des Rechts* (1821), § 340 ff

Das *Vernunftprinzip* des Rechts ist in jedem Falle auf historische Konkretion angewiesen, um den ureigensten Anspruch allen Rechts auf Verwirklichung, d. h. Übereinstimmung von Idee und substantieller Struktur einzulösen. Die institutionelle Ausformung des kraft Vernunft geltenden Rechtsprinzips bleibt in gegebene Zusammenhänge eingebettet, über die es nicht auch noch verfügen kann. Deshalb ist von vornherein mit einer Pluralität von Volksgeistern zu rechnen. Innerhalb der Geschichte, die für Hegel erst auf dem Niveau der Staaten beginnt, befinden wir uns stets in der Lage, wo verschiedene Staaten einander gegenüberstehen, ohne in eine übergreifende Organisation aufgehoben zu sein. Die Pluralität der Verwirklichung von Recht birgt naturgemäß die Konkurrenz in sich, die wir als die latent kriegerische, aber auch zu Zusammenwirkung tauglichen Koexistenz rechtlich verfaßter Nationalstaaten kennen.

Man kann den hegelschen Grundgedanken, der das Wesen des modernen Nationalstaats in seinem eigentümlichen Charakter recht genau trifft, mit dem Terminus des »partikularisierten Allgemeinen« bezeichnen. Das *Allgemeine* bezieht sich auf das in allen Staaten oder Rechtsordnungen gemeinsame Prinzip des Rechts. Dieses entspringt der einheitlichen Vernunft, welche allerdings, um ganz sie selbst zu sein, auf eine greifbare Verobjektivierung des Freiheitsanspruchs dringen muß, der mit der Subjektivität überhaupt in die Welt tritt. Wenn Freiheit der Subjektivität sich nicht in der Forderung von Autonomie gemäß dem kategorischen Imperativ erschöpft, muß die Privatmoral in die öffentliche Ordnung hinein verlängert werden. Die Rechtsform ergibt sich als Konsequenz des Freiheitsgedankens unter historischen Bedingungen. Solche Bedingungen aber wechseln und, wenn sie nicht durch die Abstraktion schlechthiniger Verallgemeinerung systematisch getilgt werden, prägen sie der jeweils realisierten Rechtsgestalt ihren Stempel auf.

Dagegen verweist ein von aller empirischen Bedingtheit gereinigtes Sollen über alle Zeiten und Völker hinweg auf die transzendente Gegeninstanz eines Reichs der Zwecke. So hatte Kant den Menschen zum Bürger zweier Welten erklären müssen, indem er hinter dem empirischen homo phaenomenon auf das unbeschränkte Vernunftwesen des homo noumenon rekurrierte. Um seiner Pflichtethik Kohärenz zu verleihen, mußte er diesen Preis der anthropologischen Verdopplung zahlen. Auch die kantische Rechtsphilosophie versteht sich als radikal aprioristisches Unternehmen. Wenn die Empirie historischer Bedingungen jedoch nicht von vornherein als Antipode von Moral und Recht eingeschätzt wird, der wie ein Gegner bedingungslos unterjocht werden muß, sondern vielmehr als primärer Erscheinungsort der Vernunftbestimmung des handelnden Subjekts im intersubjektiven Rahmen, verschwindet der Systemzwang zur Negation.

Folglich muß eine *Partikularisierung* zugestanden werden, die mit Verweigerung des allgemeinen Charakters von Recht durchaus nicht gleichzusetzen ist. Partikularisiert wird das aufgrund des Vernunftprinzips gesicherte Allgemeine durch das unleugbare, weil jenes Handeln überhaupt erst ermöglichende Hier und Jetzt der wechselnden Kontexte. Da der Freiheitsanspruch, der jedem Subjekt eignet, in der Willensbestimmung bloß die pure Disposition zum Handeln erreicht, während seine Realität sich im praktischen Vollzug bewährt, müssen die Bedingungen des Handelns berücksichtigt werden. Sie sind das Feld, das zur Beförderung der Freiheit zu strukturieren ist, statt im Namen einer Chimäre übersprungen zu werden. Also gehört die Partikularisierung zu einem richtig verstandenen Freiheitsprinzip hinzu. Die Vernunft bringt in der Form des Rechts einen Institutionenzusammenhang hervor, der zur Abstützung des Handelns dient.

Aufschlußreich für den Hegelschen Standpunkt ist seine erklärte Differenz zur sogenannten *Historischen Rechtsschule,* als deren Wortführer Savigny aufgetreten war. Die Programmschrift Savignys »Vom Beruf unserer Zeit für Gesetzgebung und Rechtswissenschaft« (1814) reagiert auf das Vordringen der modernen Rechtskodifikation auf den Spuren Napoleons von Frankreich nach Deutschland. Ohne auf die zeitbedingte Debatte weiter einzugehen, kann man als die epochemachende Einsicht Savignys festhalten, daß Rechtssetzungen in historisch gewachsenen Lebensformen ihren Boden finden müssen. Nicht aus Vernunftabstraktionen, sondern aus den vertrauten Regeln und Verfahrensweisen einer tragenden Existenzform von Gesellschaft geht das Recht hervor. Hegels Streit mit Savigny konzentriert sich auf die Frage, ob der Ursprung des Rechts im Vernunftprinzip oder in eingelebten Traditionen gründet. Die zugespitzte Opposition zwischen Rationalität und Herkommen sollte jedoch nicht die Gemeinsamkeit der Hinsicht von Hegel wie von Savigny verdecken, derzufolge ein real wirksames Recht ohne historischen Kontext nicht zu denken ist.

Das zeigt sich an der Ablehnung von *Gründungsfiktionen* nach dem Modell eines Urvertrags. Der Akt eines planmäßigen Schrittes aus dem vorrechtlichen in den rechtlichen Zustand kann dem Wesen nach an keinem Ort und zu keiner Zeit stattgefunden haben, weil die legitimationsstiftende Vereinigung aller von jeglicher Kontingenz frei gedacht werden muß. Totalität und Bindungskraft hängen beim Gesellschaftsvertrag unmittelbar voneinander ab. Das führt in die altbekannten Probleme der Volkssouveränität, die sich in die zwei Aspekte einer verfassungsgebenden Potenz und einer verfassungsgeborenen Macht aufspaltet.[3] Hegels notorische Kritik an Rousseau beispielsweise zielt auf die unvermeidliche Verkürzung des Gründungsvorgangs zu einem leeren Willensprinzip. Dessen institutionelle Ausformulierung hatte Rousseau einer mit dem Vertrag als solchem gar nicht verbindbaren Instanz des weisen Gesetzgebers anvertraut[4], der wie ein deus ex machina auftritt und dem ominösen Philosophenkönig näher steht als ei-

---

[3] Vgl. E.W. Böckenförde, *Die gesetzgebende Gewalt des Volkes,* Frankfurt 1986.
[4] *Contrat Social* II 7.

nem demokratischen Ordnungsfaktor. Diese Überlegungen zeigen, wie schwer eine Legitimitätsbeschaffung jenseits der geschichtlichen Wirklichkeit fällt, wenn sie auf gar keine Strukturen zurückgreifen kann.

Es ist eine Tatsache, daß alle Formen der modernen *Verfassungen* im Grundsatz ähnlich angelegt sind. Das erklärt sich daraus, daß sie unter Absehung von den Entstehungsbedingungen von einander abgeschrieben haben. Die »Virginia Declaration of Rights« aus dem Jahre 1776 macht den Anfang, indem sie sich beruft auf »the good people of Virginia assembled in full and free convention«. Im Gefolge der französischen Revolution entstand die »Constitution« von 1795, wo »le peuple français en présence de l'Etre suprême« Rechte und Pflichten proklamiert. Das »Grundgesetz« der alten Bundesrepublik Deutschland, das 1949 verkündet wurde, ist laut der Präambel vom »Deutschen Volk in den Ländern... kraft seiner verfassungsgebenden Gewalt« beschlossen worden. Die Analogie der Formeln verdeckt den wichtigen Umstand, daß der Artikulation ganz unterschiedliche historische Prozesse vorangehen. Die amerikanischen Deklarationen in Virginia und andernorts gehen auf einen kolonialen Befreiungskrieg zurück, die französische Verfassung entsteht aus einer nationalen Revolution, und das deutsche Grundgesetz ist eine Folge der Niederlage.

Ohne den Sieg der Alliierten über die nationalsozialistische Tyrannei sowie den darauf ausbrechenden Zwist unter den Siegermächten, aus dem die lang anhaltende Ost-West-Spannung entstand, hätten wir das Glücksgeschenk des Grundgesetzes, das an gute Traditionen anknüpft, so nicht erhalten. Inzwischen hat sich diese Verfassung ganz im Gegensatz zur tiefen Skepsis, die immerhin Karl Jaspers noch im Jahre 1960 geäußert hatte[5], längst zur *tragfähigen Basis* für das politische Leben Deutschlands erwiesen. Das dokumentiert, wie sehr über Formeldeklarationen hinaus die Verfassung in ihr vorausliegenden Konstellationen wurzelt. Indiz dafür ist die Kennzeichnung des Deutschen Volkes als souveräner Verfassungsautor durch die Aufzählung der Länder. Der explizit gemachte Föderalismus hielt die Möglichkeit der Erweiterung offen.

Dem verdankt sich nicht zuletzt die inzwischen gelungene *Vereinigung* der getrennten Teile der Nation.[6] Auf dem verfassungstechnischen Wege des Beitritts erfolgte die Ausweitung des Geltungsbereichs des Grundgesetzes auf die ehemalige DDR, die sich als souveräner Staat verstanden hatte. Sicherlich ist das eine elegante und in der Sache zu begrüßende Lösung. Dennoch verbergen sich dahinter die Komplikationen der allemal fiktiven Annahmen für eine überzeugende Ausgestaltung der geeigneten Rechtsform, unter welcher die rechtsbegrün-

---

[5] *Freiheit und Wiedervereinigung*, Neuausgabe München 1990, 63: »Was als Grundgesetz 1948 unter den damaligen Bedingungen hingestellt wurde (es gab nach dem Willen der Besatzungsmächte keinen anderen Weg), ist heute in der Gesamthaltung untauglich geworden.«

[6] Vgl. hierzu die Sammlung philosophischer Stellungnahmen in Braitling/Reese-Schäfer (Hrsg.), *Nationalismus, Universalismus und die neue Einheit der Deutschen*, Frankfurt 1991.

dende Willensbildung des Souveräns korrekt geschehen kann. Das gibt Stoff für die weiterschwelende Debatte um eine anstehende Verfassungsrevision. Je mehr allerdings in der Praxis die gebietsmäßig erweiterte Geltung des Grundgesetzes sich bewährt, um so schwächer klingt ein bloß verbales Begehren nachgeholter Legitimation.

Was lehren diese Beobachtungen? Die legitimitätswirksamen Akte der Verfassungsgebung sind niemals abzukoppeln von den dafür einschlägigen Voraussetzungen, die höchst unterschiedlichen historischen Lagen entspringen. Es war eine Lieblingsidee der Aufklärung, daß die Menschheit eine einige Größe sei, deren Geschicke letztlich durch nichts als die gemeinsame Menschenvernunft gesteuert werden dürfen. Demzufolge sind alle Verfassungen nur analoger Ausdruck einer alle Subjekte verbindenden Selbstbestimmung aus der Kraft der Rationalität. Die übrigen Faktoren fallen auf die Seite der vernachlässigungsfähigen Reste differenter Herkunftsgeschichten oder sind gar als für den Fortschritt hinderliche Umstände einzustufen, die es pauschal zu beseitigen gilt. Diese universalistische Legende hat mit der effektiven Aufstellung von Verfassungen und deren Ordnungschance für reale politische Einheiten wenig zu tun.

Dürfen wir wirklich einer unaufhaltsamen Tendenz der menschlichen *Perfektibilität* trauen, die im Sinne der Vorstellungen des 18. Jahrhunderts die Völker eines nach dem andern ergreift, um ihnen die der Menschennatur gemäßen und im Weltplan entsprechend vorgesehenen Ordnungsformen zu vermitteln? Das Ziel dieser Teleologie des wachsenden Internationalismus kann nur die Einheit der rechtlich verfaßten Weltgesellschaft sein. Im Lichte dieser Idee verblassen die günstigen oder ungünstigen Durchsetzungschancen für jene allgemein verbindlichen Verfassungsprinzipien. Wo es auf historisch-soziale Praxis ankommt, reicht aber der Glaube an die von sich aus zwingende Kraft der progressiven Ideen nicht aus, der bloß verlangte, ihrer Verbreitung die nötige Schubkraft zu verleihen.

Mit Blick auf den deutschen Fall ist es durchaus keine relativierbare Nebensache, daß der Kampf um die Verfassung im 19. Jahrhundert so schwierig, das Weimarer Experiment zwischen zwei Weltkriegen fragil, die vergleichsweise kurze Epoche des Nationalsozialismus dauerhaft verstörend und die daraufhin gesuchte Orientierung nach Westen schließlich weithin akzeptiert war. Unter Abstraktion von diesen Umständen hätte eine den allgemeinen Prinzipien konforme Verfassung möglicherweise ein anderes Schicksal nehmen können. Wo die durchgreifende Gestaltung des politischen Lebens von konstitutionellen Deklarationen sich abhebt, dürfen die Erfolgsprämissen nicht außer acht bleiben.

Aus dem Gesagten folgt, daß die Einbettung von Verfassungen in die konkreten Kontexte eigentümlicher Lebensformen offensichtlich ein für die geregelte Rechtspraxis konstitutives Element bildet. Diese Behauptung bedeutet aber nichts anderes als ein *Plädoyer für den auf Recht gestützten Nationalstaat,* der, soweit wir bisher sehen, der einzige Weg geblieben ist, Verfassungen zur Geltung zu bringen. Das berührt nicht die zentrale Einsicht, daß ohne eine auf Verfassung basierende Rechtsordnung der Gedanke der Nation unter den Bedingungen der Neuzeit nicht mehr zu vertreten ist, was auch immer die frühere Verwendung des Wortes »Nation« besagen mag. Aber umgekehrt gilt, daß kein Recht einen angebbaren Ort seiner Wirksamkeit findet, ohne daß dafür von außerhalb des Rechtsprinzips selber, das heißt aus den Konstellationen der Geschichte heraus, förderliche Gegebenheiten geboten sind. Recht muß eine historische Dimension behalten, solange von ihm die Überbrückung der problematischen Kluft zwischen Sein und Sollen verlangt wird.

Also stehen wir unverändert auf dem Boden der *Hegelschen Theorie,* wenngleich sicherlich die Tendenzen deutlich stärker werden, die auf internationale Verabredungen und gar eine gewisse Ordnung im globalen Maßstab gerichtet sind. Auch wer das begrüßt, wird einstweilen mit Vorsicht nur darüber urteilen können, was die Zukunft an Fortschritten auf dem Wege der völkerrechtlichen Vernetzung bringen wird. Hegel selber hat mit der Metapher von der »Weltgeschichte als Weltgericht« eine Anlehnung an die Poesie Schillers[7] gewählt, um das Urteil über den Gang der Dinge dem welthistorischen Prozeß selber zu überlassen. Entgegen der vorherrschenden Meinung sollte man daraus weniger die säkulare Eschatologie eines hybriden Geistbegriffs herauslesen als die kluge Zurückhaltung bei der Beobachtung des tatsächlich sich ergebenden Verlaufs.[8]

Die jüngsten Beispiele der Auflösung Jugoslawiens und der Sowjetunion lassen gar keine andere Erklärung zu, als daß das Zeitalter des Nationalstaats noch nicht zu Ende ist. Vielmehr tritt hier überdeutlich zutage, daß die jahrzehntelang stabilen Einheiten, auf Ideologien und Zentralmacht von Parteien und Armeen gestützt, von den betroffenen Völkern nicht als das letzte Wort hingenommen wurden. Wenn das aber zutrifft, können die so aufgebauten politischen Formationen auch nicht jene zukunftsweisenden Lösungen sein, als die sie stets aufgetreten sind. Im Moment der Auflösung der Imperien tauchen die alten Gliederungen wieder hervor, die unter der uniformen Oberfläche lange Zeit unerkannt weiterexistiert hatten. Ob dies bloß den naheliegenden Ausweg aus der Misere oder tatsächlich eine Korrektur von Falschem zum Richtigen hin bedeutet, ist schwer zu entscheiden. Die Antwort darf für den historisch sensiblen Beobachter, der zugleich auch Teilnehmer ist, nicht dahingehend lauten, daß statt der verworfenen Einheiten des Internationalismus nun sogleich neue, rationalere und umfassendere zu fordern sind. Vielmehr scheint es, als hätten wir uns auf absehbare Zeit – nolens volens – mit der Wiederkehr des Nationalen einzurichten.

---

[7] Schillers Gedicht trägt den bezeichnenden Titel »Resignation« (1786).
[8] Vgl. dazu meine demnächst erscheinende Studie über »Geschichtsverstehen in Abschlußformen« *(Poetik und Hermeneutik XVI, Hrsg. Stierle/Warning, 1994).*

Dem steht allerdings eine Idee von der *Einheit Europas* entgegen, die aus den Lektionen der Nachkriegszeit Konsequenzen zieht. So haben die römischen Verträge von 1957 zunächst im Bereich der Wirtschaft und zunehmend auch dem der Administration Gemeinsamkeiten hervorgebracht, von denen die streitsüchtige Geschichte des Kontinents früher nichts ahnen ließ. Die Weisheit der Gründungsväter Europas bestand wohl darin, mit dem Markt und dessen immanenten Interessen an Vereinheitlichung einen Sog freizusetzen, dem die Politik über kurz oder lang folgen werde. Wir stehen heute an der Schwelle dieser wichtigen Entscheidung. Wenn der globale Weltstaat noch nicht in Sicht ist, soll doch wenigstens auf dem traditionsreichen Vorgebirge Asiens politische Einheit herrschen.

Diese anziehende Idee verdankt ihre Substanz allerdings vorwiegend der *kulturellen* Überlieferung. Unter dem Gesichtspunkt der externen Bedingungen Montesquieus für den »Geist« der Gesetze ist weder klimatische Einheitlichkeit, noch geographische Abgrenzbarkeit und erst recht keine Homogenität von Sitten und Lebensformen zu konstatieren. Im Gegenteil besteht das Wesen Europas, seine Singularität und Würde in der Vielfalt auf engem Raum. Ob die insularen Engländer dazu gehören, ist ihnen selbst nicht klar, und es wäre politisch fatal, sie unter eine kontinentale Hegemonie zwingen zu wollen. Am entschlossenen Widerstand der in demokratischen Dingen erfahrensten Nation müßte jeder europäische Traum zerbrechen, der auf deren Identität keine Rücksicht nähme. Ob Europa an der ehemaligen Grenze der zwei Weltsysteme endet, oder ob die befreiten Satelliten Moskaus unter dem erinnerungsträchtigen Stichwort »Mitteleuropa« inzwischen dazu gehören; bis zu welchem Punkt das über die Weiten Sibiriens nach Fernost reichende Rußland europäisch genannt zu werden verdient; ob die alte Schütterzone des von den Türken vor Jahrhunderten verlassenen Balkan integriert werden kann – dies alles sind viel erörterte, aber bislang völlig ungeklärte Fragen. Man sollte sich vor Augen halten, wie geschwind die Dimensionen sich in den wenigen Jahren seit den radikalen Veränderungen in Europa gewandelt haben. Wieso sollten wir aber morgen in der Einschätzung sicherer sein, wenn wir es alle miteinander heute nicht sind?

Wer die Augen vor den Tatsachen nicht verschließt, muß sich eingestehen, daß die *alten Mächte* Europas aller Rhetorik zum Trotz sich um so nachdrücklicher auf ihre eigenen Interessen besinnen, je mehr statt der Absprache über ökonomische Quantitäten die politischen Qualitäten zur Disposition stehen. Das seiner selbst tief ungewisse Deutschland projiziert ein Bild, als ob die politischen Kernbereiche der nationalstaatlichen Souveränität, nämlich Außen- und Sicherheitspolitik in der Kontinuität der ökonomischen Regelungen bald internationalisierbar seien. Dazu besteht um so weniger Aussicht, als die Nachbarn in der aufdringlichen Europasucht der Deutschen bereits jetzt eine Art von neuem, in Gemeinsamkeitsappellen verstecktem Dominanzstreben wittern.

Staatsmännische Klugheit würde es nahelegen, fürs erste das traditionelle Ideal der europäischen Mächtebalance wieder in Erinnerung zu bringen, das auf dem Kontinent über Jahrhunderte das Zusammenleben ermöglichte. Jedenfalls ist mit Solidaritätsaufrufen, selbsterklärten Vorreiterrollen oder dem bürokratischen Überrennen der hie und da vermuteten Zurückhaltung die offenbar in Zentralfragen unvermindert gültige Primärorientierung der Nationen an ihrer differenten Identität nicht außer Kraft zu setzen. Im Gegensatz zu den Thesen des bedingungslosen Internationalismus ist *Europas Einheit heute nicht gegen die Nationen, sondern nur durch sie und über sie* zu erreichen. Das heißt aber, daß Anerkennung der Legitimität einer Mehrzahl von Nationen und nicht deren Leugnung die Maxime sein muß. Damit wäre doch der Reichtum gewachsener und miteinander konkurrierender Selbstverständnisse affirmiert, den wir im Namen des Regionalismus und der mulitkulturellen Anlage der Gesellschaft fördern wollen. Warum darf außenpolitisch nicht gelten, was innenpolitisch propagiert wird? Einer solchen *Harmonie in der Vielfalt* gegenüber muß jede Art von wuchernder Zentralbürokratie als Schreckgespenst erscheinen.

Das Allgemeine möge Partikularisierungen zulassen! Andernfalls läßt sich die gesamteuropäische Legitimitätsfrage nicht einmal näherungsweise beantworten, die oben auf dem niedrigeren Niveau der rechtlich verfaßten Nationalstaaten erörtert wurde. Wollte man auf die Existenzgrundlage in den differenten Nationen verzichten, müßte eine überlegene Kraft der Rechtssetzung gefunden werden. Das Problem der Fiktion einer Souveränität, die in Gestalt der Verfassung derjenigen Grundnorm Verbindlichkeit verleiht, ohne welche die einzeln ausgeführten Normen gar nicht zu generieren sind, würde sich schlagartig verschärfen. Das Absehen von überschaubaren und identifizierbaren Staatseinheiten hinterläßt kein Subjekt, das auf eindeutige Weise benennbar wäre, indem es von allen anderen möglichen Adressaten sich unterschiede. Volkssouveränität ist fallweise zu formulieren, Menschheitssouveränität ist im Prinzip jedenfalls zu denken. Welche Maßstäbe sollen aber an eine *gemeineuropäisches* Recht stiftende Quelle gelegt werden? Zahl der Köpfe oder Quadratkilometer, Breitengrade oder die Relation von Land und Meer – alle imaginierbaren Instrumente zur Bestimmung der Integrität Europas besäßen keine rechtliche Relevanz, weil sie ohne Bezug auf einheitlich handelnde Kollektive blieben. Politisch gesehen hat Europa eben nie eine Einheit dargestellt, sondern ein Gemisch koexistierender und konkurrierender Völker, die sich jeweils zu unterschiedlichen Zeiten als Nationalstaaten konsolidierten.

Also besteht kein Grund, bei summarischer Zusammenfassung der aus dem Auf und Ab der Geschicke hervorgegangenen Europäer eine scharfe Grenze zu ziehen. Wenn der Ostdeutsche dankenswerterweise inzwischen als Europäer gilt, dann auch der Pole, und wenn der Pole, dann auch der Balte und der Russe, und wenn der Russe, dann auch der Kirgise, Kaukasier, Mongole usw. Ferner gehören seit den Entdeckungsfahrten und kolonialen Eroberungen gewisser europäischer Völker die größten Teile dessen in die europäische Einflußphäre, was heute Dritte Welt heißt. Schließlich ist die allein übrig gebliebene Führungsmacht Nordamerika ohne die Geschichte Europas nicht zu denken. Insoweit wäre der Logik des Universalismus vollauf Tribut zu zollen. Sobald man es unternimmt, Menschen überhaupt als freie Subjekte zu zählen, dann gehören eben alle samt und sonders dazu. Die Grenzen Europas können gar keine Barriere bilden.

Wer die aus der Geschichte hervorgegangenen und bis heute politisch vitalen Ordnungen der Nationalstaaten leugnet, wird an einer europäischen Kulturidee keinen rechtlich fixierbaren Halt finden. Den Europäern als Kollektivsubjekten kommt eine *Sonderausgabe von Souveränität*[9] nicht zu, weil zwischen der Nation und der Menschheit keine Entität existiert, deren Bestimmung über rein pragmatische Vorteile hinaus evident wäre. Europa kann höchstens als »erster Schritt« auf dem langen Wege der Verwirklichung einer Weltordnung angesehen werden. Das einheitliche Europa wird sich bilden müssen im Modus der *sukzessiven Abtretung* von Bestandteilen *nationalstaatlicher* Souveränität, was ausschließlich unter freiwilliger Beteiligung aller geschehen kann. Wunschvorstellungen und enthusiastische Beschwörung sind dabei kein Ersatz für verläßliche Strukturen.

Dennoch zeigt sich inzwischen deutlicher, daß Nationalstaaten keine festen Gegebenheiten darstellen. Aufgrund der historisch gewachsenen Grenzverläufe wird es immer mehr oder weniger große Minderheiten geben. Die melden Ansprüche an, welche längst als erledigt galten. Darauf heißt es einzugehen, wenn dem »Geist der Gesetze« überhaupt Beachtung geschenkt werden soll. Eine getrennte Nation ist wieder vereint, unterdrückte Nationen haben sich restituiert, andere scheren aus Verbänden aus und suchen in eigenständige Identitäten zu schlüpfen. Hinsichtlich dieser schwierigen *Übergänge,* die der jüngst in Gang gekommene Erneuerungsprozeß auslöst, darf man sich keinen Illusionen hingeben.

Daraus lassen sich im Ernste aber keine Argumente ableiten, die dem Nationalstaatsprinzip als solchem widersprechen. Wenn der plötzliche Fluß eine über Jahrzehnte in Stockung befindliche Situation auflöst, so beweist das zunächst allein, daß der langwährende weltpolitische Dualismus Stabilität vorgetäuscht hatte. Daß er sie definitiv nicht zu garantieren vermochte, belegt vor aller Augen die reale Entwicklung. In Wahrheit bringt uns also die augenblickliche Übergangsphase einer endlich wieder eröffneten Vielfalt der Möglichkeiten von Selbstbestimmung in den Stand der Normalität zurück.

---

[9] Zu diesem wenig beachteten Problem nimmt W. v. Simson aus der Sicht des Fachmanns überzeugend Stellung: »Was heißt in einer europäischen Verfassung „Das Volk"«? (*Europarecht* 26, 1991). Den Hinweis verdanke ich Wolfgang Graf Vitzthum, der mir in Rechtsfragen auch sonst nützlichen Rat erteilte.

Indes ist nicht zu leugnen, daß die gleichsam eruptiv beschleunigte *Dynamik* im Vergleich mit der gewohnten Erstarrung nicht jedermann zur Zustimmung einlädt. Was sich im aktuellen Prozeß ausformt, weiterhin noch ausformen wird und später vielleicht auch zum Teil wieder vergehen mag, ist nicht von der Art eines Prozesses, dessen Logik etwa rückhaltslos Affirmation verdient. Ebenso wie der Weg zur Internationalität nicht geradlinig verläuft, sondern um Ecken und über Hindernisse, so besaß und besitzt die mühsame Selbstfindung von Nationen, denen Autonomie für lange versagt war, ihrerseits keine Zwangsläufigkeit, die über jeden Zweifel erhaben wäre. Schließlich entsprechen beide Prozesse als historische keinem Verlaufsmuster, das klare Antizipationen erlaubte.

Es mag manchem gar so scheinen, als sei die Wiedergeburt der Nationen, für deren aktuellen Anspruch auf Anerkennung oben Gründe genannt wurden, aufs Ganze gesehen eine Art *Rückkehr*. Diese Einschätzung läuft aber höchstens in vordergründiger Perspektive auf einen Einwand hinaus. Wer wollte denn entscheiden, nach dem, was wir jüngst voll Staunen erlebt haben, wohin die Reise der Geschichte zu gehen hat? Vielleicht ist die Rückkehr auch ein Weg aus Verwirrung[10]. Von außen betrachtet oder von oben verordnet lassen sich kaum Aufschlüsse über die verschlungenen Pfade der Geschichte gewinnen. Eines steht jedenfalls fest: den zahllosen unvermindert redseligen und gegen jede Erfahrung resistenten Propheten mag der um Orientierung Bemühte gegenwärtig kein Wort glauben.

---

[10] Man vergleiche dazu das aus unmittelbarem Erleben und gründlicher Erinnerung heraus geschriebene Buch von M. Riedel, *Zeitkehre in Deutschland*, Berlin 1991.

Peter J. Opitz

Max Weber und Eric Voegelin*

»Der existentielle Philosoph läßt den Strahl seines Geistes über die Welt gleiten, er läßt ihren Sinn aufleuchten, um sein eigenes Dasein zu erhellen und dadurch, wenn auch nicht seinen Sinn in der Welt zu verstehen, so doch wenigstens seinen Ort in ihr zu erkennen.«

Eric Voegelin über Max Weber (1930)

I

Das Verhältnis von Eric Voegelin zu Max Weber, dem er persönlich nie begegnete, war trotz einer hohen Wertschätzung überaus ambivalent. Voegelin hatte Max Weber als einzigen deutschen Denker seiner Zeit schon sehr früh – 1925 und 1930 – in zwei längeren Aufsätzen gewürdigt. Und wenn er ihn 1934 in Gesprächen mit dem amerikanischen Soziologen Earle Edward Eubank als einen der »größten deutschen Denker« bezeichnete, so blieb er zwar damit seiner bisherigen Einschätzung treu, befand sich mit ihr jedoch im Gegensatz zu seinem früheren Lehrer, Othmar Spann, der von Weber keine sonderlich hohe Meinung hatte.[2] Obwohl keiner jener beiden Aufsätze Voegelins eine detaillierte Analyse des Weberschen Werkes enthielt, zeigen knappe Hinweise in diversen Rezensionen Voegelins aus den 30er Jahren, insbesondere aber ein längeres in seinem Nachlaß enthaltenes Vorlesungsmanuskript über »Herrschaftslehre«, in dem auch ein Kapitel Weber gewidmet ist und das aus dem Jahre 1933 stammen könnte, seine Vertrautheit mit dem Werke Max Webers. Eine kurze Korrespondenz mit Marianne Weber[3] vom Februar 1936, in der sich Voegelin bei ihr erkundigte, ob und inwieweit Max Weber die Schriften Kierkegaards kannte, bezeugt sein anhaltendes Interesse. Doch dann werden die Spuren Webers im Werke Voegelins für eine Weile schwächer und seltener.

Die *New Science of Politics* aus dem Jahr 1952 und seine Korrespondenz mit Alfred Schütz aus dem selben Jahr zeigen allerdings, daß Voegelin sich auch weiterhin mit Weber beschäftigt hatte. Allerdings ist seine Haltung im Vergleich zu den früheren Arbeiten nun erheblich kritischer geworden. Die zentralen Elemente

---

* Bei dem Essay handelt es sich um die ausgearbeitete Fassung eines Vortrages, den der Verfasser am 6. Dezember 1991 am Istituto di Filosofia, Università di Padova, hielt.

[2] Dirk Käsler, *Soziologische Abenteuer*, Opladen 1985, S. 147, sowie S. 119–120.

[3] Brief von Marianne Weber an Eric Voegelin vom 5. 2. 1936.

des Weberschen Wissenschaftsverständnisses werden nun einer grundsätzlichen Kritik unterzogen – mit Respekt, aber doch mit der *veritas magis quam amicus*, mit der Aristoteles seine Kritik an der Lehre Platons entschuldigt hatte. Danach bricht Voegelins Beschäftigung mit Weber weitgehend ab – in seinen Publikationen ebenso wie in seinen Vorlesungen, in denen er sich lediglich noch gelegentlich auf Webers Unterscheidung von »Gesinnungsethik« und »Verantwortungsethik« bezog. Erst im Sommer 1964, anläßlich einer Ringvorlesung der Münchner Ludwig-Maximilians-Universität zum 100. Geburtstag Max Webers, widmete Voegelin Weber erneut einen Vortrag mit dem Titel »Die Größe Max Webers«. Obwohl er die Rede später – mit Blick auf eine geplante Publikation – in einzelnen Partien überarbeitete, kam es erst nach seinem Tode zur Veröffentlichung dieses Textes.[4] In ihm überwiegt nun wieder die Wertschätzung der frühen Jahre, ohne allerdings die Kritik an Weber zurückzunehmen.

Hohe Wertschätzung kennzeichnen schließlich auch die letzten Stellungnahmen Voegelins in den »Autobiographischen Reflexionen« Ende der 70er Jahre. In ihnen widmete er gleich zu Beginn fast drei Seiten Max Weber, auf denen sich auch das freimütige Eingeständnis eines in einer Reihe von Punkten über die Jahre »bleibenden Einflusses« Webers auf sein eigenes Denken findet.[5] Im Rückblick erweist sich Max Weber als derjenige Denker des 20. Jahrhunderts, mit dem sich Voegelin am intensivsten auseinandergesetzt hat.

Schon dieser kurze Überblick dürfte die innere Spannung deutlich gemacht haben, die das Verhältnis Voegelins zu Max Weber kennzeichnete. Die folgende Darstellung will die einzelnen Etappen dieser Beziehung etwas detaillierter nachzeichnen und dabei versuchen, sowohl die Wege zu zeigen, auf denen Voegelin Max Weber folgte, wie aber auch jenen Punkt zu markieren, an dem sich ihre Wege trennten.

II

Voegelin äußerte sich erstmals im Jahre 1925 in der »Deutschen Vierteljahresschrift für Literaturwissenschaft und Geistesgeschichte« zu Max Weber.[6] Wir kennen nicht den Anlaß dieser Schrift – möglicherweise war es eine Gedenkschrift anläßlich des fünften Todestages von Weber, vielleicht war es aber auch

---

[4] Eine von mir rekonstruierte Fassung dieser Arbeit Eric Voegelin, »Die Größe Max Webers«, in: ders., *Ordnung, Bewußtsein, Geschichte*. Späte Schriften – eine Auswahl, hrsg. von Peter J. Opitz, Stuttgart: Klett-Cotta 1988, S. 78–98.

[5] Eric Voegelin, *Autobiographical Reflections*. Edit. with an Introduction by Ellis Sandoz, Louisiana State University, Baton Rouge/London 1989, S. 11–13, S. 45.

[6] Erich Voegelin, »Über Max Weber«, Sonderdruck aus *Deutsche Vierteljahresschrift für Literaturwissenschaft und Geistesgeschichte*, Bd. III, H. 2 (1925), S. 177–193.

nur Ausdruck der Zustimmung, die die Lektüre der religionssoziologischen Schriften und *Wirtschaft und Gesellschaft* bei ihm ausgelöst hatte.[7] Allerdings widmet sich der Aufsatz nicht diesen Arbeiten Webers, sondern dessen berühmten Reden »Wissenschaft als Beruf« und »Politik als Beruf«. Diese Auswahl erklärt sich daraus, daß sich Voegelin nicht mit einem besonderen Aspekt in Webers Werk befaßte, sondern der von Weber aufgeworfenen Frage »nach dem so sehr problematisch gewordenen Sinn der Wissenschaft überhaupt« nachging. Aus der Perspektive dieser Fragestellung suchte er den tieferen Sinn der gewaltigen Materialanhäufung sowie den enzyklopädischen und zugleich fragmentarischen Charakter des Weberschen Werkes zu erfassen. Die Suche nach den Gründen des enzyklopädischen Charakters ist dann auch der Faden, der – auch wenn er gelegentlich aus dem Blick gerät – den gesamten Aufsatz durchzieht. Die Antwort, die Voegelin am Ende gibt – die einzelnen Gedankenzüge können hier übersprungen und das Ergebnis vorweggenommen werden – lautet, daß der eigentliche Bezugspunkt des Werkes die Persönlichkeit Webers selbst ist und daß dessen weitgespannte Untersuchungen »durch die gemeinsame Beziehung auf die von ihm aufgestellte Idee des Rationalismus«[8] zu einer strengen Einheit verknüpft werden. In dieser – durch das von Weber an das Material herangetragene Konstruktionsprinzip des Rationalismus vermittelten – Einheit spiegele sich allerdings weniger die reale Geschichtsstruktur, als das Bemühen des Autors, »auf dem Weg der Spekulation den Punkt zu erreichen, von dem aus das eigene Sein verständlich und damit gerechtfertigt wird«.[9] Und einige Sätze weiter heißt es noch deutlicher:

»Max Weber hat seine Geschichte so konstruiert, daß in der von ihm geschaffenen Welt er mit seiner Leidenschaft und Resignation, mit seinem Rationalismus und mit seinem entscheidenden Dämon eine verstehbare Stelle erhält, und damit exemplifiziert, daß – etwas zugespitzt gesagt – der letzte Sinn des Lebens ist, seinen Sinn – nicht zu finden, sondern – fortdauernd zu schaffen.«[10]

An dieser Stelle, kurz vor dem Ende des Essays, schließt nun ein Satz an, in dem sich Voegelin offensichtlich nicht mehr – oder doch nur noch indirekt – auf Weber bezieht, sondern in dem er eine eigene Position zu formulieren scheint. Er stellt nämlich fest, daß es für unser Bewußtsein »einen Punkt *vor* der Welt (gibt), an dem wir einsam sind, so einsam, daß uns keiner dahin folgen kann – als der Dämon«.[11] Wie immer diese Feststellung zu deuten ist – in gewissem Sinn scheinen sich in ihr schon jene Meditationshaltung und Transzendenzerfahrungen an-

---

[7] Voegelin, *Autobiographical Reflections*, S. 11.
[8] Voegelin, »Über Max Weber«, S. 192; s. dazu die noch prägnanteren Formulierungen im Aufsatz von 1930 (s. Anm. 13).
[9] Voegelin, »Über Max Weber«, S. 192.
[10] ebd., S. 193.
[11] ebd.

zukündigen, die erst viel später in seinem Werk in den Vordergrund treten werden –, mit Sicherheit ist sie nicht kritisch Weber gegenüber gemeint; eher markiert sie den Punkt seiner Sympathie und seines Respekts vor Webers Leistung – ein Respekt, der dann rückhaltslos zum Ausdruck kommt, wenn er im Schlußsatz feststellt:

»Max Weber hat diesen weltschöpferischen Ort der Zwiesprache mit dem Dämon erreicht ... und weil er das vorweltliche Wissen voll in seinem Werk Gestalt werden ließ, war er – nicht nur der große Gelehrte und der leidenschaftliche Denker, sondern – der Eine, in dem das Schicksal unserer Zeit sein gewaltigstes Symbol fand.«[12]

Der Essay ist in doppelter Hinsicht interessant: Zum einen im Hinblick auf Voegelins Haltung gegenüber Weber und dessen Position. Auch wenn Voegelin sich im wesentlichen auf die Herausarbeitung der dem Weberschen Werke zugrundeliegenden »Geschichtsmetaphysik« konzentriert und nicht anmerkt, wo und inwieweit er sie teilt, sind seine Bewunderung für Weber und das Verständnis für dessen Position unüberhörbar. Vergeblich sucht man nach den Kritikpunkten, die sich später in der *New Science of Politics* an zahlreichen Einzelaspekten finden: an den »Werten« generell und an Webers Konzept einer »wertfreien Wissenschaft«, aber auch an der sachlich unbefriedigenden Dichotomie der »Gesinnungs-« und »Verantwortungsethik«. Selbst die »Geschichtsmetaphysik« Webers, über deren spekulativen Charakter sich Voegelin offensichtlich schon damals im klaren war, provoziert noch keinen offenen Widerspruch. Voegelin befindet sich – das ist deutlich spürbar – wissenschaftlich noch in seiner formativen Phase. Er hat noch nicht den Punkt gefunden, an dem eine theoretisch tragfähige und zugleich weiterführende Kritik ansetzen kann, und weil er ihn noch nicht gefunden hat, bleibt auch der Grundtenor seiner Darstellung nachdenklich und einfühlsam, gleichsam Webers »Zwiesprache mit seinem Dämon« interessiert aus der Ferne beobachtend.

Interessant ist der Essay zum anderen im Hinblick auf die Arbeitsweise Voegelins. Schon hier wird ein Zug deutlich, der seine späteren Arbeiten immer stärker prägen wird: das Bestreben, einen anderen Denker nicht von außen her zu betrachten und zu beschreiben, sondern zu dem Transzendenzpunkt vorzudringen, in dem sein Werk ruht, von dem es seine innere Einheit gewinnt und der es von innen erhellt.

---

[12] ebd.

III

Der Vortrag Voegelins, fünf Jahre später, am 13. Juni 1930, anläßlich der 10. Wiederkehr von Webers Todestag im Rahmen einer Gedenkfeier der Wiener Soziologischen Gesellschaft in Wien, kreist erneut um die Problembereiche, die schon sein Essay behandelt hatte und knüpft auch deutlich an die dort enthaltene Argumentation an.[13] Voegelin plaziert Weber hier in den größeren Zusammenhang jenes geistigen Prozesses, in dessen Verlauf – wie er schreibt – in den Gesellschaften des Westens durch die »lösende Kraft des Verstandes« der »Glaube an die rationale Begründbarkeit der Werte« verlorenging. Das Bemerkenswerte an diesem Prozeß ist, daß er – wie Voegelin zeigt – keineswegs gleichförmig und gleichschnell verlief, sondern in den von ihm erfaßten Gesellschaften erhebliche Unterschiede aufwies. Während in Frankreich, England und den USA eine stärkere Verwurzelung der nationalen Formen und Traditionen die »Trennung von Erkenntnis und Glaube« verzögerte, vollzog sie sich in Deutschland ungleich schneller und radikaler. Den Grund dafür sah Voegelin in einer politischen und geistigen Entwicklung, die die Entstehung eines »sicheren Glaubens an Gemeinschaftswerte, der die Mitte des öffentlichen Handelns vor der Lähmung durch den Verstand schützte«[14], verhindert hatte.

Einen ihm wichtigen Punkt stellte Voegelin nachträglich in einer Korrespondenz mit Leopold von Wiese, dem er das Manuskript zur Publikation angeboten hatte, klar. Von Wiese hatte Voegelins Bemerkungen über die zersetzenden und auflösenden Wirkungen des Verstandes als eine »romantische Klage« mißverstanden, mit der dieser in einem von Wiese beklagten Zeitgeist einstimme, und eine Veröffentlichung des Vortrages in der von ihm herausgegebenen *Vierteljahresschrift* von Streichungen der betreffenden Passagen abhängig gemacht. In seiner Antwort stellte Voegelin mit Hinweis auf seinen Vortrag richtig, daß er nicht behauptet habe,

»daß nämlich der Verstand irgendwelche Werte zersetzt, sondern sie im Gegenteil nur noch deutlicher sichtbar macht; er zersetzt bloß die Naivität des Glaubens an[15] den einen oder anderen. Über dieses Thema kann ich allerdings zu sprechen nicht vermeiden, da diese Verstandeswirkung seit Nietzsche ein brennendes Problem ist und für Max Weber die zentrale Frage seiner Verantwortungsethik war (siehe insbes. Politik als Beruf).«[16]

---

[13] Erich Voegelin, »Max Weber«, *Kölner Vierteljahresschrift für Soziologie*, München, Jg. IX, 1/2 (1930), S. 1–16.

[14] ebd., S. 4.

[15] Marianne Weber, der Voegelin eine Kopie seines Briefes an von Wiese und sein eigenes Redemanuskript zur Kenntnisnahme geschickt hatte, fügte an dieser Stelle des Briefes die Marginalien ein »der Absolutheit = Alleingültigkeit...«. Ansonsten sprach sie sich für eine Veröffentlichung des Vortrages aus und trug damit wohl auch dazu bei, die Bedenken von Wieses zu zerstreuen.

[16] Brief von Wieses an Voegelin vom 21. Juni 1930; Brief Voegelins an von Wiese vom 24. Juli 1930.

Die Konsequenzen dieses »Entzauberungsprozesses« sind tiefgreifend, und die Formulierungen, in denen Voegelin sie zur Sprache bringt, zeigen, daß sie auch seine ganz persönliche existentielle Betroffenheit zum Ausdruck bringen: »die volle Verantwortung für das Tun, die auf die rationalen Gründe abgeschoben werden konnte, (wurde damit nun) dem Täter aufgebürdet.«[17] Und einige Seiten weiter: »Jeder Einzelne ist ganz der Unsicherheit ausgeliefert, die der Zerstörung auch dieser letzten, innersten Fraglosigkeit folgen muß. Auf jedem lastet bei uns die Verantwortung für die Maximen seines Handelns in der Gemeinschaft...«[18] Mit anderen Worten: Voegelin sieht den, infolge des »Entzauberungsprozesses« aus seinen traditionellen Wertgefügen gelösten Menschen in einer Situation, in der das Handeln zu einer schweren Bürde geworden ist, unter der gerade die Sensibelsten leiden oder gar zerbrechen.

Vor diesem Hintergrund gewinnt Max Weber – allgemein, aber auch für Voegelin selbst – jene besondere Bedeutung, die er ihm schon in den Schlußsätzen des Essays von 1925 attestiert hatte, in denen er Weber als denjenigen sah, in dem das »Schicksal unserer Zeit sein gewaltigstes Symbol« fand. In unüberhörbarer Anknüpfung an diese Formulierung heißt es nun, fünf Jahre später:

»Das Schicksal Webers geht uns so nahe an, weil wir in ihm, durch die Unerbittlichkeit seines bohrenden Verstandes und die Erlebnisstärke seiner Leidenschaft zur Wucht und Größe gesteigert, unser aller Schicksal sehen.«[19]

Damit wird einer der tieferen Gründe für Voegelins Beschäftigung mit Weber sichtbar: In der Person und im Werk Webers gelangt auch für ihn jene geistige Situation zur Helle des Bewußtseins, in der sich der »deutsche Geist« befindet und in die – sind erst einmal die schützenden Hüllen der Tradition gefallen – schließlich der gesamte abendländische Kulturkreis geraten wird. Die Auseinandersetzung mit Max Weber hat für Voegelin damit eine doppelte Bedeutung: Zum einen ist Weber ihm wichtig, weil dieser hellsichtig die geistige Situation diagnostizierte, der die westliche Welt als ganze entgegentrieb; zum anderen, weil er in seiner Person und in seinem Werk auch eine Antwort auf diese Situation fand, mit der er sich auseinandersetzen konnte. Daß Voegelin Weber in seiner Diagnose der Zeit und der Situation folgte, steht außer Zweifel. Aber wie verhält es sich mit der Antwort Webers? Um die Antwort hier schon vorwegzunehmen: Voegelin teilte sie voll und ganz. »Neben dieser Haltung Webers«, klärte er im oben zitierten Brief an von Wiese seine eigene Position, »ist für uns heute wichtig die andere Haltung zum Leben, die von Stefan George und seinen Freunden eingenommen wird. Ich sympathisiere *nicht* mit ihr, sondern halte die Max Webers für die einzig mögliche und wünschenswerte für einen Gelehrten.« (Hervorhebung von Voegelin)

---

[17] Voegelin, »Max Weber«, S. 1.
[18] ebd., S. 4.
[19] ebd., S. 7.

Wie hatte nun aber Weber auf die zunehmende »Glaubensspannung« reagiert, und was hatte er empfohlen, um jener gesteigerten Verantwortung für das eigene Handeln gerecht werden zu können? Friedrich Nietzsche, von Voegelin zum Vergleich angeführt, hatte die geistige Situation sehr ähnlich diagnostiziert: auch er hatte den Glauben an die Rationalität der Tat als Illusion enthüllt, den Menschen als Spielball bewußter und unbewußter Motive dargestellt und darauf mit dem »edlen Verrat« an allen Werten und der Verweigerung jeglicher Verantwortung reagiert. »Nietzsche ging diesen Weg der losen Bindung an die Dinge und des Verrates an den Werten in einer vita contemplativa als Wanderer und zuletzt als Seher und Prophet.«[20] Max Weber, den Voegelin – auch mit Blick auf sein politisches Engagement – als »Täter« und Tatmensch charakterisiert, war dieser Weg versperrt. Auch er war von der »ethischen Irrationalität« der Welt zutiefst überzeugt, die sich aus dem antagonistischen Kampf von Werten und Wertordnungen ergibt und der dem einzelnen keine andere Wahl läßt, als sich bewußt zu dem »Wert«, bzw. dem »Dämon« zu bekennen, der ihm innerlich zugeordnet ist und der »die Fäden seines Lebens hält«. Dennoch flüchtete er nicht in die Rolle eines distanzierten Zuschauers oder in die Verantwortungslosigkeit einer dämonisch geprägten Praxis, eine Möglichkeit, die ihm jenes Weltbild eröffnet hatte. Vielmehr akzeptierte Weber die Schuld, in die Handeln den Menschen unentrinnbar führt und versuchte diese lediglich dadurch zu lindern, daß er das Band zwischen Werten (Handeln) und Vernunft nicht ganz durchschnitt. Denn der Vernunft – und der von ihr geleiteten Wissenschaft – bleibt eine doppelte Verpflichtung: Sie kann das Umfeld der geplanten Tat im voraus erhellen, indem sie absehbare Folgen und Nebenfolgen berechnet; und sie kann »den einzelnen nötigen, oder wenigstens ihm dabei helfen, sich selbst Rechenschaft zu geben über den letzten Sinn seines eigenen Tuns. Es scheint mir das nicht so sehr wenig zu sein, auch für das persönliche Leben.«[21] Dieses Wissen hebt zwar den dämonischen Charakter der Tat nicht auf, es beseitigt aber die Blindheit, in der sie – in ihren Voraussetzungen und ihren Folgen nun klar erkannt und gewollt – erfolgt. Von seiner Blindheit befreit und damit freier als zuvor, kann der Täter nun bewußt die Verantwortung für sein Handeln übernehmen.

Der Verlust der Blindheit über die Folgen der Tat und ihre Voraussetzungen hat zwei Konsequenzen: Einerseits intensiviert sich das Gefühl der Schuld und der Tragik, in die Handeln verwickelt; andererseits weiß der Handelnde mit dem Erkennen des »Dämons«, an den er gebunden ist, und aus seiner »Zwiesprache« mit ihm, daß er nicht anders kann, will er jenem und sich selbst »treu bleiben«. Mit diesem Wissen aber fällt es ihm leichter, die Verantwortung für seinen Teil

---

[20] ebd., S. 10.
[21] Max Weber, *Wissenschaft als Beruf*, 7. Aufl., unveränd. Nachdr. der 6. Aufl. von 1975. Berlin: Duncker und Humblot, 1984, S. 32, zit. Voegelin, Max Weber, S. 9.

der Tat zu übernehmen, die durch dieses Wissen *auch* zu seiner eigenen wird. »Die Verantwortung«, so charakterisiert Voegelin einfühlend die Situation in der auch Weber steht, und die Lösung, die er findet,

> »steht auf der Schneide zwischen den Überlegungen des Verstandes und der Dämonie der Tat. Sie ist leer geworden von geläufigen Bedeutungen, die ihr zu unterschieben wir bereit sind. Sie hat ihren eigenen Sinn in der Welt Max Webers bekommen als Ausdruck der zitternden Erregung und der Qual des Bewußtseins, daß eine Tat, die ich gesetzt habe, die meine Tat ist, doch auch zugleich wieder nicht die meine ist, daß eine andere Macht durch mich handelt, wenn ich als freier Mensch handle. Verantwortung fällt in dem Paradoxon der Tat mit Verantwortungslosigkeit zusammen.«[22]

Spiegelt die Unterscheidung von »Gesinnungsethik« und »Verantwortungsethik« somit den inneren Konflikt und die innere Spannung Webers (die vielleicht auch zu seinem psychischen Zusammenbruch führten), so manifestiert sich in seiner persönlichen Entscheidung für die »Verantwortungsethik« der Versuch, wenigstens einen Teil der Freiheit und Rationalität des Handelns zurückzugewinnen.[23]

Hier drängt sich eine Frage auf, die auch Voegelin am Schluß seiner Rede stellt: Warum wollte Weber seinem »Dämon« treu bleiben, warum riß er sich nicht von ihm los? Vielleicht, so möchte man spekulieren, weil Weber diese Bindung für »unauflösbar« hielt, insofern er in diesem »Dämon« sich selbst, bzw. eine unauflösliche Identität mit ihm entdeckt hatte – oder entdeckt zu haben meinte; weil er in seiner bewußten und freiwilligen Annahme die Wahrheit seiner Existenz gewann. Doch auch Voegelin kann die Frage nur aufwerfen, nicht aber beantworten:

> »Die Antwort auf die Frage ist diese letzte in den Spiegelungen der Dialektik, sie führt uns zu einem seelischen Grund, in dessen Tiefen sich unser Blick verliert (...); hinter der Mauer der sachlichen Hingabe an eine überpersonale Aufgabe schließt sich das Innerste ab. Gewissenskämpfe, Schulderlebnisse, die Verzweiflung der Verlassenheit – gehören nicht vor die Öffentlichkeit; das Intimste der Person gehört nur ihr selbst. Vor dieser Mauer der von großartigster, leidenschaftlicher Sachlichkeit umgebenen Seele stehen auch wir zuletzt und müssen den Glauben, der wohl ihr Handeln erfüllte, aber nicht mitgeteilt werden konnte, ihr Geheimnis sein lassen.«[24]

Im Redemanuskript folgt noch ein Halbsatz, der in der Veröffentlichung fehlt, der aber das »Geheimnis«, von dem zuvor die Rede ist, noch ein wenig genauer

---

[22] Voegelin, »Max Weber«, S. 9.

[23] In diesem Sinn orientiert sich das von ihm gezeichnete Bild des verantwortungsbewußten Politikers aus der Wahl, die er für seine eigene Person getroffen hatte.

[24] Voegelin, »Max Weber«, S. 15 f.

zu fassen sucht. Dort heißt es: ». . . und müssen es ihr Geheimnis sein lassen, warum sie den starren Ring der Verstandesherrschaft um sich immer enger zog, ihn für unentrinnbar hielt und ihn nie überschritt.«[25] Aber war es denn »Verstandesherrschaft«, die das Verhalten Webers bestimmte – so müßte man Voegelin fragen? War es nicht eher eine dämonische Fixiertheit, die ihn daran hinderte, den Verstand voll zur Entfaltung zu bringen und mit jenem »Glauben« zu versöhnen, dem Weber ihn in seinen beiden Reden als unvereinbar gegenüberstellte?

IV

»Warum sollen wir uns denn treu bleiben? Warum sollen wir nicht lieber den Sprung in einen neuen Glauben tun, wenn wir es können?«[26] hatte Voegelin 1930 am Ende seiner Rede gefragt; gemeint war der zu Beginn der Rede angesprochene »Glaube« an die rationale Begründbarkeit von Werten. Die Formulierung zeigt, daß sich die obigen Fragen nicht nur an Weber, sondern auch an sich selbst richteten.

Als Voegelin zwanzig Jahre später den Dialog mit Weber erneut aufnimmt, hat sich die Position, von der er ihn führt, grundlegend verändert. Nicht nur hat er – auf der Flucht vor der nationalsozialistischen Verfolgung – Europa inzwischen verlassen und in den USA eine neue Heimat gefunden. In der Zwischenzeit hat er auch für sich genau das vollzogen, was er Weber 1930 – zehn Jahre nach dessen Tod – in seinem existentiellen Dialog mit ihm geraten hatte: den »Sprung in einen neuen Glauben«. Genau gesehen ist es deshalb auch inzwischen nicht mehr ein innerer Dialog jener Art, wie ihn Voegelin noch 1925 und 1930 mit Weber geführt hatte. Es ist eher ein Monolog, in dem präzise jene geistige Position markiert wird, die er eine Zeitlang mit Weber geteilt, inzwischen aber weit hinter sich gelassen hatte und die er aus der nun nicht nur zeitlichen, sondern auch existentiellen Distanz auch geistesgeschichtlich genauer einzuordnen vermochte, als dies 1930 möglich war. Weber ist für ihn nun nicht mehr »der Eine, in dem das Schicksal unserer Zeit sein gewaltigstes Symbol fand« – oder vielleicht ist er das auch noch –, sondern Teil der positivistischen Bewegung, deren geistiges Profil Voegelin in der »Einleitung« zur *New Science of Politics* skizziert und die in gewissem Sinn jene Etappe seiner eigenen Entwicklung symbolisiert, durch die er sich in den vergangenen Jahrzehnten hindurchgekämpft hatte und die er nun hinter sich gelassen hat.[27]

---

[25] Eine Kopie des Redemanuskripts findet sich im unveröffentlichten Nachlaß.
[26] Voegelin, »Max Weber«, S. 15.
[27] S. dazu seine Bemerkungen in »Remembrance of Things Past« (1977), in: Eric Voegelin, *Anamnesis,* translated and edited by Gerhart Niemeyer, University of Notre Dame Press: Notre Dame/London, 1978, S. 3–13.

Allerdings nimmt Weber für Voegelin auch in dieser Bewegung einen wichtigen Platz ein. Denn in seiner Person und seinem Werk war die Bewegung zu ihrem »immanent-logischen« Abschluß gekommen. Weber wird somit für Voegelin ein »Denker zwischen Abschluß und Neubeginn.«[28] Er ist für ihn der Moses, der zwar die Grenzen des »Gelobten Landes« erreicht hat und von den fernen Höhen auf es hinab sah, es jedoch nicht zu betreten wagte. Er bleibt zurück, während Voegelin – den Blick auf das deutlicher werdende Ziel gerichtet – den Weg fortsetzt. Damit wird auch der Dialog schwächer, denn das Problem, um das er kreiste, ist für Voegelin gelöst. Der »Sprung« ist getan; der »neue Glaube« gefunden. Weber ist damit zwar noch Station, Etappe des eigenen Entwicklungsweges und bleibt darum auch weiterhin präsent. Aber er repräsentiert eben doch nur eine Etappe der Vergangenheit. Dies mag auch erklären, warum Max Weber jetzt im Werke Voegelins endgültig in den Hintergrund tritt.

Es kann und braucht hier nicht noch einmal im einzelnen auf den Prozeß eingegangen werden, in dessen Verlauf Voegelin die Position Webers verwarf; das wurde schon bei anderer Gelegenheit getan.[29] Es genügt, einige der wichtigsten Punkte zu zeigen, auf die sich seine Kritik nun konzentriert, und zugleich die Position zu markieren, von der aus er diese Kritik formuliert.

1. Da ist *zunächst* das Konzept der – rationaler Analyse sich weitgehend entziehenden – »Werte« bzw. »Werturteile«, das in Webers Politik- und Wissenschaftsverständnis eine so zentrale Rolle spielte. Während sich Voegelin auch früher schon darüber im klaren gewesen sein dürfte, daß die »Werte« die Schwachstelle bildeten, über die es sowohl zur Zersetzung der Rationalität des Handelns wie auch zur Zerstörung einer rationalen Wissenschaft menschlicher und gesellschaftlicher Ordnung gekommen war, hatte doch auch er sie »fraglos«[30] hingenommen. Nun, im Lichte seiner Studien über die Entwicklung der positivistischen Bewegung seit dem 19. Jahrhundert, konnte er zeigen, daß es sich bei den »Werten« um Erscheinungen handelte, zu denen es erst nach dem Verfall der philosophischen Anthropologie und der sie begründenden allgemeinen Ontologie gekommen war. Mit deren Wiederherstellung löste sich für ihn diese Problematik auf – zumindest auf der theoretischen Ebene. Zu beantworten blieb allerdings die Frage, wie es zu jenem Verfall der Ontologie hatte kommen können und – noch wichtiger – ob es ohne weiteres möglich war, sie wiederherzustellen

---

[28] Eric Voegelin, *The New Science of Politics. An Introduction.* Chicago: University of Chicago Press, 1952; im folgenden zit. nach: ders., *Die Neue Wissenschaft der Politik. Eine Einführung,* hrsg. von Peter J. Opitz, München: Alber,[4] 1991, S. 35.

[29] S. dazu Peter J. Opitz, »Rückkehr zur Realität: Grundzüge der politischen Philosophie Eric Voegelins«, in: Peter J. Opitz/Gregor Sebba (Hrsg.), *The Philosophy of Order,* Klett: Stuttgart 1981, S. 21–73; s. dazu auch die unveröffentlichte Magisterarbeit von William G. Petropulos, *Die Rezeption von Max Weber in der Politischen Philosophie von Eric Voegelin,* München 1984, S. 41–70.

[30] Voegelin, *Die Neue Wissenschaft,* S. 36.

– ein Problem, das in den späteren Teilen der *New Science of Politics* behandelt wird. Mit der Entlarvung der »Werte« als Elemente eines positivistischen Wissenschaftsverständnisses wurde aber auch die Unterscheidung von »Gesinnungsethik« und »Verantwortungsethik« hinfällig, mit deren Hilfe sich Weber – wie oben gezeigt: mit fragwürdigem Erfolg – bemüht hatte, sich der Situation »dämonisch« determinierten Handelns wieder zu entziehen. Hinfällig wurden ferner die Konzepte einer »wertfreien Wissenschaft« und einer »wertbeziehenden Methode«. Denn wenn Wissenschaft als die Erforschung von Tatsachen in Beziehung auf einen Wert definiert wird, dann gibt es, wie Voegelin ironisch feststellt, »ebenso viele Arten politischer Geschichte und politischer Wissenschaft, als es Gelehrte mit verschiedenen Ideen darüber, was wertvoll ist, gibt«.[31]

2. Eng mit der Kritik an der »Wert«-Problematik verbunden – und zugleich der nächste Punkt, an dem sich Voegelin von Weber absetzt – ist sein Verständnis von Rationalität. Obwohl die Erforschung des Rationalisierungsprozesses die Achse seines Werkes bildet, war der Rationalitätsbegriff von Weber keiner tieferen philosophischen Analyse unterzogen worden. Zutreffend wurde dazu festgestellt: »*Nicht* ›was heißt Rationalität?‹, war Webers Leitfrage, sondern: wie kommt es, infolge ›welche(r) Verkettung von Umständen‹ zur Ausbildung der spezifischen Rationalität des einzigartigen, theoretischen und praktischen ›okzidentalen Rationalismus‹.«[32] Darüber hinaus verstand Weber unter »rational« im wesentlichen die adäquate Zuordnung von Mitteln auf Zwecke, wobei sich die letzteren dem Zugriff ›rationaler‹ Analyse entzogen und lediglich in Form von »zweckrationalem« und »wertrationalem« Handeln typisiert werden konnten, wobei der innere und existentielle Kern der »Rationalität« allerdings ausgespart blieb. Weber hatte solche Typen in den *Soziologischen Grundbegriffen* aufgestellt.

Voegelins Weg geht in eine andere Richtung. Er konzentriert sich – hier beeinflußt von seiner Entdeckung der Bedeutung griechischer und christlicher Metaphysik – nun zunehmend auf die Erhellung des inneren Kerns der Rationalität. Sie erweist sich sogar als das spezifische Anliegen der *New Science of Politics*. »Die Frage nach dem Wesen der Rationalität«, kommentiert Voegelin das Buch später, »steht im Zentrum der vorliegenden Untersuchungen«.[33]

Berücksichtigt man, daß es Voegelin primär darum ging, die gelockerte Verbindung zwischen Praxis und Rationalität neu zu knüpfen – zum einen, um sich aus der Verstrickung mit dämonisch gegebenen »Werten« zu lösen und die Freiheit der Existenz und damit auch die volle Verantwortung des Handelns zurückzugewinnen; zum anderen, um die politische Wissenschaft aus ihrem wertbezo-

---

[31] ebd., S. 34.
[32] Helmut F. Spinner, »Weber gegen Weber: Der ganze Rationalismus einer ›Welt von Gegensätzen‹«, in: Johannes Weiß, *Max Weber heute*, Frankfurt/Main 1989, S. 251.
[33] Voegelin, *Die Neue Wissenschaft*, S. 16.

genen Relativismus zu befreien und als Ordnungswissenschaft wiederherzustellen –, so war es nur folgerichtig, daß er sich auf das Problem der Rationalität konzentrierte. Denn nur wenn er zeigen konnte, daß sich die Kraft der Ratio nicht in der Erhellung der Kausalität menschlichen Handelns erschöpft, sondern ihr Licht auch auf die letzten Normen und Leitprinzipien fällt und diese von innen erhellt, konnte er sein Ziel erreichen.

Auf die ihn überzeugende Lösung des Problems war Voegelin bei seiner Befassung mit der klassischen Philosophie gestoßen, als deren existentielle Grundlage er eine Reihe von realen Bewegungen der menschlichen Seele auf das als jenseitig erfahrene göttliche Sein freilegte, die die Seinsordnung bis in die Tiefe ihres transzendenten Grundes erhellen. Während diese »Erlebnisse« der mystischen Philosophen für ihn zum kognitiven Kern wurden, aus dem heraus sich rationales Handeln konstituiert, formierte sich die Rationalität des Verhaltens aus der Akzeptanz der durch die und in jenen »Erfahrungen« durchsichtig gewordenen Seinsverfassung. »Theorie« erwies sich aus diesem Verständnis als der Versuch, »den Sinn der Existenz durch die Auslegung einer bestimmten Klasse von Erfahrungen zu gewinnen«[34].

Voegelin umriß den neugewonnenen Theoriebegriff besonders ausführlich in seiner Korrespondenz mit Alfred Schütz, dem er die einzelnen Kapitel der *Neuen Wissenschaft* gleich nach ihrer Niederschrift zuschickte. Obwohl sich seine folgenden Ausführungen in sehr ähnlicher Form auch in der *New Science of Politics* selbst finden, sollen sie nochmals in ihrer komprimierten Ausführung zitiert werden, in der sie in der Korrespondenz mit Schütz enthalten sind, weil sie im direkten Zusammenhang mit der Auseinandersetzung mit Max Weber stehen:

»›Theorie‹ ist meiner Meinung nach historisch entstanden (ca. 600–300 B.C.) als Explikation von Erlebnissen der Transzendenz in Sprachsymbolen. Die Erlebnisse können illustriert werden durch die Heraklitische Triade von Liebe, Hoffnung, Glaube (die bei Paulus wiederkehrt) oder die Platonische von Eros, Thanatos und Dike; im Zentrum steht die Liebe zum sophon, bei Augustin der amor sapientiae. In diesen Erlebnissen kommt das Wissen um das Wesen des Menschen (im Platonisch-Aristotelischen und christlichen Sinn) zum Bewußtsein; und Theorie ist der Versuch, dieses Wissen sprachlich zu formulieren; unter ständigem Rekurs (zur Verifikation) auf diese Erlebnisse. Insoferne als diese Theorie entwickelt worden ist, gibt es eine Wissenschaft vom Menschen und der Gesellschaft, eine epistéme politiké im Aristotelischen Sinn. Unter ›theoretisch relevant‹ verstehe ich also, was sich auf eine Wesenslehre vom Menschen im eben angedeuteten Sinn beziehen läßt. Als ›theoretisch progressiv‹ würde ich alle Versuche verstehen, die eine Wesensforschung

---

[34] ebd., S. 99.

durch weitere Differenzierungen der Transzendenzproblematik und ihre theoretischen Explikationen weitertreiben; als ›theoretisch retrogressiv‹ würde ich alle Versuche verstehen, die Wissenschaft vom Menschen und der Gesellschaft auf einer weniger differenzierten Stufe der Transzendenzproblematik, oder von der Position mehr oder weniger radikaler Immanenz treiben wollen.«
Daran anschließend, heißt es ein wenig weiter im Hinblick auf Max Weber: »Damit ergibt sich weiterhin auch die Antwort auf die Frage nach dem Wert der Weber'schen Methode. Wir sind ganz einig in der Anerkennung der Weber'schen *Absicht,* methodische Objektivität i. S. der interpretationsmäßigen Relevanz zu erreichen. Und diese Absicht, so hoffe ich wenigstens, habe ich in der ›Introduction‹ auch klar anerkannt. Aber: diese Absicht ist nur unzureichend verwirklicht worden, weil Klarheit über die Probleme der theoretischen Relevanz im oben entwickelten Sinne fehlte. Typen wie ›zweckrationales‹ und ›wertrationales‹ Handeln, oder die korrespondierenden der ›Verantwortungs-‹ und ›Gesinnungsethik‹ sind nicht hinreichend theoretisch durchgearbeitet. (...) Die Schöpfung von Kategorien wie dämonisch, Gesinnungsethik und Verantwortungsethik zeigt nur an, daß die ›theoretischen‹ Probleme nicht bewältigt sind; der Beweis liegt in der Tatsache, daß diese Kategorien die Stelle einnehmen, an der die theoretischen Untersuchungen zu finden sein sollten.«[35]

3. Aus dem neugewonnenen Theorie- und Rationalitätsverständnis ergab sich schließlich auch eine neue Vorstellung von Geschichte. Noch deutlich den Traditionen der Aufklärung und des Positivismus verhaftet, hatte Max Weber den Geschichtsprozeß als eine Entwicklung zur Rationalität und die eigene Zeit als Höhepunkt rationaler Selbstbestimmung interpretiert. Anders als seine Vorgänger aber, die diesen Prozeß als einen Prozeß wachsender Mündigkeit des Menschen verstanden und begrüßt hatten, stand Weber dem historischen Geschehen eher distanziert und resigniert gegenüber. Denn die »Entzauberung«, die er als zentrales Merkmal zumindest der westlichen Geschichte konstatierte, hatte den Menschen zwar aus den Bindungen und Blendungen der Magie befreit, ihn aber damit nicht glücklicher gemacht. Die Welt war vielmehr kälter geworden; der Mensch, durch die »Entzauberung« des dem Handeln Orientierung verleihenden Ordnungsmusters beraubt, sah sich auf sich selbst zurückgeworfen und durch eine in die Unendlichkeit fortschreitende Geschichte auch seines Lebenssinnes verlustig. In der Zukunft drohte sogar ein »stählernes Gehäuse« bürokratisch-rationaler Herrschaft.

Voegelin hatte in den beiden früheren Arbeiten die »Geschichtsmetaphysik« Webers in ihrer Eigenart herausgearbeitet und dabei deutlich erkennen lassen,

---

[35] Brief von Voegelin an Alfred Schütz vom 30. 4. 1951.

daß er sie für eine Konstruktion Webers hielt, mit der dieser auf dem Wege der Spekulation das eigene Sein verständlich und sinnhaft zu machen suchte. Voegelin hatte diese Konstruktion jedoch weder grundsätzlich in Frage gestellt, noch mit der Schärfe – wie er es später im Falle von Edmund Husserl tun sollte – ihren ideologischen Charakter gegeißelt. Die tiefere Ursache dieser Zurückhaltung gegenüber Weber im Jahre 1930 dürfte allerdings weniger in einer bewußten Rücksichtnahme als im Fehlen einer ausgearbeiteten eigenen Geschichtskonzeption bestanden haben.

Ein solches Konzept liegt nun Anfang der 50er Jahre bei der Abfassung der *New Science of Politics* vor. Es steht in deutlicher Beziehung zu dem geklärten Verständnis von »Rationalität« und zeigte sich deshalb in seiner Anlage schon in der Korrespondenz mit Alfred Schütz vom Herbst 1943, in der Voegelin – in Abgrenzung zu Husserl – einige allgemeine Bedingungen formuliert hatte, denen eine Geschichte des Geistes zu genügen hat: Sie muß jede geschichtlich geistige Position bis auf die sie fundierenden Transzendenzerfahrungen durchdringen und kann dann, »systematisch an großen Materialketten betrieben, zur Herausarbeitung von Ordnungsreihen in der geschichtlichen Offenbarung des Geistes führen« und so eine »Philosophie der Geschichte produzieren«.[36]

Auf das empirische Material übertragen, führte dieses Verfahren zu dem genau entgegengesetzten Ergebnis, zu dem Weber gekommen war: Anstelle des von Weber konstatierten Wachsens an Rationalität diagnostizierte Voegelin – mit Blick auf die Moderne und die nicht zuletzt unter positivistischen Vorzeichen erfolgende Verschließung gegenüber Transzendenzerfahrungen und die sie erhellende transzendente Realität – einen Verfall und Rückgang an Rationalität. Konsequenterweise befindet er deshalb in der *New Science of Politics:* »Was Weber in der Nachfolge Comtes als modernen Rationalismus auffaßte, müßte neu interpretiert werden als moderner Irrationalismus«.[37]

Bei Anlegung des neuen Rationalitätsverständnisses auf größere Teile des bekannten historischen Prozesses formt sich dieser für Voegelin damit auch nicht zu einer aufsteigenden Entwicklung. Vielmehr werden die Konturen eines die Zyklen der einzelnen Zivilisationsgesellschaften übergreifenden »Riesenzyklus« sichtbar, mit den vorchristlichen Hochkulturen als aufsteigendem und der Moderne als absteigendem Ast und dem Erscheinen Christi als Zenit. Das war die Skizze eines geschichtsphilosophischen Konzepts, mit dessen Ausarbeitung Voegelin zu jener Zeit schon begonnen hatte und die in seiner auf sechs Bände konzipierten *Order and History* am empirischen Material im einzelnen herausgearbeitet werden sollte.

---

[36] Brief von Voegelin an Schütz, vom 17. September 1943, in: Eric Voegelin, *Anamnesis. Zur Theorie der Geschichte und Politik*, München 1966, S. 21–36 (S. 31 f.)

[37] Voegelin, *Die Neue Wissenschaft*, S. 47 ff.

V

Als sich Voegelin im Sommer 1964 im Rahmen der Ringvorlesung zum 100. Geburtstag Max Webers erneut mit diesem beschäftigte, war sein eigenes magnum opus ins Stocken geraten. Zwar waren 1956 und 1957 in schneller Folge die ersten drei Bände von *Order and History* erschienen und in ihnen der aus den alten Hochkulturen aufsteigende Ast dargestellt worden, mit der israelitischen Offenbarung und der griechischen Philosophie als den beiden differenzierenden Ordnungserfahrungen. Dagegen waren die drei folgenden Bände, die sich mit dem christlichen Zenit und dem Verfall der Rationalität in der Moderne befassen sollten, schon seit einiger Zeit überfällig. Die Verzögerung hatte zwei Ursachen: den Aufbau des Münchener Instituts für Politische Wissenschaften, der erhebliche Verwaltungsarbeiten und Lehrverpflichtungen mit sich gebracht hatte, zum einen; zum anderen und vor allem aber theoretische Probleme, die ein Überdenken des ursprünglichen Gesamtkonzepts von *Order and History* nahelegten. Eng im Zusammenhang damit standen Bemühungen um eine weitere Differenzierung des Erfahrungs- und Rationalitätsverständnisses, die – nach einigen kleineren Einzelstudien – 1964 in der als Grundsatzreferat konzipierten Arbeit »Was ist politische Realität?« ihren Niederschlag fanden.

In diese Zeit fällt nun die Jubiläums-Rede über Max Weber. Der Anlaß und die äußeren Umstände zeigten, daß es sich dabei eher um eine Gelegenheitsarbeit handelte, die weit von den Problemen entfernt war, die Voegelin zu jener Zeit beschäftigten. Wie in seinen früheren Arbeiten, so wählte Voegelin auch jetzt den Einstieg über einen historischen Rückblick, in den er Weber integriert. Allerdings bezieht dieser Rückblick nicht wie im Essay von 1930 die westliche Entwicklung in ihrer ganzen Breite ein, sondern konzentriert sich auf Deutschland, genauer: auf die »Geschichte des Geistes« in Deutschland. In ihr konstatiert Voegelin seit den 30er Jahren des 19. Jhs. einen »Stilbruch« bzw. das Fehlen ausgeprägter sinnhafter geistiger Konturen – zumindest im Vergleich mit der vor ihr liegenden Periode des Idealismus in der Philosophie oder der Klassik und Romantik in der Literatur. Doch der erste Anschein trügt und wird sogleich korrigiert. Denn bei näherem Hinsehen werden Merkmale sichtbar, die auch jenen Zeitraum zu einer »verstehbaren Periode des Geistes« machen.

Die zentralen Merkmale der geistigen Signatur jener Periode glaubt Voegelin im Werk von vier Männern zu erkennen, die in jener Zeit lebten und deren Weltrang unbestritten ist – Marx, Nietzsche, Freud und Weber. Denn über allen Unterschieden, die ihr Werk kennzeichnen, weisen sie doch einige signifikante Gemeinsamkeiten auf. Gemeinsam ist ihnen zunächst der Hintergrund: der Verfall der Zeit infolge der Zerstörung der klassischen Ethik durch den deutschen Idealismus. Gemeinsam ist ihnen sodann die Deutung des Menschen als eines primär triebhaft bestimmten Wesens, wobei auch Geist und Vernunft als Mittel bzw. Masken der Triebsphäre interpretiert werden. Gemeinsam erscheint Voegelin ferner ihre Abneigung gegen die sittliche und geistige Verrottung jener Periode und eines ihr korrespondierenden »Aristokratismus der Haltung«. Und gemeinsam erscheint ihm schließlich, daß es keinem von ihnen gelingt, die Kritik des geistigen Verfalls adäquat philosophisch zu durchdringen. Dieses Scheitern manifestiert sich auch in der Entwicklung von »Sondersprachen«, was wiederum der tiefere Grund dafür ist, daß das geistige Profil jener Epoche sich erst im Rückblick aus einer »neuen Periode« erschließt, in der die Erneuerung der Rationalität den Blick für den Verfall der Vergangenheit geschärft und die Maßstäbe für eine rationale Kritik wiederhergestellt hat. Schon die *New Science of Politics* atmete die Überzeugung, daß der Prozeß der geistigen Gesundung an Dynamik gewonnen habe; in den Formeln von der »neuen Periode« bzw. der »neuen Situation des Philosophierens«, die sich in der Weber-Vorlesung finden, hat dieses Bewußtsein einen noch kräftigeren Ausdruck gefunden.

Welchen Platz nimmt nun aber Max Weber in diesem Prozeß ein? Es ist der gleiche Platz, den Voegelin ihm schon in seiner Analyse des Positivismus zugewiesen hatte, in der er ihn als einen »Denker zwischen Abschluß und Neubeginn« charakterisiert hatte. »Dieser Jüngste unter den vier Großen«, so heißt es nun durchaus ähnlich, »steht an der Grenze zum Neuen«.[38] Der Maßstab ist die konsequente Haltung Webers. Während die drei anderen versucht hatten, sich der inneren Spannung, die der Verlust der Transzendenz und ihre Verlagerung in Bereiche der innerweltlichen Realität erzeugt hatte, durch die Schöpfung innerweltlicher Apokalypsen zu entziehen, hatte Weber die »Illusionslosigkeit der Immanenz« unerbittlich ernst genommen und jede Flucht in Scheinwelten verweigert. Das macht ihn auch zu jenem der vier, bei dem sich der Aristokratismus der Haltung am ausgeprägtesten fand und wodurch er sich von den anderen »als der Größere« unterschied.

Doch diese Größe hatte ihren Preis. Schon in früheren Arbeiten hatte Voegelin den enzyklopädisch-fragmentarischen Charakter des Weberschen Werkes sowie den psychischen Zusammenbruch Webers vorsichtig als Symptome gedeutet, in denen das Leiden Webers an jener radikalen Innerweltlichkeit und der Sinnlosigkeit, die sie auf die gesamte Existenz ausstrahlte, zum Ausdruck kam. Hinweise in die gleiche Richtung finden sich auch jetzt wieder. Unüberhörbar ist zugleich und über alles Trennende hinaus der Respekt und die Sympathie, die er Weber gerade wegen der Konsequenz seiner Haltung und der intellektuellen und moralischen Integrität, die in ihr zum Ausdruck kommt, entgegenbrachte. Von dieser Sympathie bleibt hingegen seine Einschätzung Webers unberührt:

»Wir finden bei ihm also eine höchste geistige Sensitivität, aber keinen endgültigen Durchbruch, der die Falschheit anerkannt und die Spannung lösen würde. (...) Dennoch ist in alledem die Situation, in der er sich befindet, klar

---

[38] Voegelin, »Die Größe Max Webers«, S. 86.

durchleuchtet. Und gerade deshalb gibt es kein Zurück zu Max Weber oder gar hinter Max Weber. Er hat die Problematik klar dargestellt: wir haben von hier aus weiterzugehen in der Richtung der Transzendenzoffenheit und der Restauration jener Symbole, in denen die Erfahrungen von Vernunft und Geist sich selbst auslegen. Max Weber hat diese Situation für uns überwunden, wir haben in unserer Zeit die Realität wiederherzustellen.«[39]

Es sei noch einmal daran erinnert, daß Voegelin, als er dies schreibt – oder richtiger: als er es im überfüllten Hörsaal der Münchener Universität ausspricht –, selbst wieder einmal am Beginn einer wichtigen Periode seines eigenen Philosophierens steht. Mit der Schrift »Ewiges Sein in der Zeit« hatte er jenen Punkt erreicht, an dem das Unternehmen einer Philosophie des Bewußtseins als des Kernstücks einer Philosophie der Politik, auf das er sich von nun an bis zum Ende seines Lebens konzentrieren wird, endgültig in den Blick getreten ist. Der Bezug auf Max Weber wird in seinen Schriften noch seltener. Doch die geistige Verbundenheit mit Weber, der ihn auf seinem eigenen Wege über weite Strecken Führer und Begleiter gewesen war, bleibt auch weiterhin ungebrochen.

---

[39] ebd., S. 93f.

Anhang: Die Korrespondenz Erich Voegelins mit Leopold von Wiese und Marianne Weber

Forschungsinstitut
für Sozialwissenschaften
(Soziologische Abteilung)
Claudiusstr. 1

Herrn
Privatdozenten
Dr. Erich Voegelin
Wien III
Untere Viaduktgasse 35

Köln, den 21. Juni 1930

Sehr geehrter Herr Kollege,

soeben habe ich das Manuskript Ihres mir liebenswürdigerweise angebotenen Vortrages zum 10. Todestag von Max Weber gelesen. Ich würde selbstverständlich gern eine Erinnerungsrede auf Weber bringen, und ich würde ebenso gerne etwas veröffentlichen, was aus Ihrer Feder stammt. Sie werden es mir, denke ich, nicht verübeln, sondern es als gut gemeinte kollegiale Offenheit betrachten, wenn ich Ihnen nun sage, daß mir die allgemeinen Einleitungsausführungen recht anfechtbar erscheinen, daß ich dagegen die Max Weber selbst betreffenden Darlegungen gern bringen würde. Ich möchte Sie nun bitten, mir zu glauben, daß ich nicht etwa bloß Darlegungen veröffentliche, mit denen ich persönlich übereinstimme. Vielmehr ist es selbstverständlich, daß jede Richtung und Denkweise zu Wort kommt. Aber in einem Punkte glaube ich pedantisch sein zu müssen, weil ich in ihrer Duldung eine große allgemeine Gefahr sehe. Das ist die romantische Klage über die angeblich zersetzenden und auflösenden Wirkungen des Verstandes. Gerade Max Weber hätte, wie Sie selbst ja zwischen den Zeilen andeuten, Ihnen ganz gehörig widersprochen. Wenn diese Anschuldigung des Verstandes und die Verherrlichung des bloßen Glaubens eine Einzelerscheinung wäre, würde ich keineswegs widersprechen. Aber das große Unglück unserer Geisteskultur in Deutschland hängt ja mit diesem von 90 % aller jüngeren Leute vorgetragenen Jammern über den Verstand zusammen. Was heute von Leuten, deren Beruf und Aufgabe es ist, der Wissenschaft zu dienen, gesündigt wird in Anklagen über den Wissenschaftsgeist und in unbewußter Verherrlichung der Unwissenschaftlichkeit, das schreit zum Himmel. Und ich kann für meine Person nicht die Hand reichen, um diese Untergrabungen des Denkens zu kultivieren.

Dazu kommt noch, daß mir aus Gründen, die darzulegen zu langwierig sein würde, die Bemerkungen über Frankreich, England und Amerika in unserer Zeitschrift, die gerade in diesen Ländern mehr Beachtung und Würdigung findet, als in Deutschland selbst, eine Unmöglichkeit sind, zumal da man in der ganzen europäisch-amerikanischen Welt außerhalb der deutschen Grenzen es einfach nicht versteht, daß Gelehrte diese Tonart wählen.

Deshalb möchte ich bitten, im Falle der endgültigen Überlassung Ihres Vortrags die ersten Seiten streichen zu dürfen. Ich würde vorschlagen, mit Seite 5 unten von »Erst dort, wo...« beginnen und den letzten Satz am Schluß des Ganzen auf S. 23 gleichfalls streichen zu dürfen.

Wollen Sie mir bitte möglichst bald schreiben, ob Sie mit meinem Vorschlage einverstanden sind, oder ob Sie Ihr Manuskript zurückzuerhalten wünschen? Vorläufig darf ich es wohl noch hier behalten.

Mit dem Rundschreiben, das ich gestern an alle Gesellschaftsmitglieder versandt habe, habe ich noch einmal die Überreichung der Zahlkarte an diejenigen Mitglieder verbunden, die ihren Jahresbeitrag noch nicht entrichtet haben.

Mit angelegentlichsten Grüßen
Ihr Ihnen sehr ergebener

Leopold von Wiese

Dr. Erich Voegelin
III. Untere Viaduktgasse 35
Wien

24. Juni 1930

Sehr geehrter Herr Professor:

Vielen Dank für Ihren liebenswürdigen Brief. Ich bedaure sehr, daß Sie die Rede nicht zur Veröffentlichung in Ihrer Zeitschrift für geeignet halten; und ich bedaure es um so mehr, als ein Teil der Gründe mir auf einem Mißverständnis zu beruhen scheint. Ich hoffe, Sie werden es nicht als Zudringlichkeit auffassen, sondern nur als ein Zeichen, daß mir persönlich an Ihren Sympathien gelegen ist, wenn ich mit ein paar Worten dieses Mißverständnis aufkläre.

Wenn ich von der Zersetzung durch den Verstand spreche, meine ich selbstverständlich nicht eine journalistische Phrase und jammere auch nicht romantisch, sondern meine die präzise Bedeutung, die Max Weber diesem Wort gegeben hat, und die sich auf S. 9 meines MS. deutlich gesagt findet: daß nämlich der Verstand nicht irgendwelche Werte zersetzt, sondern sie im Gegenteil nur noch deutlicher sichtbar macht; er zersetzt bloß die Naivität des Glaubens an den einen oder anderen. Über dieses Thema kann ich allerdings zu sprechen nicht vermeiden, da diese Verstandeswirkung seit Nietzsche ein brennendes Problem ist und für Max Weber die zentrale Frage seiner Verantwortungsethik war (siehe insbes. Politik als Beruf). Neben dieser Haltung Webers ist für uns heute wichtig die andere Haltung zum Leben, die von Stefan George und seinen Freunden eingenommen wird. Ich sympathisiere *nicht* mit ihr, sondern halte die Max Webers für die einzig mögliche und wünschenswerte für einen Gelehrten; aber ich bin gerade als Biographie treibender Gelehrter verpflichtet, diese andere Haltung unparteiisch darzustellen und in ihrer Gleichberechtigung als Wert neben die Webersche zu rücken, zumal da Weber sich aufs tiefste von ihr berührt und beunruhigt fühlte (s. Marianne Weber, Lebensbild, und neuerdings Wolters, die einschlägigen Kapitel im Georgebuch). Der letzte Satz, den Sie beseitigt zu sehen wünschen, ist nicht als eine freundliche Aufforderung zu verstehen, die Wissenschaftlichkeit aufzugeben und einen Glauben anzunehmen, sondern als die Bezeichnung der Grenze für die rationale Deutung und verstehende Analyse. Warum sich Weber gerade so und nicht anders verhalten hat, hat seinen Grund in seiner seelischen Stimmung, die vielleicht protestantisch genannt werden kann, aber jedenfalls ein Letztes und darum Irrationales für die Analyse ist. – Nun zu den ersten fünf Seiten: ich habe dort nicht *ein* Wort ins Blaue hinein geschrieben. Die Beispiele für amerikanische Voreingenommenheit sind Dewey entnommen; mit den rohgezimmerten Theorien ist speziell der Behaviourismus gemeint, der sogar MacDougall wegen seiner Primitivität beinahe zu Tobsuchtsanfällen gereizt hat, (siehe die Artikel in »Psyche«). Bei der politischen Voreingenommenheit englischer Theorie hatte ich Werke wie Laskis Grammar of Politics im Blick; bei den Bemerkungen über Frankreich Durkheim und Duguit. Ich habe eine Semestervorlesung über nationale Typen

der Soziologie gehalten und reichliche Materialien zu diesem Gegenstand gesammelt, die ich gelegentlich auch zu publizieren gedenke. Es scheint mir unbestreitbar, daß die westliche Sozialwissenschaft sich niemals kritisch auf ihre Voraussetzungen besinnt, sondern eine bestimmte politische Form als die selbstverständliche Voraussetzung ihrer, innerhalb dieses Rahmens sehr wertvollen Untersuchungen annimmt.
(der Brief bricht hier ab; die restlichen Passagen konnten noch nicht ausfindig gemacht werden.)

Herrn Privatdozenten
Dr. Erich Voegelin

Köln, den 28. Juni 1930

Sehr geehrter Herr Kollege,

da Sie es wünschen, muß ich also anbei Ihre schöne Rede über Max Weber wieder zurücksenden. Ich hätte, wie gesagt, bei weitem vorgezogen, wenn ich mit Ihrer gütigen Erlaubnis das daraus hätte drucken dürfen, was sich auf Max Weber selbst bezieht. Gegen diese Darlegungen habe ich wie gesagt nichts einzuwenden, und wenn Sie Ihre Absicht ausführen, an Frau Marianne Weber zu schreiben, so darf ich vielleicht bitten zu erwähnen, daß ich bereits in meinem vorigen Briefe geschrieben habe: »Ich würde selbstverständlich gern eine Erinnerungsrede auf Weber bringen,« und einige Zeilen später...: »daß ich dagegen die Max Weber selbst betreffenden Darlegungen gern bringen würde.« Ich glaube auch, daß ich Ihre persönliche Haltung durchaus verstehe und mir zu eigen machen kann. Aber die Formulierungen zu Anfang und zu Ende der Rede sind doch so gefaßt, daß man den Gedanken: »Ich sympathisiere *nicht* mit ihr (Stefan Georges Haltung zum Leben), sondern halte die Max Webers für die einzig möglich und wünschenswerte für einen Gelehrten« nicht herauslesen kann. Wenn »der Einheit des mittelalterlichen Weltbildes« die »zersetzende und auflösende Wirkung des Verstandes« gegenübergestellt wird, so kann man dann nicht verstehen, daß Sie für den Gelehrten »Verstandesherrschaft« fordern. Aber es scheint, wie so oft, daß wir uns wahrscheinlich in der Sache selbst sehr gut würden verständigen können.

Ich sende Ihnen also Ihre Rede wieder zurück. Sollten Sie aber doch noch vorziehen, nur einige Streichungen vorzunehmen, so bin ich gern bereit, die Arbeit zu übernehmen, falls ich sie bis spätestens 15. Juli wieder in meinen Händen haben könnte. An diesem Tage ist Schluß der Redaktion für das Doppelheft IX, 1/2, das als Festschrift für den 7. Soziologentag gedacht ist.

Vielmals danke ich Ihnen für die gütige Überreichung Ihrer Übersetzung der Laskischen Arbeit. Ich lese den Aufsatz mit lebhaftem Interesse.

Indem ich Sie bitte, mir auf alle Fälle Ihre freundliche Gesinnung zu bewahren, und mit angelegentlichsten Grüßen,

Ihr Ihnen sehr ergebener

L. v. Wiese

Herrn Privatdozenten
Dr. Voegelin

Köln, den 2. Juli 1930

Sehr geehrter Herr Kollege,

eben kommen Ihre freundl. Zeilen vom 30. v. M. an. Ich möchte Sie also nun doch bitten, mir die Rede nach einigen Veränderungen bestimmter Sätze, über die wir uns einig sind, freundlichst bis zum 15. Juli zu senden. Ich möchte darauf aufmerksam machen, daß ich unbedingt am 15. Juli ds. Redaktionsschluß machen muß, weil wir diesmal strikt an einen bestimmten Erscheinungstermin gebunden sind. Daß die Ausführungen über die englische, französische und amerikanische Soziologie unverändert bleiben, will ich in Kauf nehmen. Man kann ja auch die Rücksichtnahme auf bestimmte Leserkreise übertreiben, und ich möchte doch die Sachlichkeit höher stellen als diese Gesichtspunkte.

Mit verbindlichstem Dank und vielen Grüßen
Ihr Ihnen sehr ergebener

L. v. Wiese

10. Juli 1930

Sehr geehrter Herr Professor:

Vielen Dank für Ihren so liebenswürdigen Brief vom 2. d. M. Ich habe eine ganze Reihe von Veränderungen an dem MS. in dem von Ihnen gewünschten Sinn vorgenommen, und es wird Sie gewiß freuen zu hören, daß diese Veränderungen fast alle auf die Randbemerkungen Frau Marianne Webers zurückzuführen sind, die sie freundlicherweise dem MS. anfügte. Sie finden Ihre eigene Auffassung dadurch bestätigt. Damit Sie die Veränderungen rasch überblicken können, habe ich die weggelassenen Stellen *rot* durchstrichen; nur die erste Seite wurde neu geschrieben.

Erlauben Sie mir zu versichern, wie sehr mir daran liegt, daß die Arbeit gerade in Ihrer Zeitschrift erscheint, und daß ich mich außerordentlich freue, daß wir doch noch zu einer Einigung gekommen sind.

Mit ausgezeichneter Hochachtung
Ihr ganz ergebener

Herrn Privatdozenten
Dr. Erich Voegelin

Köln, 14. Juli 1930

Lieber Herr Kollege,

Ihr Manuskript hat mich in der neuen Gestalt gestern erreicht. Ich werde es nunmehr gern in der jetzigen Form in Heft IX/1-2 publizieren.

Mit vielem Dank und besten Grüßen
Ihr Ihnen sehr ergebener

L. v. Wiese

Heidelberg, 16. Juni 1930

Hochgeehrter Herr Doktor!

Ihre telegraphische Mitteilung, daß die Wiener Soziologische Gesellschaft eine Max Weber Gedenkfeier veranstaltet hat, hat mich sehr wohltuend berührt, und ich danke Ihnen und Herrn Professor Kelsen von Herzen. Daß mein »Lebensbild« Ihnen etwas von dem Menschen, der noch größer war als sein Werk und sich in diesem gerade in seiner zugleich wunderbar gütigen, verstehenden, überaus schlichten und dennoch dämonisch geheimnisvollen Persönlichkeit, nicht ausgesprochen hat, vermittelt, erfüllt mich mit Dank und Freude; allein ich bin mir bewußt, daß meine Arbeit nur das Material sein konnte für künftige Versuche umfassenderer tieferer und begabterer Menschen.

In diesen Tagen ist aller tiefer Schmerz um den vorzeitigen Abbruch eines großen u. längst nicht erfüllten Daseins u. aller Protest dagegen in mir aufs neue so wach wie je, und was allein wohltut ist zu wissen, daß Menschen da sind, die sein Erbe verwalten und weiter vermitteln u. die ihn zu würdigen wissen.

Ich danke lhnen, daß Sie mir ein Zeichen davon gaben.

Ihre Marianne Weber

Wien, 30. Juni 1930
III. Untere Viaduktgasse 35

Sehr geehrte gnädige Frau,

Erlauben Sie zuerst meinen herzlichen Dank für den Brief, den Sie an Professor Kelsen und mich gerichtet haben.

Beiliegend finden Sie einen Abzug der Rede, die hier zur Gedenkfeier gehalten wurde. Ich schicke ihn erst heute, da ich ihn an Prof. v. Wiese gesandt hatte, damit er die Rede vielleicht in der Kölner Zeitschrift veröffentliche. Er lehnte das jedoch für gewisse Teile ab, und ich lege lhnen auch unsere Korrespondenz zu Ihrer Einsicht bei: Sie werden sehen, was Prof. v. Wiese meint, ich klagte und jammerte über die Herrschaft von Ratio usw.

Ich würde, wenn solche Mißverständnisse möglich sind, lieber von einer Veröffentlichung absehen, deren Zweck ja doch sein sollte, das Andenken Max Webers zu feiern und für sein Werk zu werben, soweit dies meinen bescheidenen Kräften möglich ist. Ich will es, sehr geehrte gnädige Frau, Ihrer Entscheidung überlassen, ob eine Veröffentlichung sich überhaupt lohnt, und, wenn dies der Fall sein sollte, ob nicht Veränderungen angezeigt wären, die jedes Mißverständnis ausschließen.

Ihr dankbarer und verehrungsvoll ergebener
Erich Voegelin

Hdlb. 3. Juli

Hochgeehrter Herr Doktor!

Ihre Rede kommt – verziert mit Randbemerkungen, die Sie hoffentlich entziffern können – zurück und mit herzlichem Dank! Ich finde zwar manche Ihrer Deutungen, die, wie mir scheint, stark von Wolters Buch beeinflußt sind, dessen Deutungen M.W.s *sehr* verzerrt sind und mir *sehr* auf die Nerven fallen, schief. Offenbar stehen Sie z. Z. stark unter dem Einfluß von St. George und sind von dorther, d. h. von dessen Wertungen u. »Gestalt« her orientiert? Bei M.W. von »Glaubenslosigkeit« oder Lähmung des Handelns durch den Verstand zu sprechen, geht m.E.'s wirklich nicht, so nahe es liegt, von andersartigen Wertungen aus ihn so zu interpretieren. Er wartete u. das bedeutet: glaubte in jedem Augenblick seines Lebens, u. das Ergreifende war ja doch, daß er trotzdem oder deshalb leidenschaftlich für die wertfrei soziologisch-historische und nationalök. Wissenschaft eintrat. Als Denker bezähmte er die »Dämonie«, die er als Wollender u. Wertender, zu steten Temperamentsausbrüchen bereit, in sich fühlte. Ein geheimnisvoll großer Mensch muß es sich gefallen lassen, mißverstanden u. stets von dem wertenden Standpunkt der Betrachter aus interpretiert zu werden. Er schweigt und lächelt. – Trotz meiner Ausstellungen, die sich nun gerade *nicht* auf die ersten 5 Seiten beziehen, die Herr v. Wiese mißverstanden hatte, würde ich eine Publikation wünschen – wie ich wünschen muß, daß die Menschen von Solchen, die ihn mit Ehrfurcht betrachten, auf ihn verwiesen werden. Und darum bitte ich Sie zu entscheiden, was Sie mit Ihrer Arbeit machen. – Sie ist zweifellos wert, gedruckt zu werden. Aber vielleicht lesen Sie noch einmal die letzten Seiten in »Wissenschaft als Beruf« u. »Politik als Beruf« und schauen auch einmal in den Aufsatz über den »Sinn der Wertfreiheit«.

Ich danke Ihnen herzlich für die Zusendung der Rede u. Ihre Gesinnung! Wie gern würde ich mich mündlich mit Ihnen auseinandersetzen!

Ihre Marianne Weber

10. Juli 1930

Hochgeehrte gnädige Frau:

Die genauen Marginalien zu meinem MS. habe ich mit Dankbarkeit und Rührung über die große Aufmerksamkeit gelesen, die Sie meinem bescheidenen Versuch zuwenden. Prof. Wiese hat sich inzwischen bereit erklärt, die Arbeit doch abzudrucken, und ich hoffe in Ihrem Sinne gehandelt zu haben, wenn ich von Ihren Randbemerkungen Gebrauch machte und den Text zum Teil korrigierte, zum Teil in der von Ihnen angegebenen Richtung verdeutlichte. In einem einzigen Fall war ich ungewiß, was zu tun sei, an der Stelle, an der Sie, gnädige Frau, die Haltung Max Webers mit seiner Krankheit bringen. Ich habe es immer vermieden, in die Deutung geistiger Zusammenhänge Erklärungsgründe aus dem Naturbereich der Erkrankung hineinzutragen; ich kann dafür methodische Gründe anführen, aber sie sind nicht so sehr entscheidend für mich, als eine irrationale Abneigung gegen solche Versuche; es ist außerordentlich schwer, wenn man diesen Weg einmal betritt, die richtigen Grenzen zu ziehen, und ich denke mit Schrecken an die Tätigkeit unberufener Erklärer Hoelderlins und Nietzsches. Verzeihen Sie also, gnädige Frau, wenn ich in diesem Fall glaubte, das, was Ihnen verstattet ist, nicht auch mir erlaubt sei, und den bemängelten Text einfach strich, ohne ihn in der von Ihnen bemerkten Richtung neu zu fassen.

Ich besitze nur ein Exemplar des MS. (außer dem von Ihnen mit Marginalien versehenen, das ich mir bewahren möchte) und da ich es sofort zum Druck geben muß, werde ich mir erlauben, Ihnen den Text mit Abänderungen zugehen zu lassen, sobald ich die Fahnen bekomme.

Mit dem Ausdruck tiefster Dankbarkeit und Verehrung bin ich Ihr ganz ergebener

Heidelberg, 5.2.36

Die Frage ist für mich sehr schwer zu beantworten. Mein Mann hat einen Teil von Kierkegaards Schriften gekannt und höchstwahrscheinlich auch die »Krankheit zum Tode«, die sich in meinem Besitz befindet. Nach meiner Erinnerung hat er sich aber vor seiner nervösen Krankheit, etwa z. Z. unserer Verheiratung um 1893 herum mit K. beschäftigt, u. später m. W.'s nicht mehr. Ich selbst lernte K. als junge Frau kennen u. »Entweder-Oder« und die »Stadien auf dem Lebenswege« machten mir damals, obwohl ich sie damals noch kaum verstand, einen tiefen Eindruck. Damals in den ersten Ehejahren haben wir sehr viel von K.s Ehe- und Liebesphilosophie geredet. Weit später – um 1926–27 herum – kam dann ich durch ein Seminar bei Prof. K. Jaspers erneut auf K. zurück. Aber Max Weber hat ihn damals m. W.'s nicht wieder gelesen. Und ich kann mir kaum denken, daß M. W. in seinen späteren Schriften noch durch K. beeinflußt worden ist. – Wo findet denn der Herr die betreffenden Parallelen? Das würde mich sehr interessieren.

Eine bewußte Beeinflussung durch K. halte ich eigentlich nicht für möglich – wenn ich auch annehme, daß K. den jungen M. W. bewegt hat, denn er hatte ja damals einige seiner Schriften angeschafft u. zwar »Entw.-Oder«, »Stadien«, »Einübung im Christentum«, »die Lilien auf dem Felde«. (3 fromme Reden) u. zwölf Reden, zusammengestellt von Bärthold, Buch des Richters- (Tagebücher) die übrigen philosophischen Schriften (...) habe ich dann um 1916 herum angeschafft.

M. W.'s Beziehungen zum Christentum waren in der 2. Hälfte seines Lebens stark verblaßt – allerdings bewegte ihn jede religiöse Erscheinung und Vorstellungswelt. – Das Verzeichnis Ihrer Seminarvorträge interessiert mich sehr – es ist so unfaßlich, daß er selbst sich nicht mehr erklären kann und wir nun an ihm rätseln müssen!

Mit verbindlichem Gruß
Ihre Marianne Weber

JOACHIM FISCHER

Plessner und die politische Philosophie der zwanziger Jahre

I. Politische Philosophie der Weimarer Republik?

1. Plessner-Kontroverse

Zwei Schriften von ihm zur politischen Philosophie aus den zwanziger Jahren neu entdeckt zu bekommen, wäre schon interessant genug. Helmuth Plessner, durchaus Philosoph der zwanziger Jahre, ist doch eher bekannt und geschätzt als Klassiker der philosophischen Anthropologie[1] und mit seiner Exildiagnose der ›verspäteten Nation‹ Deutschland[2]; nicht als politischer Philosoph.

Zusätzlich werden Plessners beide Schriften kontrovers diskutiert[3]. Weimar ist die wilde Zeit der politischen Philosophie in Deutschland, anziehend und abschreckend auch hier. *Grenzen der Gemeinschaft* von 1924[4] möchte man schon empfehlen, da diese Schrift, selten genug in Deutschland, Gesellschaft von einem liberalen Ethos aus mit argumentativer Verve verteidigt[5] gegen das politische Gemeinschaftsdenken.[6] Die andere Schrift, *Macht und menschliche Natur* von

---

[1] H. Plessner, Die Stufen des Organischen und der Mensch. Einleitung in die philosophische Anthropologie (1928), *Gesammelte Schriften (GS) Bd. IV.*

[2] H. Plessner, Die verspätete Nation. Über die politische Verführbarkeit bürgerlichen Geistes (1959). GS VI, S. 7–223. ›Verspätete Nation‹ textidentisch mit ›Schicksal deutschen Geistes am Ausgang seiner bürgerlichen Epoche‹, Niehans Verlag, Zürich 1935, bis auf neue Einleitung und veränderte Anmerkungen.

[3] Erste Auseinandersetzung mit beiden Schriften Plessners bei W. Seitter, *Menschenfassungen. Studien zur Erkenntnispolitikwissenschaft,* München 1985, 145 ff., 207–259. J. C. Schütze, Die Unergründlichkeit der menschlichen Natur. Über das Verhältnis von philosophischer Anthropologie und Gesellschaftstheorie bei Helmuth Plessner, in: B. Delfgaauw/H.H. Holz/L. Nauta (Hg.), *Philosophische Rede vom Menschen. Studien zur Anthropologie Helmuth Plessners,* Frankfurt a. M., S. 67–74. B. Accarino, *Mercanti ed eroi. La crisi del contrattualismo tra Weber e Luhmann,* Napoli 1986 (II. Com unità. Dall' ideologia della guerra al ›potere‹ come possibilità in Helmuth Plessner, 89–118). G. Maschke, Carl Schmitt in Europa. Bemerkungen zur italienischen, spanischen und französischen Nekrologdiskussion, in: *Der Staat* 25 (1986), S. 589.

[4] H. Plessner, Grenzen der Gemeinschaft. Eine Kritik des sozialen Radikalismus (1924), in: *GS V,* S. 11–133.

[5] A. Kuhlmann, Deutscher Geist und liberales Ethos. Die frühe Sozialphilosophie Helmuth Plessners, in: *Die ZEIT* 43 18. 10. 1991, S. 64. W. Lepenies, Die Grenzen der Gemeinschaft. Deutsche Zustände zwei Jahre nach der Revolution, in: *Frankfurter Rundschau* v. 12. 10. 1991, S. ZB 3.
›Grenzen der Gemeinschaft‹ bereits früher gewürdigt in A. Honneth/H. Joas, *Soziales Handeln und menschliche Natur. Anthropologische Grundlage der Sozialwissenschaften,* Frankfurt a. M. 1980, S. 84–87.

[6] Z. Krasnodebski, Phenomenology and the Longing for community, in: *International Sociology,* H. 1 (1993) (im Druck), empfiehlt der osteuropäischen Intelligenz Plessners Schrift.

1931[7], paßt nicht so recht, da sie, in direktem Bezug auf Carl Schmitts *Begriff des Politischen*[8], eine »befremdliche Anthropologie der Macht samt der Festschreibung des Freund-Feind-Verhältnisses«[9] enthalten soll und mit einem Begriff des ›Volkes‹ sich in irrationale, dezisionistische Denkmotive zu verstricken scheint.

Man kann Plessner bis in den Kern seiner philosophischen Anthropologie durch seine Nähe zu Schmitt denunzieren[10] oder Plessner vor Plessner schützen wollen (der »allein dort der Lehre Schmitts näherrückt, wo er sich selbst sehr fremd geworden ist«[11]), ihn sozusagen als liberalen Philosophen vor dem Strudel der politischen Philosophie Weimars zu retten suchen.

Die Kontroverse soll hier nicht entschieden, sondern aus ihrem Anlaß eine Blickwendung versucht werden. Politische Philosophie der Weimarer Republik verstehen wir immer schon aus der Perspektive der Vorgeschichte der Katastrophe. Statt aus diesem Vorverständnis sich immer erneut über das ›Befremdliche‹ in den Schriften auch geschätzter Autoren zu wundern, kann man den Blick umdrehen und noch einmal durch die ›Spannungen‹ der Denker zu den Spannungen des Zeitraumes »davor« durchfragen. Möglicherweise hat die politische Ideengeschichtsschreibung bisher die Komplexität der ›befremdlichen‹ Fragen noch nicht erreicht, denen die Versuche zur politischen Philosophie der zwanziger Jahre zu antworten sich genötigt sehen.

2. Politische Philosophie der Weimarer Republik?

Liest man die verdienstvollen Erzählungen zur politischen Philosophie der Weimarer Republik[12] versetzt zu Texten der politischen Denker, kommen einem

---

[7] Macht und menschliche Natur. Ein Versuch zur Anthropologie der geschichtlichen Weltansicht, *GS V*, S. 139–234.

[8] Für C. Schmitt, *Der Begriff des Politischen*. Text von 1932 mit einem Vorwort und drei Corollarien, Berlin 1963, hatte Plessner umgekehrt »als erster moderner Philosoph . . . eine politische Anthropologie großen Stils gewagt« S. 60. Resonanz auch beim jungen E. Voegelin, Rezension, in: *Kölner Vierteljahreshefte für Soziologie* (1931/32), S. 255–257. H. Barth, Politische Anthropologie, in: *NZZ* Nr. 1536/60, 1932.

[9] G. Dux, Das Problem der Logik im historischen Verstehen. Zur Kritik der Entscheidung als geschichtsphilosophischer und historischer Kategorie, in: F. Rodi (Hg.), *Dilthey-Jahrbuch für Philosophie und Geschichte der Geisteswissenschaften*, Bd. 7 (1990/91), Göttingen 1991, S. 44–70.

[10] R. Kramme, *Helmuth Plessner und Carl Schmitt. Eine historische Fallstudie zum Verhältnis von Anthropologie und Politik in der deutschen Philosophie der zwanziger Jahre*, Berlin 1989.

[11] A. Honneth, Rezension zu Kramme, in: *KfZSS* 43 (1991), S. 155–158.

[12] K. Sontheimer, *Antidemokratisches Denken in der Weimarer Republik. Die politischen Ideen des deutschen Nationalismus zwischen 1918 und 1933* (1962), München 1978. H. Münkler, Die politischen Ideen der Weimarer Republik, in: I. Fetscher/H. Münkler (Hg.), *Pipers Handbuch der politischen Ideen*, Bd. 5: Neuzeit: Vom Zeitalter des Imperialismus bis zu den neuen sozialen Bewegungen, München 1987, S. 283–318. N. J. Schürgers, *Politische Philosophie in der Weimarer Republik. Staatsverständnis zwischen Führerdemokratie und bürokratischem Sozialismus*, Stuttgart 1989; hier auch Plessner mitbehandelt, S. 212–220.

mindest in zweierlei Hinsicht Bedenken, ob die ›Erzählperspektiven‹ genügen.
A. Das betrifft zunächst die Einschätzung der »Philosophie« des Politischen der Weimarer Republik. Der ›Irrationalismus‹ der Lebensphilosophie[13] ist schon in Sontheimers Schlüsselstudie über das ›Antidemokratische Denken der Weimarer Republik‹ der Ausgangspunkt. Auch späteren Zugängen gerät das Philosophische der Weimarer Zeit in den Blick der Vernunft entweder vor ihrer ›Zerstörung‹ oder nach ihrer Wiederherstellung. Dazwischen artikuliert sich ein »philosophischer Extremismus zwischen den Weltkriegen«[14]. Dabei bleibt im Hinblick auf die katastrophale Folge unbegreiflich, daß das Denken für die Republik nicht schwerpunktmäßig auf die liberalen Begründungen des Politischen aus dem europäischen Naturrecht, aus denen die westlichen Demokratien lebten, zurückgegriffen hat, oder zumindest die Rückbindung des Politischen an das Vernunftrecht des deutschen Idealismus durchhielt.

Eine Rekonstruktion der politischen Philosophie muß in Kontakt mit den Denkschwierigkeiten, aber auch Denkchancen der damaligen Philosophie kommen. Deutscher Geist hatte das ungebrochene Selbstbewußtsein einer international anerkannten Reflexionsgeschichte kritischer und systembildender Kraft. Wenn nun aus ihr ein Begriff des Politischen zu entwickeln war, dann allerdings auf einem Reflexionsstand, der sich nicht mehr dominant als Vernunftphilosophie identifizierte. Lebensphilosophie begann sich spätestens seit und mit Nietzsche gegen Vernunftphilosophie gemeineuropäisch durchzusetzen, besonders intensiv aber in Deutschland. Es gab sehr viel Vernunftloses zu entdecken, was nicht gleich das Vernunftfeindliche sein mußte, aber eben doch als lebensbedeutsam hervorgetreten war. Im Medium des Lebensbegriffes wurden von unten Naturmomente in die ›obere‹ Schicht durchgereicht, wodurch sich die Selbstauffassung des Geistes charakteristisch veränderte: das emotionale Apriori, die Zeitlichkeit, Geschichtlichkeit, Leiblichkeit. Lebensphilosophie reagierte auf wissenschaftliche und alltägliche Erfahrungsveränderungen und drückte spekulativ die nichtrationalen Erwartungen und Erfahrungen der Moderne aus. Sie sensibilisierte für das Phänomen des Neuen und die Verluste von Lebenswelten. War Lebensphilosophie in der Zuwendung zum Politischen notwendig schon extremistisch oder inhuman oder illiberal oder nichtreflexiv?

B. Zweites Bedenken: Schon in den Titeln »Die politischen Ideen der Weimarer Republik« oder »Politische Philosophie der Weimarer Republik« geben die Erzählungen nicht nur die Epoche an, sondern suggerieren auch das Schlüsselproblem: ›Republik‹ zu denken. Nun war der Verfassungsumbruch zur Demo-

---
[13] K. Sontheimer, a.a.O. 21ff., 60ff., H. Münkler, 284.
[14] N. Bolz, *Auszug aus der entzauberten Welt. Philosophischer Extremismus zwischen den Weltkriegen*, München 1989, S. 11.
[15] H. Schnädelbach, *Philosophie in Deutschland 1832-1933*, Frankfurt a.M. 1983, S. 174-197.

kratie tatsächlich ein zentral neues Phänomen des Politischen in Deutschland, aber schon in ihrer »Weimarer Reichsverfassung« von 1919 sagen sich die Zeitgenossen, daß ihr politischer Problemhorizont komplizierter ist: »Das Deutsche Reich ist eine Republik«[16]. Zeitgenössisches Denken bewegte sich in der deutschen Republik, in der Führung gewählt, nicht in Erbfolge gesichert war, als neuer umstrittener Staatsform, aber zugleich im von Bismarck gegründeten Reich als einer europäischen Großmacht, die, 1918 besiegt, doch potentiell Einflußgröße unter Mächten blieb, weltpolitische Möglichkeit. War das Land, in was für innerer Ausrichtung auch immer, Objekt oder Subjekt der Weltpolitik? Hießen die bundesrepublikanischen Darstellungen zur Weimarer Zeit getreu der Weimarer Verfassung ›Politische Philosophie des Deutschen Reiches, das jetzt eine Republik ist‹, dann schiene die intern-externe Komplexität des politischen Phänomens für die damaligen Begriffe vom Politischen deutlicher durch.

3. Plessner als Leitfaden

Plessner eignet sich als Leitfaden in die Problemspannung der Weimarer Philosophie des Politischen. Zunächst ist er ein Philosoph der zwanziger Jahre, der sich seinen Ansatz im sorgfältigen, im Kantstudium durchgeführten Umbruch von der Vernunftphilosophie zu einer »Philosophie des Lebens« erarbeitete[17]; letztere erschloß er sich in ihren zwei Dimensionen: als Philosophie des Lebendigen (Theorie der organischen Lebensform) und als Philosophie des Erlebens (Geisteswissenschaftliche Hermeneutik). Damit steht er philosophisch im Denkzentrum der vielen Varianten lebensphilosophisch inspirierter Ideen.

Andererseits ist er schon in seinen frühen politischen Aufsätzen (1915–1921) vom Problem des Politischen in Deutschland okkupiert.[18] Mit den Jahren 1924, am Ausgang des Beginns, und 1931, am Anfang des nicht absehbaren Endes der Weimarer Zeit, sind die hier untersuchten zwei Schriften zur politischen Philosophie zeitlich symptomatisch gut plaziert, und für welche offene politische Konstellation die philosophischen Argumente Sinn machen sollten, ist den

---

[16] »Das deutsche Volk, einig in seinen Stämmen und von dem Willen beseelt, sein Reich in Freiheit und Gerechtigkeit zu erneuern und zu festigen, dem inneren und äußeren Frieden zu dienen und den gesellschaftlichen Fortschritt zu fördern, hat sich diese Verfassung gegeben. Art. I: Das Deutsche Reich ist eine Republik.« Die ›Verfassung des Deutschen Reiches vom 11. August 1919‹, nach W. Dürig/W. Rudolf (Hg.), *Texte zur deutschen Verfassungsgeschichte*, München 1979, S. 153.

[17] Plessner, Stufen des Organischen, a.a.O., S. 4. Zu diesem Umbruch vgl. R. Breun, *Helmuth Plessners Bestimmungen der Idee der Philosophie und deren Ausarbeitung als philosophische Anthropologie*, Diss. Tübingen 1988. St. Pietrowicz, Helmuth Plessner, Genese und System seines philosophisch-anthropologischen Denkens, Freiburg/München 1992.

[18] V. a. H. Plessner, Politische Kultur. Vom Wert und Sinn der Staatskunst als Kulturaufgabe, in: *Frankfurter Zeitung*, 3. 4. 1921. Zit. n. Wiederabdruck in: *Deutsche Universitätszeitung* 8 (1952), H. 2, 6–7.

Schriften unschwer zu entnehmen, wenn man Winke hinzunimmt aus seiner Emigrantenschrift Mitte der 30er Jahre über ›Das Schicksal deutschen Geistes‹, das nun entschieden war.

Jede Schrift wird im folgenden in zwei Schritten zerlegt: auf die Rekonstruktion des philosophischen Arguments folgt der Bezug auf die angespielte historisch-politische Konstellation.

II. »Grenzen der Gemeinschaft«

1. Das Argument

Ob man Gesellschaft begründen kann, ist die Frage von Plessners sozialphilosophischer Studie. Gesellschaft also, nicht Gemeinschaft. Gesellschaft, damit ist gemeint: Industrialismus, Technik, Geschäftswesen, Politik, Macht, »soziale Abstraktion« zwischen Menschen (83)[19]. Es geht, sozialethisch gesehen, um Unangenehmes, und die Frage ist, ob man die ›Kröten‹ hinnehmen, heroisch ertragen muß, oder ob man begründen kann, daß sie als Kern menschlicher Existenz sein müssen und sollen, insofern sogar ›Prinzliches‹ haben.

Bestritten werden soll Nietzsches »gesellschaftsfeindlicher« Aristokratismus eines ›Pathos der Distanz‹ der großen Einzelmenschen, die wegen der Stärke ihrer Natur auf den Bezug zu anderen nicht angewiesen sind. Bestritten werden sollen aber vor allem die das Feld beherrschenden Sozialphilosophien, die Gesellschaft nicht hinnehmen, sondern Gemeinschaft, die »im schrankenlosen Vertrauen ihrer Glieder« gründet (58), als die zentrale Zwischenmenschlichkeit ausweisen. Plessner unterscheidet zwei Begründungstypen von Gemeinschaftsphilosophien: das Zusammenleben in Liebe und Wahrheit kommt entweder aus dem Vertrauen auf eine gemeinsame Natur (Blutzugehörigkeit) der Subjekte, die sie spüren, oder von der gemeinsamen Vernunft aller Subjekte, in der sie aus »Argumentation und Diskussion« (53) heraus zusammenfinden. Daraus ergibt sich entweder von der Natur oder vom Geist des Menschen aus eine Kritik der gegebenen ›abstrakten‹ Beziehungen der Menschen in der Gesellschaft. Politik ist diesen Sozialethiken allenfalls ein Gewaltmittel der Gesellschaft, das auch für die Erreichung von Gemeinschaft notwendiges Übel sein kann.

Die Theorien und Ethiken der Gemeinschaft erheben Geltung von der Idee des menschlichen Selbst her, das in der Gesellschaft außer sich sei. In diesem ihrem Bezugsgrund entscheidet sich die Frage, ob es ›Grenzen der Gemeinschaft‹

---

[19] H. Plessner, Grenzen der Gemeinschaft. Eine Kritik des sozialen Radikalismus (1924), GS V, S. 7–134. Die Seitenangaben in Klammern beziehen sich in II. und III. jeweils auf den hier angegebenen Band GS V.

gibt, meint – kantisch – Grenzen der Geltung im Hinblick auf den Menschen als soziales Wesen.

Deshalb ist Kernstück von Plessners sozialphilosophischer Argumentation eine »Philosophie des Psychischen« (72) oder der »Innerlichkeit« (62).[20] Die erlebensphilosophische Reflexion der psychischen Erfahrung des Menschen mit sich als Person entdeckt eine »ontologische Zweideutigkeit« (63) der Seele. Das Innenleben erlebt sich als bestimmt und im Vergehen der Bestimmungen zugleich eine »seelische Seinsfülle« oder den »Urgrundcharakter der Seele« (62); mit den jeweiligen Erlebnissen durchdringen Menschen weder sich noch andere »bis auf den Grund, der gar nicht festliegt, weil er ewige Potentialität ist« (59). »Darum erträgt die Seele, die seelenhafte Individualität, keine endgültige Beurteilung, sondern wehrt sich gegen jede Festlegung und Formulierung ihres individuellen Wesens.« Zugleich bedarf sie der Anerkennung vom eigenen wie vom fremden Bewußtsein. »Wir wollen uns sehen und gesehenwerden, wie wir sind, und wir wollen ebenso uns verhüllen und ungekannt bleiben, denn hinter jeder Bestimmtheit unseres Seins schlummern die unsagbaren Möglichkeiten des Andersseins.« Daraus resultieren »die beiden Grundkräfte seelischen Lebens: der Drang nach Offenbarung, die Geltungsbedürftigkeit, und der Drang nach Verhaltung, die Schamhaftigkeit.« (63).

In dieser lebensphilosophischen Theorie der Person liegt nach Plessner ein Rechtsgrund für Gesellschaft. Seele verlangt nach Gemeinschaft als Vertrauenssphäre der »Rückhaltlosigkeit des gegeneinander Geöffnetseins« (58) im Vorverständnis oder in der »gewaltlosen Einigung durch das Mittel der Überzeugung« (50), aber gleichursprünglich, und da liegen die Geltungsgrenzen der Gemeinschaft, hat die Seele die »Sehnsucht nach der Maske«, hinter der der Mensch bis zu einem gewissen Grad unsichtbar wird, »ohne doch völlig als Person zu verschwinden« (82). Die ›Sehnsucht nach der Maske‹ konstituiert Gesellschaft als distanzschaffende »Öffentlichkeit«: »das offene System des Verkehrs zwischen unverbundenen Menschen« (95), das als System der künstlichen »Formen« zugleich die unberechenbare Lebendigkeit aller zwischenmenschlichen Situationen bewältigen hilft.

»Prestige«, »Zeremonie« und »Spiel«, »Diplomatie« und »Takt« behandelt Plessner als das Lebendige durchscheinenlassende Distanzformen des öffentlichen Raumes, in denen Menschen aus der riskanten Zweideutigkeit ihres Innenlebens in Situationen mit- und gegeneinander um Anerkennung und Unvereinnahmbarkeit kämpfen. Lebensphilosophisch, vom Überschuß der Seele her gesehen, ist auf Verlangen der Seele selbst immer schon politisch-diplomatisches

---

[20] Plessner entwickelte später das Theorem des menschlichen Lebewesens als eines begrenzten Leibkörpers, der sich zu seiner ›Grenze‹ verhalten muß; anders als beim Ausgang vom Selbstverhältnis implizierte dann das Verhalten zur Grenze notwendig Verhalten zur Welt in der Welt. Ausgeführt erst 1928 in den ›Stufen des Organischen und der Mensch‹.

Verhalten gefordert. Gerade weil sie in den ›künstlichen‹ Verkehrsformen nicht die ganze Seelenenergie aufrichtig zu geben braucht, verlangen die Verkehrsformen pflegende Energie der Seele: um ihr den Rücken freizuhalten.

Der im engeren Sinn »ökonomischen« Öffentlichkeit des Austausches materieller Interessen und dem im engeren Sinn »politischen« öffentlichen Raum i. S. eines diskutierenden Publikums ist die Öffentlichkeit der durchlassenden Distanzformen vorgeordnet (80): einschließend-abkammernd und aufschließend-vermittelnd zugleich beziehen sie eine irreduzible »Mehrheit von Standorten, Blickweisen, Ansichten« (117) in unhintergehbar mehrdeutigen Situationen aufeinander. Nur vor dem Hintergrund ihrer Ersetzbarkeit und Vertretbarkeit in »Masken« und »Rollen« gewinnen Menschen ein Bewußtsein ihrer Unersetzlichkeit. Weil Personen in den Verkehrs- und Ausdrucksformen immer nur vermittelt einander kontaktieren, ist diese Äußerlichkeit, in der sie sich treffen, als vermittelndes Medium ihrer Selbstachtung entscheidend und verlangt als »Kultur der Unpersönlichkeit« (133) zuwendende Pflege.

Gemeinschaft und Gesellschaft stehen nicht im Verhältnis von innen und außen. Gesellschaft läuft nicht als Peripherie um das Zentrum einer Gemeinschaft herum, sondern »durch sie hindurch« (115), weil die Grenze von Gemeinschaft und Gesellschaft durch die Person durchgeht. Für den gesamten Sozialzusammenhang delegieren die Personen ihre Verfügungsgewalt an den Staat als Zentrum des Politischen, der als Recht und Initiativgewalt die Sphären von Gemeinschaft und Gesellschaft zum Ausgleich bringt, per »Verfahren« (115). Der Staat ist nicht Substanz, dem Gemeinschaft und Gesellschaft dienen, und nicht Synthese, die sie versöhnt. Der Staat ist die Leistung, die Differenz zwischen den Sphären aufrechtzuerhalten; er schützt die Gemeinschaft vor dem ständig drohenden Einbruch der Gesellschaft und die offene Gesellschaft vor der Einengung durch die Gemeinschaft. Indem sich das Führungspersonal in der Verantwortung für die anderen selbst an die Gesetze der Öffentlichkeit im Sinne des erwartbaren diplomatisch-taktischen Verhaltens hält, kann die Person den Staat anerkennen.

Das Subjekt kann die politische »Pflicht zur Macht« (113) der Amtsausübung nach den Berechnungsgesetzen der Öffentlichkeit anerkennen im Interesse seiner »Menschenwürde«. Damit soll jedem absoluten Begriff des Politischen, dessen Perspektive auf die »gewaltlose Einigung aller Menschen in einer Gemeinschaft« (121) nur einen die ›seelische Seinsfülle‹ der Innerlichkeit reduzierenden Zugriff bedeuten kann, der Rechtsgrund entzogen sein.

2.2 Historisch-politischer Sinn

Die Anspielungen im Text machen klar, wofür Plessner ein solches sozialphilosophisches Argument passend fand: für die Lebenslage des deutschen Bürgertums.

Sortiert man die Hinweise, stand es unter drei Herausforderungen: es war intern wie jedes europäische Bürgertum, das die Führung des Lebens beanspruchte, durch den politischen Willen der ökonomisch und sozial längst herausgebildeten nichtbürgerlichen Schichten in Frage gestellt – das »Revolutionsproblem« (11); die »Diktatur« »marschierte« in Rußland, Italien und Spanien (43). Zweitens: das deutsche Bürgertum war extern das in einem europäischen Weltkrieg niedergerungene Bürgertum und wurde vom westeuropäischen bürgerlichen Lager niedergehalten – »Deutschlands Niederbruch« (123), auch in seinen wirtschaftlichen Folgen, betraf im Kern die Möglichkeit eines bürgerlichen Deutschlands in Europa und der Welt. Drittens: die Lebensform des Bürgertums wie die aller anderen Gruppen, auch der Industriearbeiterschaft, stand in der mit den Traditionen brechenden Dynamik, dem »modernen Industrialismus« (133), der Technik und Naturwissenschaft, der Warenwelt, der Großstädte, der Politisierung und Verwaltung, kurz: der Moderne, und das in Deutschland, »dem technisch führenden Volk Europas« (39), in besonders rascher und radikaler Weise.

Das deutsche Bürgertum, gerade in seiner jungen Generation, sah sich bedroht, war – so ist Plessner zu verstehen – tatsächlich bedroht, und – das war sein Punkt – bedrohte sich dabei nicht zuletzt aus eigener Mentalität: es verarbeitete die Krisen selbstgefährdend.

Philosophie war in Deutschland bevorzugtes Medium der Verarbeitung von Krisen. Mentalitätspolitisch bezog das Bürgertum darin Stellung , indem es den Fronten über die Kategorienpaare »Gesellschaft-Gemeinschaft« und »Zivilisations-Kultur« (93) standzuhalten suchte: darin ordnete es seine protestierende Orientierung in der Moderne (Zivilisation später – Kultur früher), der europäischen Rivalität (Westen – Deutschland) und im sozialen Binnenkampf (kapitalistisch-proletarische Zivilisation – Kultur der Innerlichkeit). Plessner plazierte seinen Ansatz in diese sozialphilosophische bzw. kulturphilosophische Schlüsselalternative. In einem ersten Schritt suchte er zwischen der deutschen Rechten (dem »national-völkischen« Ethos (49)) und der Linken in Deutschland (dem »internationalistischen Menschheitskommunismus« (49)) – deren Konfrontation den politischen Raum der Republik beherrschte – einen tiefenstrukturellen Koinzidenzpunkt zu treffen: die Bevorzugung von Gemeinschaft bzw. Kultur, die Verwerfung von Gesellschaft oder Zivilisation. Einmal von seiner Naturseite, einmal vom Geistaspekt her verankerten sie den Menschen im Ethos der »Brüderlichkeit« (12), was kumulativ einen antizivilisatorischen, antiliberalen, »gesellschaftsfeindlichen« (33) Affekt in die gesamte Sozietät ausstrahlte. Das Politische war allen Gemeinschaftsideen bloß gesellschaftliches Mittel für die Überwindung von Gesellschaft und Politik.

Die »Gesellschaftsfeindschaft« (44) bezog Motive aus der »Struktur des deutschen Geistes« (22), der bei aller wissenschaftlichen Durchdringungskraft in einer philosophischen »Entgegensetzung und Verfeindung von Innerlichkeit und Wirklichkeit« (23) protestierend innehielt. Insofern stellte das deutsche Bürgertum, wenn die sozialen Wirklichkeiten diffuser und unübersichtlicher wurden, einem »Radikalismus« der Unbedingtheit – Verwesentlichung der Gemeinschaft und Verwerfung des Gesellschaftlichen – Denkmotive zur Verfügung und schädigte sich damit selbst in seinen bürgerlichen Lebensgrundlagen.

Für Plessner – so die These – war der springende Punkt der diagnostizierten Mehrfachkrise: das deutsche Bürgertum mußte sich gesellschaftsfähig machen. Für einen deutschen Philosophen hieß das: es gesellschaftsfähig denken.

Es ging darum, die entwickelten geschäftlichen, geselligen und großstädtischen Verkehrsformen, in denen sich die Menschen ausschnitthaft fremdbleibend zueinander verhielten, in ihrer menschlichen Dignität anzunehmen. Technik und Industriearbeit, Ökonomie und Warentausch, politischer Kampf im Staat, die entfremdenden Abstraktionen insgesamt waren nicht bloß Verluste des Selbst, sondern Chancen ›wagnisbereiten‹ Weltkontaktes.

Gesellschaftsfähig machen hieß auch: Deutschland europäisieren, ihm seine Chance in Europa offenhalten. Plessner verteidigte Gesellschaft gegen Gemeinschaft durchaus im Hinblick auf weltpolitische Rivialität, das Politische ist auch in dieser Schrift genuin immer schon außenpolitisch gemeint. (Das Schlüsselbeispiel bezieht sich auf die außenpolitische Selbstdarstellung Deutschlands bei Kriegsausbruch, (112)). Gegen die herrschenden Vorstellungen, Deutschlands Niederlage habe an zuwenig Gemeinschaft gelegen (was für den künftigen Fall die Idee ›totaler Mobilmachung‹ nahelegte), hatte Plessner den Gedanken, es sei vielmehr zu wenig Gesellschaft, zu wenig Politik gewesen (123). Im bürgerlichen Deutschland sollte Gesellschaft/Zivilisation sein wie in Westeuropa, nur so war es rivalitätsfähig.

Plessner ging es, was für eine Rekonstruktion der politischen Philosophie der Weimarer Republik befremden könnte, nicht um einen Grund für politische Demokratie. Im Hintergrund könnte für ihn gestanden haben, daß Demokratie auch vom Gemeinschaftsdenken aus deutschem Geist her vereinnahmt werden und sich damit aus der Welt stehlen konnte. Jedenfalls hatte Bloch 1918 linksbürgerliche wahre Demokratie im ›Geist der Utopie‹ messianischer Gemeinschaft begründet[21], Thomas Mann 1923 sich und dem konservativen Bürgertum die ›deutsche Republik‹ aus der Romantik zugänglich gedacht, und so spielte Carl Schmitt seit 1923 um der Staatssouveränität wegen die rousseauistische identitäre Demokratie gegen den parlamentarischen Liberalismus des Interessenhandels aus.

Für Plessner schien indessen der Härtepunkt zu sein, ob man umgekehrt Ge-

---

[21] Plessner bezieht sich in seiner Kritik des revolutionär-messianischen Marxismus nicht direkt auf Autoren, doch »Utopie der Gewaltlosigkeit« hat sicher indirekten Bezuf auf E. Blochs »Geist der Utopie«, dessen ›expressionistische Philosophie‹ H. Plessner, Die Untergangsvision und Europa, (in: *Der Neue Merkur*, 4. Jg. (1920) H.5, S. 265–279) kritisiert hatte. Plessner kannte ihn und Lukács von Weber her in Heidelberg 1913. Auch Lukács' Verdinglichungsthese aus *Geschichte und Klassenbewußtsein* (1923) war ihm bekannt.

sellschaft begründen konnte, um darin das Politische zu erreichen.[22] Wie kam man aus dem deutschen Geist heraus auf Gesellschaft?

Warum genügte nicht die von Tönnies in seinem Grundbuch der deutschen Soziologie *Gemeinschaft und Gesellschaft*[23] gegebene Erklärung von Gesellschaft? Plessner führte keine direkte Auseinandersetzung mit Tönnies, doch läßt sich das Charakteristische seines Ansatzes als Kritik verstehen. Tönnies hatte die historisch-romantische Sozialphilosophie mit der naturrechtlich-nationalökonomischen Vertragstheorie zusammengeführt, um aus ihnen in sachlicher Absicht ›Gemeinschaft‹ und ›Gesellschaft‹ als zwei tatsächliche Formen des komplexen Sozialen scharf unterschieden herauszuholen und von einer Theorie der Person her zu begreifen. Dabei hatte er, die ganze naturrechtliche Denktradition mit der Marxschen Tauschanalyse bündelnd, die Gesellschaft aus dem »Kürwillen« heraus abgeleitet von Subjekten, die frei ihre Interessen wählend, auf Tauschbeziehungen zu eigenem Vorteil gehen. Um einer stabilen berechenbaren Verkehrsform willen verzichten sie auf rücksichtslose Durchsetzung, um nun formgerecht um so ungestörter ihren nackten Interessen im Austausch mit anderen nachzugehen, an denen sie sonst kein Interesse haben. Gemeinschaft hingegen als natürliche Verbindung zwischen Personen, in der sie um des Sozialen willen handelten wie z. B. in der Familie, ließ Tönnies aus dem »Wesenswillen« der Subjekte hervorgehen. Hinter der Gesellschaft steckte also zweifellos die Person, aber eben als »Kürwille«, schärfer in einer ersten Fassung: als »Willkür«, also doch in uneigentlicher, un-wesentlicher Verfassung, während die Person in der Gemeinschaft doch »Wesenswille« war, also wesentlich das, was sie – im Innersten – war.

Die Präferenz für Gemeinschaft und die Verwerfung des Gesellschaftlichen, die eine rasante Rezeption nach dem Krieg aus dem Tönnies-Buch zog, war gegen die erklärte Absicht selbst dieses sozialliberalen Denkers in der Begründungsart latent angelegt.[24] Seit die Gesellschaft als Moderne durchkam, die zu-

---

[22] Plessners sozialphilosophische Begründung von Öffentlichkeit als zwischenmenschliche Verkehrssphäre auch im verdeckten Kontrast zu M. Schelers *Wesen und Formen der Sympathie*, (2. Aufl. 1923 im gleichen Verlag erschienen) und überhaupt entgegengesetzt den seit dem Weltkrieg in Deutschland herausgebrachten bedeutenden ›Begegnungsphilosophien‹ (M. Buber, F. Ebner), die gegen die Vernunft - philosophie des einsamen und transzendentalen Subjektes die Bedeutsamkeit der ›Ich-Du‹-Beziehung entfalten, deren Muster aber nun gerade der Privatsphäre abgewonnen wird. Dazu gehört auch Ende der zwanziger Jahre K. Jaspers' Einführung des emphatischen Begriffes der ›Kommunikation‹ im deutschsprachigen Raum, von dem wiederum die jungen Studenten D. Sternberger und H. Arendt beeindruckt sind; beide entfalten dann, unabhängig voneinander, in Anlehnung an und Abhebung von der Jaspersschen Kommunikationsexistentialität ihre nachkriegsbedeutsamen Begründungen des Politischen als eigenwichtiger Sphäre des Menschlichen.

[23] F. Tönnies, *Gemeinschaft und Gesellschaft. Grundbegriffe der reinen Soziologie*, Neudr. der 8. Aufl. von 1935, Darmstadt 1991. Tönnies' Rezension von Plessners Schrift in: F. Tönnies, *Soziologische Studien und Kritiken*, Jena 1929, S. 369-371. Zum Vergleich Plessners mit Tönnies C. Bickel, *Ferdinand Tönnies. Soziologie als skeptische Aufklärung zwischen Historismus und Rationalismus*, Opladen 1991, 292-300.

[24] Die eingebaute Präferenz betont bei K.-S. Rehberg, Gemeinschaft und Gesellschaft – Tönnies und wir, in: M. Brumlik/H. Brunkhorst (Hg.), *Gemeinschaft und Gerechtigkeit*, Frankfurt a. M. 1993 (im Druck).

nehmend mehr Menschen aus Gemeinschaftszusammenhängen freisetzte, zerfiel die naturrechtliche Deckung von Gesellschaft: in zynisches Mitspielen des entfesselten materiellen Interessenmarktes oder seine radikale geschichtsphilosophische Verwerfung als verdinglichte bzw. entfremdete Menschlichkeit. Zusätzlich war nun die naturrechtliche Argumentation für Gesellschaft – eine originäre Leistung der westeuropäischen politischen Philosophie – diskreditiert durch die Siegerpolitik der Westmächte in ihrem Zeichen.[25]

Deshalb kam Plessner, so wird man vermuten können, auf das oben skizzierte Argument aus der ›Innerlichkeit‹ des ›deutschen Geistes‹ in seinem lebensphilosophischen Reflexionsstand: daß die ganze Person, nicht nur in ihren materiellen Interessen und Kalkülen genommen, sondern aus dem Innersten, aus tiefster Seele heraus Gesellschaft ebenso wie Gemeinschaft als originäre Sphäre zwischenmenschlicher Existenzweise bejahen könne, gerade auch in ihrer modernen Form, weil sie sich als Bürgermensch in den Verkehrs- und Kampfformen durchscheinenlassender Distanz in der Würde ihrer Möglichkeiten selbst darstellen kann. Darin wäre die »politisch-diplomatische Konstante im menschlichen Gesamtverhalten«[26] – das Äußerliche, aus dem Innersten heraus selbst begründet – der öffentlichen Pflege zugänglich gemacht. Eine »Logik der Diplomatie« (95) sozialphilosophisch einführen hieß, schon den sozialen Binnenraum nach dem Muster von Außenpolitik denken: sich selbstständig gut vertreten zu können[27] im lebendigen Bezug zu Anderen. Aber auch: durch Versenkung der ›Logik der Diplomatie‹ in alltägliche Sozialzusammenhänge öffentlich für gute Außenpolitik zu disponieren.

Man kann Plessners Sozialphilosophie als Denkexperiment auch so verstehen: Im Moment, wo Bürgertum und Industriearbeiterschaft den politischen Adel entmachtet haben, weist er die bürgerliche Schicht, die mit Geschäften, Technik und Organisation zu tun hat und darin mit sich selbst verfallen zu sein glaubt, in die aristokratischen Sozialbegriffe Diplomatie, Takt, Zeremonie, Prestige ein, sie aus der vertrauten Kernzone bürgerlicher Innerlichkeit erschließend, um dem Bürger in der modernen Welt zur gesellschaftlichen Erscheinungsform zu verhelfen. Ein bescheidener Versuch, das in Deutschland ›versäumte 17. Jahrhundert‹ Europas nachzuholen, in dem sich in der Angleichung von Adelsethos und Bürgersinn verhaltenssichere Führungsschichten der neuen westeuropäischen Nationalstaaten gebildet hatten.[28] Nur ein selbst gesellschaftsfähiges Bürgertum

---

[25] Plessner, Schicksal deutschen Geistes, a.a.O. S. 165.
[26] So das ›Grenzen‹ Buch zusammenfassender Ausdruck in ›Macht und menschliche Natur‹, a.a.O., S. 143.
[27] Instruktive Interpretation von Plessners Begriff der »Diplomatie« bei W. Seitter, *Erkenntnispolitikwissenschaft*, a.a.O, S. 246.
[28] Das aus historischen Umständen versäumte 17. Jahrhundert wichtig in Plessners Deutschlandanalyse von 1935, a.a.O., S. 58 ff.

hatte eine Chance, den »Arbeitermassen«, wenn sie sich im revolutionär-messianischen »Ethos der Gemeinschaft« mißverstanden, den Sinn zu öffnen, daß gerade ihre »Berufsinteressen« und Lebensinteressen einer »gesellschaftlichen Ordnung verpflichtet« waren. (34)

III. »Macht und menschliche Natur«

1. Das Argument

Von der zeitgenössischen Auffassung, wie sie Max Weber oder Carl Schmitt rücksichtslos realistisch artikuliert hatten, geht Plessner aus: die politische Sphäre ist dem Menschen als »Kampf um Macht« in der »Lebensbeziehung von Freund und Feind« (143)[29] gegeben.[30] Einer Vernunftphilosophie des Menschen kann so gesehen »Politik nur der Ausdruck seiner Unvollkommenheit sein, deren Überwindung ... durch die Ideale einer wahren Humanität, einer ihn zu seinem eigentlichen Wesen entbindenden moralischen Erziehung gefordert ist« (143). Plessners Gegenfrage ist, ob die Philosophie aus ihrem Innersten heraus die Politik, gerade in dieser Zuspitzung, in ihrer menschlichen Notwendigkeit begreifen kann.

Es geht also methodisch um die Frage nach dem »menschlichen Wesen«. Rein naturwissenschaftlich kommt man nur auf einen Begriff vom Menschen, der ihn um seine hermeneutischen Möglichkeiten bringt. Eine idealistische Philosophie, die das Wesen des Menschseins in den Bedingungen seiner Vernunft oder seines existentiellen Selbstseinkönnens ermittelt, bringt ihn um andere Selbstauslegungen – in anderen Epochen und Kulturen: sie ist eine Anmaßung gegen andere, vor- und nichteuropäische Erfahrungen des Menschlichen.

Plessner sucht hingegen das »Wesen des Menschen« (139) in der Reflexion der ›Lebenserfahrung‹ (des Menschen mit seinem Wesen) in der Weltgeschichte, d. h.: im Medium des Erfahrungswissens, das die hermeneutischen Kulturwissenschaften seit dem 19. Jahrhundert bereitstellen. Für Plessner hatte Dilthey dabei den Durchbruch zu einer lebensphilosophischen Reflexion der geschichtlichen Erfahrung des Menschen (mit sich) als Menschen – man könnte auch idealistisch sagen: mit dem »Menschheitlichen« in ihm (154) – erreicht: sein Verstehen als geschichtlich bedingtes und in auslegenden Erfahrungen bedingendes Leben. Plessner glaubt hier die Konsequenz ziehen zu können, auch für den Begriff des Politischen.

---

[29] H. Plessner, Macht und menschliche Natur. Ein Versuch zur Anthropologie der geschichtlichen Weltansicht (1931), *GS V*, S. 135–234.

[30] M. Weber, Politik als Beruf (1919); C. Schmitt, Begriff des Politischen (1927).

Eine Philosophie des sich in der Weltgeschichte zeigenden ›Wesens des Menschen‹ kommt darauf hinaus: Alle »Kultursysteme und Weltbilder«, von deren absoluten Horizonten her sich das jeweils Menschliche giftet, eingeordnet, erschreckt und geborgen sieht, sind ihm – als geschichtlichem Lebewesen – zuzurechnen. Nicht nur Götterwelten, auch der Fortschritt und die Vernunft können auf den »lebendigen Menschen« (165) als »Macht« im Lebensprozeß zurückgeführt werden, der von seiner Physis her zugleich dem Leben unterliegt. Im philosophischen Denken ist das der Umbruch von der Vernunft- zur Lebensphilosophie: daß »der Mensch nicht mehr eine Angelegenheit des Systems, sondern das System eine Angelegenheit des Menschen geworden ist.«[31] Die zeitlosen außer- oder innerweltlichen Anker, von denen der Mensch sich gehalten sieht, werden ihm als eigene Welt-fassungen durchsichtig, in denen er sich geschichtlich bedingt und bedingend verfaßt. Im Durchgang durch die ›Lebenserfahrung‹ der Weltgeschichte läßt sich eine Bestimmung des Menschen nicht mehr angeben: er ist »unergründlich« (186). Der Mensch ist die »schöpferische Durchbruchstelle« (163)[32] für Horizonte, in denen die Welt und das Menschliche je verschieden erscheinen und gelebt werden.

Aus dieser Philosophie der offenen ›Menschheit‹ zieht Plessner die Philosophie des Politischen: weil das Wesen des Menschen offenbleibt, muß das Politische ein Wesenszug des Menschen sein.

Ist der Mensch »offene Frage« im zu bewältigenden Lebensvollzug, dann sind Kulturen schöpferisch welterschließende Horizonte, je »heimische Zonen vertrauter Verweisungen und Bedeutungsbezüge« (197), die im Ansatz schon gegen noch nicht erschlossene, unheimliche Welt und gegen anders erschließende Horizonte begrenzt sind: »Der Mensch ... steht als (schöpferische) Macht notwendig im Kampf um sie, d. h. in dem Gegensatz von Vertrautheit und Fremdheit, von Freund und Feind.« (191)

»Offene Frage« (188) heißt mehr als nur: der Mensch ist eine Frage, zu der er die passende Antwort durch die Natur und Geschichte suchen muß. Als Lebewesen muß der Mensch immer schon eine Antwort geben, aber weil die Frage »offen« ist (kein eindeutiges Kriterium hat), entscheiden die aus dem Lebensvollzug notwendig einseitigen ›Antworten‹ über das Stellen und die Richtung der Frage mit. Es kommt dann doch sehr auf die konkreten Antworten an, von denen die jeweiligen »Generationen« einer Weltauslegung immer schon erfaßt sind und an die sie sich im »Vergegenwärtigen« als bewußtem Vollzug des Lebens entweder binden und gegen andere Antworten durchhalten, bzw. über die sie in neuen und unvorhersehbaren Situationen durch Umbruch oder Fortfüh-

---

[31] H. Plessner, Krisis der transzendentalen Wahrheit im Anfang (1918), in: GS I, S. 308.
[32] Charakterisierung des Menschen als »Machtbereich schöpferischer Subjektivität« mit Bezug auf Nietzsche, S. 149.

rung in der Zeit entscheiden. Die begrenzten, aber als Horizonte so sich wandelnden Anworten in der Geschichte entscheiden über das Wesen des Menschen.

Die Aussage über den Menschen als »geschichtliches Zurechnungssubjekt« seiner Kultur, als »Unergründlichkeit« oder als »offene Frage oder Macht« (192), hat sich selbst an einem bestimmten geschichtlichen Horizont zurückzunehmen, aus dessen Möglichkeit sie stammt. Es geht Plessner, der in der lebensphilosophischen Reflexion steht, dabei um ein Argument gegen die herrschende relativistische Geschichts- und Sozialphilosophie der europäischen Kultur, der – nachdem sie sich zuvor noch vernunftphilosophisch als wesentliche Verkörperung des menschlichen Wesen verstanden hatte – nun in der Durchrelativierung und dem Abbau aller »Wertsysteme« auf das Leben alle Kulturen gleich-gültige Perspektiven geworden waren, samt der eigenen.

Einer lebensphilosophischen Selbstreflexion der geschichtlichen Erfahrung, die zugleich die Geschichtlichkeit der lebensphilosophischen Perspektive mit in den Blick nimmt, erscheinen alle Kulturen als gleichmögliche Perspektiven menschlicher Schöpfermacht, aber deshalb ist ihr – konsequent gedacht – die eigene, in der dieser Blick möglich geworden ist, doch nicht gleich-gültig. Denn nur in ihrer (europäischen) Perspektive erscheinen (bisher) die anderen Perspektiven als gleiche Möglichkeiten des Menschen, als menschliche Möglichkeiten, und ohne diesen reflexiven Blick gleich für alle anderen Kulturen gültig machen zu wollen, kann es doch dieser nun in einer bestimmten Epoche immanent aufgebrochenen Perspektive, dieser Selbstverständigung im Bild des offenen Menschen, nicht gleich-gültig sein, diese Perspektive in und gegen das unabsehbare geschichtliche Leben durchzuhalten. Die Philosophie des Lebens selbst, die die absoluten Systeme, selbst die Rationalität, in denen der Mensch sich gebannt hatte, auf den Menschen hin abgebaut hatte, ist doch selbst Ausdruck eines ›schöpferischen Durchbruchs‹ in einer Kultur, einer noch nicht gelebten Seite des Menschen; nämlich der Lebensführung unter den Bedingungen von Offenheit gegenüber der Wirklichkeit, im »neuen Weltgefühl offener, richtungsloser, wirklichkeitsverbundener Sachnähe« (229). Zumindest kann das den ›Zugehörigen‹ dieser Kultur nicht egal sein, die ihre individuellen existentiellen Möglichkeiten dieser Perspektive verdanken – vor allem der gegenwärtigen Philosophie selbst.

Weil das eine Selbstreflexion nicht der Vernunftphilosophie, sondern der Lebensphilosophie ist, die all ihre Charakteristika des Lebendigen mitführte: Zeitlichkeit, Wagnis, Spiel, Untergang, Kampf, ist ihr die offene Lebensform eine geschichtlich errungene und verlierbare Größe. Es kommt in konkreten Lebenslagen sehr auf praktisches Handeln, auf öffentliches Engagement an, auf Entscheidung für oder gegen an.

Die Lebensführung der einzelnen Subjektivität ist immer schon »gebrochen« dadurch, daß es zufällig in den »Horizont der Vertrautheit« (192) eines »Volkes« gerät, durch den ihr Möglichkeiten der Existenz als menschliche Person erschlossen sind in Abgrenzung zu anderen Daseinsmöglichkeiten. Mit dieser Ambiguität muß die Subjektivität zurechtkommen: Zum menschlichen Wesen, zur ›Menschheit‹ in sich kommt sie nur durch die ›Gebrochenheit‹ eines Volkes durch, das sich, wie jedes Volk, zunächst im Vertrautheitshorizont die ›Menschheit in ihrer eigentlichen Gestalt‹ ist, wobei zugleich diese Menschheit, das menschliche Wesen, gar keine bestimmte Größe ist. Zwischen Mensch (als Person) und Menschheit (dem menschlichen Wesen) gibt es immer schon etwas: den sich genuin nur politisch mit und gegen andere durchhaltenden Kulturhorizont (das Volk). Aus dem Politischen als der mit dem »Leben notwendig erzeugten Brechungsform der Lebensbeziehungen« (141) ergibt sich die politische Verantwortung für die jeweilige Kultur als »Möglichkeitsgrund« (233) der je eigenen Existenz – gerade weil das Wesen des Menschen nicht feststeht. »Ein Volk unter Völkern ist nur soweit notwendig, als es sich nötig und notwendig macht.« (232)

Plessner führt seine frühe Forderung einer »politischen Kultur« (139), die das Politische in die Kultur integriert, in dieser Schrift durch in einer Theorie der Kultur, die das Politikum jeder Kultur aufzeigt. Vor dem Hintergrund der »Unergründlichkeit« des Menschen und der Zufälligkeit jeder Kultur kann sich jede Kultur ihrer kostbaren Unersetzlichkeit bewußt werden.

Im Wissen um die »Unergründlichkeit« des Menschen »zivilisiert sich Politik«, insofern sie im Zulassen der fremden Antwort nicht auf das »Maximum, sondern Optimum für die eigene Daseinslage« (233) geht. Der Mensch (in seiner europäischen Auslegung) kann den »Horizont des eigenen Menschentums auf einen Wettbewerb mit anderen Möglichkeiten des Menschseins« (193) freigeben.

2. Historisch-politischer Sinn

In welche Konstellation wollte dieses Argument für das Politische dazwischen? Es ging um »ein zu politischer Selbstbestimmung spät genug gekommenes Volk« (234). Wie stand es mit der »nationalstaatlichen Selbstbestimmung« (139) und seiner bürgerlich-liberalen Trägerschicht in Europa? Die antibürgerliche »Diktatur« in Rußland und Italien »verkündete den Tod der Göttin der Freiheit« (141). Zugleich kämpfte das bürgerliche Deutschland gegen die bürgerlichen Großmächte Westeuropas um die »Revisionsmöglichkeit« (232) des Paradoxes, vom Westen in die ›Menschheitsorganisation‹ des Genfer Völkerbundes miteinbezogen zu sein und durch den Versailler Vertrag zugleich in seiner politischen Selbstbestimmung blockiert und belastet zu werden. Im Zusammenbruch der Weltwirtschaft verlor es an Boden; Moderne schien ihm insgesamt der Ort der »Bodenlosigkeit« (218) zu sein; an einer eigenen eindeutigen politischen Tradition konnte es keinen Halt finden.

Das Bürgertum desorientierte sich dabei selbst durch die geistige Verarbeitung, wie sie ihm seine Bildungsschicht vorlegte. Der mentalitätspolitische Bezugsgrund für Plessners Argument läßt sich so charakterisieren: Herrschend war der ›Relativismus‹. Durch den Historismus und die marxistische Ideologiekritik aus dem 19. Jahrhundert ausgebildet, war die Rückführung jeder geistigen Position auf eine konkrete historische Lage, die Demaskierung von Ideen auf Interessen selbstverständliche Übung geworden. Das bürgerliche Bewußtsein demaskierte im Medium seiner Wissenssoziologie selbst die Standortgebundenheit des sich universell gebenden Proletariats und die Interessenbeschränktheit des westeuropäischen Humanismus. In der radikalen Durchrelativierung verunsicherte sich das bürgerliche Bewußtsein zugleich selber hinsichtlich der Daseinsverfassung, die Freiheit und Reflexion ermöglichte.

Dann blieb die Philosophie der reinen Macht, die aber keine Philosophie mehr war, weil sie sich vor der Politik der Selbstbehauptung als eigenständige Größe der Reflexion aufgab. Für die kollektive Orientierung blieb die reine Selbstbehauptung unter Mächten. Letzte Bezugsgröße war die biologische Natur des Menschen, wobei sich der autoritäre Staat von der »naturalistischen Anthropologie« (144) her ermächtigte. Im Selbstbehauptungskampf gingen die schöpferisch erloschenen europäischen Völker in das Stadium der autoritären Zivilisation über, Menschheit war kein Bezugspunkt mehr.

Andererseits bot die deutsche Philosophie Ende der zwanziger Jahre originär eine Philosophie der Existenz: sie dachte dem einzelnen ›Dasein‹ die Entschlossenheit zu seinen eigensten Möglichkeiten, die je eigene Lebensführung zu. Das Öffentliche war dabei als Raum der Verfallenheit gesehen, gegen dessen ›Einebnung aller Seinsmöglichkeiten‹ die Existenz zu dem Selbstsein durchzukommen versuchen mußte.

Das historische Bewußtsein, das sich hinter die historisch-sozialen Bedingungen seines Aprori kam, war für Plessner eine Erkenntnisleistung. Die Lösungen der »historistischen Verzweiflung« (185) hingegen waren für ihn Fehlformen der Krisenverarbeitung, die zu tun hatten mit dem »politischen Indifferentismus des Geistes« in Deutschland. Heideggers Existenzphilosophie war eine Fortsetzungsgeschichte der deutschen Innerlichkeit[33], die das »Dasein (Mensch) in die

---

[33] R. Smend hat später auf diese polare Spannung zwischen Heideggers und Plessners Begriff der Öffentlichkeit aufmerksam gemacht: »Über Wesen und Geltungsanspruch der Öffentlichkeit schwanken die Urteile in Deutschland noch heute in einem Maße, wie es wohl nirgendwo im Ausland denkbar wäre. Ich zitiere für die – bezeichnend deutsche – Ablehnung den wohl bekanntesten Beleg aus § 27 von Heideggers ›Sein und Zeit‹... Der gegensätzliche, ungleich sorgfältiger (auch im Ethischen) begründete Standpunkt ebenso bezeichnenderweise in der Defensive bei H. Plessner, Grenzen der Gemeinschaft, 1924.«, in: R. S., Zum Problem des Öffentlichen und der Öffentlichkeit (1954), in: R.S., Staatsrechtliche Abhandlungen und andere Aufsätze, Berlin 1968, S. 472.

Alternative eines je zu sich und seiner persönlichen Möglichkeit Hinfindens und eines Verfallens an das Man einer depravierten Öffentlichkeit spannt und damit den durch das Luthertum tragisch erzeugten Riß zwischen einer privaten Sphäre des Heils der Seele und der öffentlichen Sphäre der Gewalt saekularisiert« (234). Die naturalistische Anthropologie hingegen war ein Reflexionsbruch.[34]

Zugespitzt kann man interpretieren: der historisch-politische Sinn von Plessners philosophischem Argument bezogen auf *Macht und menschliche Natur* war, das deutsche Bürgertum zu ermächtigen. Die Krise sprach dafür, es zur politischen Gesellschaft, zur Selbstermächtigung zu bringen.

Das sollte auch Sinn machen für Deutschland in Europa. Es konnte so scheinen, daß Deutschland in seiner »historistischen Verzweiflung« (185) eine allgemeineuropäische Krise des Universalismus austrug, und konnte es sie unter Bedingungen der Moderne durchstehen, war damit für die politische Orientierung des hinsichtlich seines Wertesystems nach der Weltkriegserschütterung verunsicherten bürgerlichen Europa insgesamt etwas gewonnen. (186)

Die Hausaufgabe: wie kam man aus ›deutschem Geist‹ heraus auf Macht, ohne den ›Geist‹ dabei los zu werden? Aus der Philosophie auf das Politische?

Plessner plazierte sich in den deutschen Macht-Diskurs. Zwei renommierte Theoretiker aus dem deutschen Bildungsbürgertum hatten einen harten Begriff der Politik als Macht entwickelt, offensichtlich wirklichkeitsnah, ihn aber dabei nicht mehr an die Reflexionsgeschichte der deutschen Philosophie rückgebunden; Weber litt vielleicht unter dieser Kluft, Schmitt weniger. Plessners Punkt war nun: Konnte man philosophisch diesen harten Begriff des Politischen (Kampf, Macht, Feind) explizieren, ohne einen zynischen, reduzierten Begriff des Menschen, der Menschheit denken zu müssen?

Plessners Einfall: Man mußte aus dem ›Weltbürgertum‹ kommen, in dessen Zeichen ›deutscher Geist‹ ja angetreten war, aber auf dem gegenüber der idealistischen Geschichtsphilosophie von Dilthey eingeschlagenen Pfad der (wissenschaftlichen) ›Lebenserfahrung‹ mit der Weltgeschichte.[35] Mit dem politisch gewendeten Hegelschen Geschichtsidealismus, demzufolge Weltgeschichte das

---

[34] Von der klassischen vernunftphilosophischen Lösung des Relativismusproblems setzte sich Plessner ab: »Philosophie darf nicht von oben zum Leben kommen wollen (wie es zuletzt noch Nelson angab, für den Politik angewandte Ethik war), sondern muß sich in den Blickbahnen dieses Lebens selbst zu ihm hin gestalten.« (140) L. Nelsons politischer Philosophie – Neukantianismus im weitesten Sinn – ging es um die entschlossene politische Umsetzung von Vernunft in einen Rechtsstaat/Vernunftstaat, in den zwanziger Jahren formuliert als ethischer Sozialismus; damit gewisser Einfluß in der deutschen Sozialdemokratie. Vgl. J. Fischer, Sokratik und Politik, in: D. Krohn/D. Horster/J. Heinen-Tenrich, *Das Sokratische Gespräch – Ein Symposion,* Hamburg 1989, S. 85–94.

[35] Plessner bezog sich auf Dilthey v.a. über dessen Nachlaßherausgeber und bedeutenden Interpreten G. Misch; vgl. dazu S. Giammusso, ›Der ganze Mensch‹. Das Problem einer philosophischen Lehre vom Menschen bei Dilthey und Plessner, in: F. Rodi (Hg.), *Dilthey-Jahrbuch,* a.a.O., S. 112–138.

Weltgericht sei, worin sukzessive nach dem Gang der Vernunft über die Bedeutung von Völkern entschieden werde, hatte das deutsche Bürgertum im Weltkrieg auf Sieg gesetzt und sah sich in Versailles weltöffentlich gerichtet: als überwundene Entwicklungsstufe des von den westlichen bürgerlichen Gesellschaften repräsentierten Zivilisationsprozesses. Die pessimistische Geschichtsdeutung – wie z. B. Spenglers – war mentalitätspolitisch ein Gegenzug, der Politik nur noch als Selbstbehauptung einer schöpferisch erloschenen Zivilisation freigab und das siegreiche Westeuropa gleich mit Deutschland in den europäischen Untergang einbezog. Wie konnte die lebensphilosophische Reflexion der Erfahrungen die deutsche Mentalität aus dem Bann der idealistischen und pessimistischen Geschichtsphilosophie lösen?

Plessner wollte auf ein Gegengewicht hinaus gegen das in »historistischer Verzweiflung« und nagendem »Ideologieverdacht« sich nährende Untergangsbewußtsein des deutschen Bürgertums. Er versuchte eine Verschränkung von Diltheys hermeneutischem Begriff der Kultur und Schmitts dezisionistischem Begriff des Politischen. Die Politisierung sollte Diltheys Hermeneutik aus der Passivität der Erlebenseinstellung, der Organizität von Kultur, herausholen und umgekehrt sollte der hermeneutische Bezug auf den konkreten europäischen Kulturhorizont Schmitts Begriff des Politischen aus seiner dezisionistischen Handlungsbeliebigkeit lösen. Kultur durch den Menschen als schöpferische Macht war genuin immer schon Zivilisation als politischer Kampf um diese Schöpfung; auch das Bild vom Menschen als »offene Frage« der gegenwärtigen europäischen Kultur war eine schöpferische und durch Teilhabe an der »Öffentlichkeit« politisch zu sichernde Leistung im erneuten Beantworten von neuen und unvorhersehbaren Situationen: gerade weil seine historische Bedingtheit und darin zugleich seine geschichtliche Seltenheit erkennbar war.

Das Denkproblem in *Macht und menschliche Natur* ist nicht der politische Absolutismus (wie in *Grenzen der Gemeinschaft*), sondern der politische Relativismus.[36] So ist auch Plessners Gebrauch der Kategorie ›Entscheidung‹ zu verstehen. Er meint nicht den Staat, sondern das Bürgertum in seinen lebenden Generationen im Verhältnis zur Nation; deshalb ist seine Schrift eine Aufforderung an das bürgerliche Bewußtsein, in einer Krise die Entscheidung darüber, was gelten soll, nicht abzugeben.

---

[36] G. Dux sieht den Schwerpunkt der Schrift in einer Kritik des Absolutismus und kommt deshalb zu einer falschen Gewichtung der Plessnerschen Argumente. Man muß Plessners parallel formulierte Stellung im zentralen Streit um K. Mannheims ›Ideologie und Utopie‹: Abwandlungen des Ideologiegedankens, in: *Kölner Vierteljahreshefte für Soziologie,* X (1931), S. 147–170. *GS X,* S. 41–70 dazunehmen, um den Schwerpunkt Relativismus deutlich zu erkennen.

IV. Plessner und die politische Philosophie

1. Zur politischen Philosophie der zwanziger Jahre

Es ging darum, durch das Zeugnis der zwei Schriften Plessners zu den Bedingungen durchzustoßen, denen sich eine Philosophie des Politischen damals aussetzte, wie vorher und nachher nicht. Nimmt man den Typus der philosophischen Argumentation und die historisch-politischen Anspielungen zusammen, wird eine geschichtlich besondere Lage sichtbar: die Komplexität des politischen Phänomens, das zu bedenken war, und das Problem, sie aus einer komplexen, anspruchsvollen, aber nicht eigentlich politischen Denktradition heraus denken zu müssen.

Am Fall schon dieses einen Autors müßte eine Geschichtsschreibung der damaligen politischen Philosophie vier Bedingungen auseinanderhalten, die vor aller Verschränkung je ein Problem für sich waren.

I. Plessners Schriften gehören zweifellos zu einer ›Geschichte der politischen Philosophie der Weimarer Republik‹[37]. Der revolutionäre Umbruch von einem autoritär-monarchischen zu einem republikanisch-parlamentarischen Staatswesen war für deutsche Verhältnisse ein neues Phänomen. Für die politische Philosophie war Republik oder Demokratie eine Realität und zugleich das Problem, ob ihren Institutionen – Verfassung, Rechtsstaat, Parlament – transitorischer oder dauerhafter Charakter zuzuschreiben sei. Insofern die Macht bei den wahlberechtigten Massen lag, konnte parlamentarische Demokratie als drohendes Ende der bürgerlichen Lebensform interpretiert werden. Galt andererseits der Rechtsstaat als Herrschaftsform der bürgerlichen Klasse, dann war die Republik nur Durchgangsstadium für die Ziele des politischen Industrieproletariats. Um die dynamischen Interessendivergenzen republikanischer Verfaßtheit als aushandelbar und aushaltbar vorstellen zu können, mußte eine politische Philosophie der Republik das Verhältnis von ›Gemeinschaft und Gesellschaft‹, von sozialer Demokratie und Öffentlichkeit, als ihre Rahmenbedingung explizieren. Insofern bleibt die Weimarer Republik ein brisanter Ort der »demokratietheoretischen Aspekte einer politischen Ideengeschichte in Deutschland«[38].

II. Durch Plessners Schriften artikuliert sich aber auch eine ›Geschichte der politischen Philosophie des Deutschen Reiches‹; letzteres nicht im Sinne eines Ideologems, sondern einer Faktizität. Ein philosophischer Begriff des Politi-

---

[37] Diese Perspektive bei Sontheimer, Schürgers, Münkler ausgeführt.
[38] W. Euchner, Demokratietheoretische Aspekte der politischen Ideengeschichte, in: W. Euchner, *Egoismus und Gemeinwohl. Studien zur Geschichte der bürgerlichen Philosophie*, Frankfurt a. M. 1973, S. 9–46.

schen mußte auch zur europapolitischen, ja weltpolitischen Lebenslage einer rivalisierenden Macht unter Mächten passen. Deutschland gehörte auch nach Kriegsausgang vom Potential her zu den Großmächten, zu denen es seit 1871 gerechnet worden war. Die Notwendigkeit, sich als Macht unter Mächten zu bewegen, kam aus der historischen Erfahrung gefährdeter Mittellage, die Möglichkeit, Macht zu sein, stammte aus dem Energiepotential einer weltwirtschaftlich konkurrierenden Arbeitsnation.[39]

Nachdem Deutschland in einem unerwartet grauenhaften Weltkrieg vom Verbund der weltpolitischen Rivalen besiegt, aber nicht zerschlagen war, war es für die Bürger zum erstenmal eine wirklich politische Frage, ob Deutschland sich als Objekt von Weltpolitik abfinden sollte oder noch einmal Subjekt von Weltpolitik werden konnte, und unter welchen Opfern und in welchem Zusammenhang. »Reich« – verstanden als reale Potenz – war zugleich eine äußerst unterschiedlich besetzte Leerstelle. Eine Philosophie des Politischen stand bei diesem Phänomen vor dem Problem, nicht einfach natur- und völkerrechtlichen Leitideen der Aufklärung folgen zu können, in deren Namen die westeuropäischen Siegermächte das Potential der deutschen Gesellschaft unter Kontrolle hielten. Die diametral verschiedenen Ideen, dieses Potential gegen den Westen europäisch zur Geltung zu bringen, reichten vom pragmatischen Mitteleuropablock über völkisch-romantische Reichmystik bis zur linken Erwartung der ausschlagenden proletarischen Revolution in Deutschland, weil es vergleichsweise fortgeschrittenste Industriearbeiternation war.[40] Die ›Potentialität‹ Deutschlands bildete eine unhintergehbare Bedingung für eine damalige Philosophie des Politischen.

III. In Plessners Schriften steckt weiter die ›Geschichte der politischen Philosophie der Moderne‹; das ist noch einmal eine andere Geschichte. Die Lage forderte von einer Philosophie, Rang und Leistung des Politischen neu zu bestimmen im Hinblick auf einen Epochenbruch, der dabei selbst zu verstehen war: Moderne. Durch den Umbruch stand das menschliche Lebewesen in bisher unbekanntem Ausmaß in der Macht des Könnens (Primat der Mittel über die Zwecke) und in der Ohnmacht bisher unbekannter Berechenbarkeit und Beherrschbarkeit. Die Leistungserwartung an Politik hing ab von der Interpretation der nicht endenden Veränderungen der europäischen Lebenswelten. Lief Moderne als Rationalisierung und Bürokratisierung auf Erstarrung menschlichen Lebens hinaus, dann schien Politik die schöpferische Durchbrechung des ›ehernen Gehäuses‹. Wurde hingegen der moderne Abbau aller inner- und außer-

---

[39] P. Kennedy, *Aufstieg und Fall der großen Mächte. Ökonomischer Wandel und militärischer Konflikt von 1500 bis 2000,* Frankfurt a. M. 1989.

[40] H. Gollwitzer, *Geschichte des weltpolitischen Denkens. Bd. 1–2. 1. Vom Zeitalter der Entdeckungen bis zum Beginn des Imperialismus,* Göttingen 1972; *2. Zeitalter des Imperialismus und die Weltkriege,* Göttingen 1982. G. Schöllgen, Verfassung und Weltmachtpolitik. Das Anliegen der Weberschen Reformvorschläge, in: G.S., Max Webers Anliegen, Darmstadt 1985, 101–118.

weltlichen Autoritäten als ›Verlust der Mitte‹ erfahren, dann konnte Politik als abschließende Autorität erscheinen, die diesen Unsicherheitszustand mit radikalen Mitteln beendete.

Problempunkt einer politischen Philosophie mußte sein, ob Philosophie die moderne Kontingenz als ›ontologischen Ausnahmezustand‹ auffaßte – weshalb Politik ihn aus der Welt zu schaffen hatte – oder die Unbestimmbarkeit des Menschen als Dauerzustand deutete: dann hatte Politik diesen offenen Zustand in der Welt zu halten.[41]

IV. Schließlich kommen Plessners Schriften wie jede politische Philosophie im deutschsprachigen Raum damals aus der ›Geschichte des deutschen Geistes‹, dessen philosophisches Zentrum seit dem 18. Jahrhundert Achse und Rückgrat von Deutschlands Bildung zur Nation war.

Dies ist eine selbstständige Bedingung der politischen Philosophie der Weimarer Zeit. ›Deutscher Geist‹ hieß traditionell keineswegs fundamentale Zurückweisung der neuzeitlichen Verhältnisse Europas, beharrte aber darauf, sie nicht einfach in den aus Westeuropa überlieferten Formen zu übernehmen. Durchaus nicht abgekapselt, sondern ungewöhnlich übersetzungsoffener Geist, bewegt er sich über 150 Jahre zwischen Vorbehalt und Überbietung – gegenüber dem ›westlichen Geist‹. Er reichert sich mit außerordentlichen Spannungen an zwischen Natur und Geist, Gesellschaft und Gemeinschaft, zwischen Innerlichkeit und Äußerlichkeit.

Ausgangs des 19. Jahrhunderts ist er noch voll im Bann des Anspruchs der idealistischen Vernunftphilosophie auf Welt- und Selbsterschließung, aber zugleich überkreuz mit deren Denkvoraussetzungen. Statt kritischer Vernunftphilosophie war jetzt Lebensphilosophie (der das Prinzip aller Kritik selbst Gegenstand der Kritik wurde) im europäischen Denken überhaupt virulent, aber in Deutschland dominante Strömung. Das wurde als Verlust eines systematisch-rationalisierenden Einheitspunktes und als Lernprozeß zugleich verstanden: Lebensphilosophie sprach – reicher als Vernunft – das Mensch-Welt-Verhältnis in all seinen Aspekten an: als lebendige Natur – mehr als mechanische Natur; als Geschichtlichkeit – mehr als Zivilisation; als Zeitlichkeit, als jetzt mögliche und wieder verstreichende Gelegenheit – mehr als Entwicklung.

Philosophie in Deutschland kam auf die politischen Phänomene also notwendig aus diesem Reflexionsstand nach der Entsicherung durch radikale Kritik der Vernunftphilosophie. Alle wesentlichen Denkströmungen hatten an diesem Paradigmenwechsel teil: Phänomenologie, philosophische Anthropologie, Existenzphilosophie, Kritische Theorie. Philosophie in Deutschland kam, wenn sie

---

[41] N. Bolz, Auszug aus der entzauberten Welt, a.a.O. O.J.K. Peukert, Die Weimarer Republik, Krisenjahre der klassischen Moderne, Frankfurt a. M. 1987. M. Makropoulos, *Modernität als ontologischer Ausnahmezustand? Walter Benjamins Theorie der Moderne,* München 1989.

sich dem Politischen zuwandte, aus der lebensphilosophischen Verflüssigung des
›deutschen Geistes‹ und zugleich aus seiner ungebrochenen Gewißheit, sich an
wirklichkeitsdurchdringender Kraft von keiner anderen philosophischen Kultur
das Maß vorgeben lassen zu müssen.

Eine Geschichte der politischen Philosophie müßte zeigen, wie diese vier Bedingungen miteinander verschränkt waren zu einem Geflecht, innerhalb dessen die einzelnen Denkpositionen Stellung bezogen.

Um die Verschränkung nur in einem Aspekt anzudeuten: der Durchbruch der Lebensphilosophie kam auch als Protest gegen die Siegernachkriegsordnung im Zeichen des politischen Humanismus, des Vernunftglaubens. Seit 1914 und nach 1918 stand tatsächlich für die deutsche Intelligenz zur Frage, ob sie aus ihrem habituellen Protest heraus ein eigenes lebenspraktisches Weltmuster anbieten könne. Aber der radikale Protest gegen das siegreiche Westeuropa war wiederum möglich, weil idealistische Philosophie in Deutschland bereits verdrängt war. Lebensphilosophie, seit 1880 durchkommend, aber von Neukantianismus als rationaler Philosophie überdeckt, seit 1920 dominant, hielt zudem untergründig Kontakt mit Schnelligkeit und Unsicherheit des neuen Nationalstaates, aber auch mit dynamischer Modernisierung, als Ausdruck, zugleich auch als Protest gegen dessen rationalisiernde, abstrakte Erstarrungen,[42] und dramatisiert durch ihren Lebenszeitsbegriff im Verhältnis zur Weltgeschichte die Zuspitzung.

Als Bürgertum war das deutsche Bürgertum durch das Industrieproletariat wie alle europäischen bürgerlichen Gesellschaften politisch herausgefordert, es entweder in die bürgerliche Gesellschaft hineinzunehmen und darin sich zu verwandeln oder die Führung an es abzugeben, aber als deutsches Bürgertum rivalisierte es zugleich um Geltung in Europa, eine Rivalität, in der es sein Potential nur dann politisch zur Geltung bringen konnte, wenn ihm die Rechtfertigung im Zeichen einer übernationalen Idee gelang, wenn es wie Frankreich und England an die »Phantasie der Völker, an ihren Zukunftserwartung, an ihren Menschheitsglauben« appellierte[43], und das alles unter dem unerhörten Ereignis

---

[42] Lebensphilosophisch inspirierte philosophische Anthropologie nach dem Weltkrieg als ideenpolitische Krisenverarbeitung des Bürgertums in einer Massengesellschaft bei K.-S. Rehberg, Philosophische Anthropologie und die ›Soziologisierung‹ des Wissens vom Menschen. Einige Zusammenhänge zwischen einer philosophischen Denktradition und der Soziologie in Deutschland, SH 23 KfZSS (1981), S. 179 ff.

[43] Plessner, Schicksal deutschen Geistes, a.a.O., S. 53. Das Problem einer ›Großmacht ohne Staatsidee‹ war schon während des Weltkrieges im Machtzentrum präsent gewesen. K. Riezler notiert über Bethmann-Hollweg (diesem »Geschöpf der alten Humanitätskultur« (271)) 1914/15: des Kanzlers »Skepsis wegen der Befähigung Deutschlands zur Weltherrschaft...«; »kein Zweifel, daß es an seiner politischen Herrschaft, wenn es siegt, intellektuell zu grunde gehen wird« (217). »... Die Unbildung der Oberschichten. Interessantes Gespräch darüber mit dem Kanzler, der... nicht weiß, wie das neue Deutschland der Macht und Finanzkraft die Einheit mit Goethe finden soll. Er meint, die Zukunft kann er in den Thyssen und Stinnes nicht finden.« (288) K. Riezler, *Tagebücher, Aufsätze, Dokumente,* hg. v. K. D. Erdmann, Göttingen 1972.

der Modernisierung, die das deutsche Bürgertum besonders rasch einholte und deren bürgerliches Bedenken bzw. Verarbeiten in und für Europa überhaupt noch nicht gesichert schien.

Die begrenzte Aufgabe dieses Aufsatzes war es, sich an einem Fall durch die befremdenden Texte mit der Problemkomplexität der Denklage einer politischen Philosophie in der Weimarer Zeit vertraut zu machen. Die Philosophie, wenn sie sich dem Politischen zuwendete, hatte keine dominante politische Konkretion als Gegenstand, konnte sich an keine kristalline Struktur des Innen- oder Außenraumes anlagern, und zugleich hatte sich ihr eigenes Reflexionskristall verflüssigt. Vorher wie nachher waren die Bedingungen für eine Philosophie des Politischen in Deutschland anders gegeben. Im deutschen Kaiserreich standen ebenfalls die Fragen der inneren Ordnung, der Stellung Deutschlands und der Modernisierung, aber nicht als offene Fragen an; in irgendeiner Weise mußte das ›Volk‹ sozial- oder verfassungspolitisch beteiligt werden, das Potential Deutschlands zur Geltung gebracht und Neuerungen eingebaut werden, aber alles nicht so existentiell dramatisch. Es gab ein Bewußtsein eigener Denktradition, aber sie stand im dominanten Neukantianismus, angelehnt an die erfolgreichen Naturwissenschaften, in rationaler Aufklärungstradition. Und nachher, nach 1945, mußte das Einrichten von Demokratie und die Unhintergehbarkeit von Modernisierung in der politischen Philosophie gedacht werden, aber die Belastung, als Großmacht sich verhalten zu müssen, entfiel, und der Druck, es aus deutschem Geist lösen zu müssen, ebenfalls, nachdem er dieses ›Schicksal‹ genommen hatte. Es konnte in entspannter Anlehnung an praktisch erfolgreiche westliche Denktradition gedacht werden.

2. Zu Plessners politischer Philosophie

Aus Plessners Perspektive bot das politische Denken Deutschlands damals zwei Optionen: die »Rückhaltlosigkeit« und die »Rücksichtslosigkeit«. Die Rückhaltlosigkeit verharrte in den Ansprüchen der Innerlichkeit und entwickelte das Zusammenleben der Menschen von der Moral- und Rechtsseite her. Ihrem geschichtsphilosophischen Auge war das Politische ein vorübergehender Zustand, ein zum letzten Mal einzusetzendes äußeres Mittel, um angemessene Bedingungen für die Realisierung der Kultur des menschlichen Wesens durchzusetzen. Die »Rücksichtslosigkeit« hingegen entdeckte aus der Enttäuschung über das politische Scheitern der weltbürgerlichen Innerlichkeit (1848) in der Machtseite der Politik die harte Außenrealität und identifizierte sich mit ihr im Begriff des Politischen, dem der Machtstaat das zentrale Subjekt von Politik war. Daher kam die ›Realpolitik‹ Treitschkes, aber auch der ›heroische Realismus‹ Webers. »Die geschulte Rücksichtslosigkeit des Blickes auf die Realität des Lebens und die Fähigkeit, es zu ertragen«[44], ließen die Innerlichkeit resignierend hinter sich.

Plessner versuchte etwas dazwischen. Da im deutschen Denken Kultur als das Innere galt, abgegrenzt vom Äußeren der Technik, des Politischen etc., war sein Begriff »politische Kultur« zunächst ein Paradox, in dem das Politische als eigenwertige Sphäre der Kultur – statt als bloße instrumentelle Zone verstanden – ins Innere mit hineingezogen wurde. Inneres und Äußeres sollten nicht gegeneinander ausgespielt werden. Für Plessner war der Mensch von Natur aus das Grenzverhältnis zwischen Innen und Außen, das er durch vermittelnden Abstand in Ausdruck und Verhalten bewältigen mußte. In dieser Innen-Außen-Verschränkung war das Politische als das sogenannte Äußere schon in der alltäglichen Lebensführung auf das Innere bezogen, ohne mit ihm zusammenzufallen. Aus der »politisch-diplomatischen Konstante im menschlichen Gesamtverhalten« (143) erschloß sich auch der Dualismus von Innen- und Außenpolitik als Verschränkung von Innen und Außen im Feld des Politischen selbst. Im Begriff »politische Kultur« war der Mensch zugleich als schöpferische »Macht« und als kämpfende und sichernde »Macht« vorgestellt.

Plessners Beiträge zur politischen Philosophie waren Pfade aus dem Inneren des ›deutschen Geistes‹ ins Äußere. Seine Ausarbeitung des lebensphilosophischen Ansatzes war der Versuch eines ›verbundenen Kritikers‹ des ›deutschen Geistes‹, Deutschland realistisch werden zu lassen, Weltkontakt zu halten und darin doch die eigene Reflexionsgeschichte mit zu übernehmen. Plessner wollte mit seinem Denken im Weimarer Bewußtsein zwischen die idealistische deutsche Kulturkritik, die an der erkalteten Welt der Moderne litt, und das »zynische Bewußtsein«, das, nachdem es reflexiv alles durchrelativiert hatte, das kalte Spiel machtvoller Selbstbehauptung mitspielte.[45] Plessner scheint manchmal dicht am letzteren. Aber es überwiegt das Ethos von Offenheit und Öffentlichkeit, und dabei – unterschieden von Schmitt, mit dem er den Blick für die Innen-Außen-Problematik teilte – das bürgerliche Vertrauen auf die Bewältigung von Offenheit im öffentlichen Raum, diesseits von Absolutismus und Relativismus. Wenn sich das deutsche Bürgertum auf die Lebensführung in der Moderne einstellte, statt die Moderne geschichtsphilosophisch entweder als menschlich entfremdeten Ausnahmezustand verschwinden lassen zu wollen oder sie zynisch

---

[44] M. Weber, Politik als Beruf (1919), in: Max Weber Gesamtausgabe, Bd. I/17, S. 249.

[45] Die »Weimarer Kultur als die wesentliche ›Gründerzeit‹ dieser zynischen Struktur«, in der aus »zuvor hermetisch geschlossenen Milieus« »die Betriebsgeheimnisse der Realpolitik, der Diplomatie, der Generalstäbe, der Geheimdienste, der organisierten Kriminalität, der Prostitution und der Unternehmensführung« mit ihren »strategischen Immoralismen ins kollektive Bewußtsein« sickerten. P. Sloterdijk, Das Weimarer Symptom. Bewußtseinsmodelle der deutschen Moderne, in: *Kritik der zynischen Vernunft*. Zweiter Band, Frankfurt a. M. 1983, S. 707.

mitzuspielen, konnte es auch einen Anspruch auf die Führung des öffentlichen Lebens realisieren. Von Plessners zwei Schriften zur politischen Philosophie her schien die deutsche Republik weltgeschichtlich gesehen, alles in allem genommen, eine schwierige, aber doch eine Chancenstunde des deutschen Bürgertums, wenn es in seinem ›Geist‹ zu einem Begriff des Politischen als einer menschlichen Wirklichkeit kam. Fragen der sozialen Demokratie oder des Eigenwertes republikanischer Institutionen gerieten allerdings nicht in den Blick von Plessners Überlegungen.

1933 kam es für ihn angesichts der Krise zur Zusammenlegung der beiden dominanten Vorstellungen vom Politischen: die »Rückhaltlosigkeit« in Gestalt der romantischen Volksnatur schloß mit der »Rücksichtslosigkeit« eines autoritären Staates zusammen. Als Emigrant in Holland, in der westlichen Schutzzone institutionell und habituell praktischer Vernunft, zeichnete er – Westeuropa im vergleichenden Blick – in tiefen historischen Linien das »Schicksal deutschen Geistes«[46] nach, die staats- und religionsgeschichtlichen Bedingungen des Mißlingens einer praktikablen Verschränkung von Politik und Philosophie. Deutschland verpaßte die für die Formation eines bürgerlichen Welt- und Selbstbewußtseins entscheidenden Jahrhunderte und damit die kollektive Erfahrung eines politischen Humanismus«, der auch in späteren Krisen Rückhalt bieten konnte. Als der deutsche Nationalstaat vergleichsweise spät kam, war der Vernunftglaube europäisch schon gebrochen. Deutschland entwickelte sich in beschleunigter Industrie zu einer »Großmacht ohne Staatsidee«, während sich seine Philosophie im Ringen mit der modernen Wissenschaftlichkeit und Alltagserfahrung radikalisierte. Deutschland war seit dem 19. Jahrhundert eine politisch-geistige Macht, aber ohne Verklammerung von Politik und Geist. Der Staat verkörperte keine übergreifende Idee, die Ideen und die Intelligenz nahmen keinen Rückhalt an seiner politischen Konkretion. Angesichts ihres Potentials war die Nation darüber mit sich zerfallen. Das deutsche Bürgertum, das durch seinen Geist keine weltzugewandte Haltung ausgebildet hatte, gab in unübersichtlicher Situation die Entscheidung ab.

---

[46] H. Plessner, Schicksal deutschen Geistes, a.a.O. Dazu: Ch. Graf v. Krockow, Diagnose deutschen Schicksals. Helmuth Plessner: Die verspätete Nation, in: G. Rühle (Hg.), *Bücher, die das Jahrhundert bewegten. Zeitanalysen – wiedergelesen*, Frankfurt a. M. 1980, S. 127–131. J. Habermas, Die Grenze in uns. Helmuth Plessner: Die verspätete Nation, in: *Frankfurter Hefte* 14 (1959), S. 826–831.

Werner Becker

Der Bankrott des Marxismus

Über das historische Ende einer Weltphilosophie

Wenn es je an der Zeit war, eine historische Bilanz des Marxismus zu ziehen, dann heute. Im Unterschied zu früheren Niedergangsphasen besteht nirgendwo außerhalb Chinas noch der Eindruck, den marxistisch-leninistischen Diktaturen des Proletariats gehöre die Zukunft. Vor allem in Europa ist die Ernüchterung über den »realen Sozialismus« von so tiefgreifender Art, daß selbst Ideen von »dritten Wegen« oder eines »humanen Marxismus« von zynischer Kommentierung nicht ausgenommen sind. Man empfindet den Bankrott des realen Sozialismus zugleich als Bankrott der politischen Philosophie, die die theoretische Legitimation der Systeme geliefert hat. Das heißt: als Bankrott des Marxismus-Leninismus. Der Eindruck findet seine Bestätigung darin, daß im Unterschied zu früher keine ernstzunehmenden Stimmen zur Verteidigung der marxistisch-leninistischen Theorie mehr zu vernehmen sind. Wer vor zehn Jahren trotz seiner Kritik an stalinistischen Praktiken den Glauben an »bessere« Versionen des Marxismus noch laut bekundete, diskutiert heute lieber in juristischen Kategorien über die Wünschbarkeit einer neuen Verfassung oder in Moralkategorien über das Böse des Stasi-Staats. Das Ausweichen vor der Auseinandersetzung über den Marxismus wird im Westen wie im Osten gleichermaßen praktiziert. Treffen sich west- und ostdeutsche Intellektuelle, Professoren und Schriftsteller, auf Tagungen, dann meiden sie nichts nachdrücklicher als das Reden über ihn. Dabei ist es die Philosophie, die den Progressiven im Westen immer am liebsten war und mit deren Weltbild und Sprache alle östlichen Akademiker groß geworden sind. Merkwürdig ist es trotzdem: Wir erleben das Ende eines langen Sterbens nicht nur eines politisch-gesellschaftlichen Systems, sondern einer Weltphilosophie, an der wie an keiner anderen in diesem Jahrhundert die Hoffnungen und Sehnsüchte der Intellektuellen hafteten, und die Gebildeten unter den Angehörigen tun so, als ginge sie das nichts mehr an.

Die zentrale Frage, die es bei der Bilanz zu beantworten gilt, ist die Frage nach dem Zusammenhang zwischen der marxistisch-leninistischen Theorie und der politisch-gesellschaftlichen Realität in den Ostblockstaaten. Die Frage ist nicht umstandslos im positiven Sinn zu beantworten. Der Einblick, der sich heute in die gesellschaftliche Realität eines Landes wie der DDR gewinnen läßt, offenbart mehr von Strukturen eines vormodernen feudalistischen Absolutismus als von Verhältnissen, die sich mit den zukunftsorientierten Versprechen eines Sozialismus in Verbindung bringen lassen. Peter Przybylski hat aus einer kompetenten

Innensicht in seinem Buch *Tatort Politbüro. Die Akte Honecker* Auftreten und Verhalten der DDR-Oberen folgerichtig im Stil eines Feudal-Absolutismus beschrieben.

Das staatlich-gesellschaftliche System der DDR war in der Tat das den Demokratisierungsbedingungen des 20. Jahrhunderts angepaßte System eines neoabsolutistischen Feudalismus. Nicht umsonst verbreitet sich der Eindruck, man müsse Metaphern der absolutistischen Monarchie bemühen, um die Herrschaftsformen des realen Sozialismus einigermaßen zutreffend erfassen zu können. Der erste Mann im Staat – zuerst Ulbricht, dann Honecker – befand sich wie der absolutistische Fürst in einer Position unbeschränkter, nichtkontrollierter Macht. Er konnte so tun, als sei er der Besitzer des Staats. Wie im absolutistischen Feudalsystem vergab er aus eigener Willkür die Pfründen an Untergeordnete und entzog sie auch wieder. Die Regierung der Staatsminister glich in ihrem Verhältnis zum Machtzentrum der Rolle der Kabinette absolutistischer Könige. Ihre Aufgaben waren auf Vorbereitung und Ausführung von Verwaltungsakten beschränkt. Die Bezirke der DDR wurden von den Parteisekretären im Stil fürstlicher Vasallen administriert. Ein Recht auf selbständige Entscheidungen besaßen sie nicht. Ihre Hauptaufgabe lag in der orts- und regionennahen Umsetzung der Dekrete der Spitze. Ähnlich wie die aus der ständestaatlichen Vergangenheit stammenden Parlamente in den absolutistischen Staaten besaßen parlamentarische Organe im neoabsolutistischen DDR-Sozialismus reine Akklamationsfunktion.

Auch die DDR-Gesellschaft besaß mehr Ähnlichkeit mit den hierarchischen Strukturen des 18. und 19. Jahrhunderts als mit allem, was man sich in der Moderne unter »Sozialismus« vorstellt. Ihr innerer Aufbau gehorchte dem Pyramidenmodell, das zu patriarchalischen Strukturen paßt. Die Nähe zum Feudalismus kam auch in Struktur und Aufgabenstellung der staatlichen Kombinate zum Ausdruck. Wie die größeren Güter in der absolutistischen Ära das wirtschaftliche und kulturelle Leben ganzer Dörfer zu organisieren hatten, so mußten die großen Wirtschaftsbetriebe der DDR für die Bedürfnisse ihrer Arbeiter – von der Kinderkrippe über die Krankenversorgung bis zu den Sportvereinen – sorgen. Die Kombinate arbeiteten mehr nach dem vormodernen, uralten Prinzip der internen arbeitsteiligen Selbstversorgung als nach dem globalen Arbeitsteiligkeitsprinzip der modernen Industriegesellschaft. Im Rechtswesen hielt ein System wie das der DDR nicht einmal dem geschichtlichen Vergleich mit dem feudalistischen Absolutismus stand. Im 18. Jahrhundert gab es in vielen deutschen Monarchien bereits in den Anfängen den Rechtsstaat. Das Preußen Friedrichs des Großen war eines der wegweisenden Beispiele. In der DDR jedoch war durch das Unwesen des Stasi das Rechtsstaatsbewußtsein völlig zerrüttet. Es herrschte eine vom Bürger im Einzelnen nicht berechenbare Willkür der staatlichen Instanzen. Die Vertreter der staatlichen Organe und der SED als Staatspartei der Diktatur waren von jeder rechtlichen Verpflichtung freigestellt. Waren sie mit ihresgleichen einig, konnten sie im Prinzip machen, was sie wollten. Die DDR als Staat war insofern ihr »Privatbesitz« – auch dies erneut eine charakteristische Analogie zum Staatsverhältnis des absolutistischen Monarchen.

Auch das auf Befehl und Gehorsam basierende Kommandosystem auf allen gesellschaftlichen Ebenen paßt in die Analogie. So wie der Landesherr mit seinem Staatskirchenapparat darüber wachte, daß jeder Verstoß gegen das staatliche Religionsbekenntnis geahndet wurde und daß die Jugend ausschließlich zum Gehorsam gegenüber diesem Bekenntnis erzogen wurde, so sorgte das staatliche Schul- und Hochschulwesen der DDR für eine Erziehung zu unkritischem Gehorsam gegenüber der marxistisch-leninistischen Staatsideologie. Die Ergebnisse, die zum Teil erschütternden Bekundungen geistiger Unselbständigkeit bei sehr vielen Bürgern der ehemaligen DDR, werden uns auf dem Weg in das Zusammenwachsen der Menschen in Deutschland noch lange begleiten. Diese Sünde der politischen Pädagogik sollte man den Verantwortlichen des DDR-Regimes besonders heftig ankreiden, gehört doch die Zivilcourage des Einzelnen im Geistigen und Politischen bis auf den heutigen Tag nicht – auch nicht in der alten Bundesrepublik – zu den nationalen Tugenden der Deutschen. Auch bei uns wird bis in die politische Pädagogik hinein die kollektive Aufsässigkeit in der Nestwärme der Gruppe nach wie vor mit dieser individualistischen Tugend verwechselt. So gilt etwa die Teilnahme an Massendemonstrationen immer noch mehr als der individuelle »Mannesmut vor Fürstenthronen«.

Mit dem organisierten Kollektivismus als Ausdruck des patriarchalistischen Gesellschaftsbildes einer die Gesellschaft umgreifenden Großfamilie übertraf die DDR alles, was selbst im Dritten Reich an kollektivistischer Vereinnahmung der Menschen an der Tagesordnung war. Von der Wiege bis zur Bahre war der Einzelne in kollektive Lebensformen eingespannt. Im Kindergarten wurden die Kleinen im autoritären Geist der Unterordnung und der unbedingten Anpassung gedrillt. Der Schulunterricht setzte die Einübung im kritiklosen Anpassungsverhalten bis hin zu vormilitärischer Erziehung fort. Am Arbeitsplatz fand der Kollektivismus in den verschiedensten Organisationsformen – von den Kampfgruppen bis zu den Kaderorganisationen der Staatspartei – seine Vollendung. Im Unterschied zur feudal-absolutistischen Gesellschaft der Vergangenheit wurde die staatslegitimierende Säkularreligion jedoch schon früh nicht mehr wirklich geglaubt. Während die absolutistischen Monarchien sich auf die Gläubigkeit der Bürger im Sinne der jeweiligen christlichen Staatskonfession verlassen konnten, war die Bereitschaft der DDR-Bürger von Anfang an gering, den Marxismus-Leninismus als politischen Glauben ernst zu nehmen. Die öffentlich verordnete Verlogenheit begleitet die Geschichte der DDR vom Beginn bis zum bitteren Ende. Sie ist zum größten Teil Schuld an der Zerrüttung der gesellschaftlichen Moral im realen Sozialismus. In der DDR ging die traditionsreiche deutsche Arbeitsmoral in die Brüche. Werteinstellungen wie Fleiß, Zuverlässigkeit und Pünktlichkeit wurden stark in Mitleidenschaft gezogen. Die Führung hat letztlich die selbstverordnete Verlogenheit gleichsam selbstmörderisch an sich selbst erfahren, denn die Wahrheit über die wirtschaftliche Realität des Landes wurde Honecker und den meisten Politbüromitgliedern durch falsche oder phantastisch geschönte Berichte vorenthalten.

Mit »Sozialismus« hatte die DDR-Diktatur allein durch die konsequente Vernichtung des Bürgertums und des selbständigen Bauerntums etwas zu tun. Die Beseitigung einer jeden Form wirtschaftlicher Eigenständigkeit war die Konsequenz des von der marxistischen Lehre gebotenen »antikapitalistischen Klassenkampfs«. »Sozialismus« war auch die Gesellschaftspolitik der Gleichmacherei auf einem möglichst niedrigen Niveau. Die Politik der Gleichmacherei besitzt zugleich Anklänge im Absolutismus. Sie widerspricht dem historischen Vergleich keineswegs, denn die zentralistische Strategie eines Ludwig XIV. war zum Beispiel bekannt für ihre gezielte Tendenz der Entmachtung des dem Mittelalter entstammenden Ständestaats. Ihr Zweck war die Herstellung einer Gleichheit in der politischen Machtlosigkeit unterhalb der Zentralstaatsinstanzen, ein Vorgang, der im absolutistischen Frankreich am weitesten getrieben wurde und der – soziologisch – die Grundlagen für die Demokratieappelle im letzten Drittel des 18. Jahrhunderts legte.

Die DDR-Regierung betrieb ihre Politik »sozialistischer« Gleichmacherei durch eine gezielte Verknappung der höheren Ausbildungsgänge und durch die indoktrinierte Schulausbildung, die den Menschen vor allem das historische Bewußtsein auszutreiben hatte, um Vergleiche mit Früherem und Gleichzeitigem nicht aufkommen zu lassen. Als »sozialistisch« kann noch gelten, was man der Sache nach nur eine kollektive Bestechung durch Ausnutzung der menschlichen Neigung zur Faulheit nennen kann. Es ist die Planungsphilosophie einer Überbesetzung der bequemeren Arbeitsplätze in allen Wirtschaftsbetrieben sowie das schönfärberische Benotungswesen in den Schulen und Universitäten. Viele Menschen trauern heute nur darum noch diesen »Errungenschaften« des alten Systems nach, weil sie nicht wahrnehmen konnten, daß es Maßnahmen zu ihrer Entmündigung und Verdummung gewesen sind. Trotzdem haben viele in der DDR unter den Auswirkungen dieser Erziehung zu einer allgemeinen Verantwortungslosigkeit gelitten.

Die kardinale Lebenslüge der DDR bestand jedoch in der Berufung auf den Antifaschismus. Der Anspruch war über die Jahre immer wichtiger geworden, weil der Marxismus-Leninismus als Staatsreligion des neoabsolutistischen Systems zunehmend an Glaubwürdigkeit verlor. Doch Anspruch und Wirklichkeit klafften meilenweit auseinander. Bereits der Wortwahl haftete seit den 20er Jahren, in denen sie aufkam, das Lügenhafte an. Spätestens nach der Niederlage des Dritten Reichs war klar, daß die Auseinandersetzung mit dem Nationalsozialismus geführt worden war und nicht mit Mussolinis italienischem Faschismus. Es stellte seitdem – übrigens auch im Westen – ein durchaus erfolgreiches Stück Machtkampfpolitik um politische Leitbegriffe dar, daß man den Nationalsozialismus, den man meinte, als Faschismus bezeichnete. Man versuchte so mit Erfolg, den Sozialismus-Begriff, der den Marxisten im Osten wie den Sozialdemokraten und Gewerkschaftlern im Westen teuer war, von der Beschmutzung durch die Untaten der Hitler-Bewegung rein zu halten.

Als Teil der Staatsideologie der DDR war der Antifaschismus so lügenhaft wie der Modernitätsanspruch der marxistisch-leninistischen Weltanschauung. Seine Realfunktion lag allein in der Legitimierung persönlicher Karrieren: an erster Stelle derjenigen des Staatsratsvorsitzenden Honecker. Es gab den Kult um die »Kämpfer des Antifaschismus« auf allen Ebenen der neoabsolutistischen Gesellschaftshierarchie. Er gereichte ihnen regelmäßig zum Vorteil beim beruflichen Fortkommen, sofern sie nur die zureichende Loyalität gegenüber dem »Arbeiter- und Bauernstaat« bewiesen. Löckten sie dagegen wie Robert Havemann, der ehemalige Leidensgenosse Honeckers aus der gemeinsamen KZ-Haft unter dem Nationalsozialismus, wider den Stachel, dann wurden sie so gnadenlos und brutal vom Apparat und dem Stasi verfolgt wie jeder andere »Klassenfeind«.

Dabei hat es Außenstehende seit Gründung des DDR-Staats stets erstaunt, warum man die Ähnlichkeit mit der nationalsozialistischen Diktatur innen nicht stärker als Kluft zwischen Anspruch und Wirklichkeit empfunden hat. Beides waren Einparteien-Diktaturen mit allen äußeren Kennzeichen. Die FDJ spielte bis ins Erscheinungsbild die gleiche Rolle wie die HJ. Die Massenorganisationen mit ihren jährlichen Masseninszenierungen glichen einander bis in die Fahnenmeere bei den Feiern zum 1. Mai. Der militaristische Geist der nationalen Volksarmee setzte entsprechende Traditionen der Wehrmacht fort. Der DDR-Stasi hielt bezüglich der Effektivität seiner Maßnahmen nicht nur jeden Vergleich mit der nationalsozialistischen Gestapo aus. Aufgrund seiner viel längeren Wirkungszeit war das Netz der Ausforschung und Bespitzelung einer ganzen Bevölkerung noch dichter geknüpft als das entsprechende im Dritten Reich.

Viele sehen die DDR bei einem derartigen Vergleich in einem besseren Licht, weil die marxistisch-leninistische Klassenfeindpolitik in ihren Ausmaßen nicht mit den monströsen Greueln der antisemitischen Rassenfeindpolitik der nationalsozialistischen Diktatur zu vergleichen ist. »Bautzen« und »Brandenburg« waren in der Tat nicht »Buchenwald« oder gar »Auschwitz«. Doch historische Vergleiche gesellschaftlicher und politischer Systeme sind nicht nur nach Maßgabe ihrer extremen Potentiale legitim. Es gibt keine überzeugenden Gründe dafür, die Maßstäbe für eine mittlere Normalität zu desavouieren, indem man nur Maßstäbe der extremen Potentiale für zulässig erklärt. Auf gar keinen Fall sollte man den Umstand, daß eine Diktatur nicht bis in die Nähe der extremen Potentiale vorgestoßen ist, dazu benutzen, die Zuordnung zum bösen Wesen jeglicher Diktatur zu bestreiten.

Die Verwandtschaft der beiden Systeme liegt in ihren geschichtlichen Wurzeln begründet. Der nationalsozialistische Staat ist wie derjenige des realen Sozialismus aus der antizivilisatorischen und antimodernistischen Bewegung hervorgegangen, die seit dem Zusammenbruch der klassischen Monarchien mit ihren hierarchischen Gesellschaftstrukturen nach dem Ersten Weltkrieg die europäische Geschichte mitbestimmt hat. In den antizivilisatorischen Bewegungen auf der linken wie auf der rechten Seite verkörperte sich die Sehnsucht der Menschen, eine »Entfremdung« zu überwinden, die mit der technisch und wirtschaftlich geprägten Industriekultur der Moderne in die Welt gekommen ist. Diese »Entfremdung« bezeichnet ein Grundgefühl der Menschen im 20. Jahrhundert, das aus der Weigerung entstanden ist, die sozialen Kosten einer Existenz unter den Bedingungen einer sich entwickelnden Industriegesellschaft zu tragen. Sie stammt aus dem Zerbrechen der tradierten Lebensformen, in denen die Menschen in der bisherigen Geschichte Europas existiert haben.

Die Wurzeln dieser Tradition, mit der man brechen mußte, reichen weit in die Vergangenheit hinein. Die Geschichte der menschlichen Vergesellschaftung war die längste Zeit, über die wir einigermaßen Kenntnisse besitzen, durch das Organisationsprinzip der Kleingruppe bestimmt. Das gilt für die urgeschichtlichen Gesellschaftsverbände aus der Phase des Jäger-, Sammler- und Hirtendaseins wie für die Dorf-, Sippen- und Familiengemeinschaften der Neuzeit. Noch zu Anfang unseres Jahrhunderts haben die meisten Menschen im Westen wie im Osten Europas in dörflichen Gemeinschaften gelebt, deren Charakteristikum darin lag, daß die Beziehungen ihrer Mitglieder persönlicher Natur waren. Man hatte die soziale Hierarchie des Ortes unbedingt zu respektieren, in der man selber, meist durch die Familienzugehörigkeit vorbestimmt, einen festen Platz besaß. Es gab einen weithin geteilten öffentlichen Verhaltenskanon, der sich unter dem ethischen Gesichtspunkt in Europa weitgehend mit den Normen der christlichen Moral in Übereinstimmung befand. Das Verhalten der Menschen war in diesen gesellschaftlichen »Nahbereichen« auf ein genau geregeltes Miteinander eingestellt, welches stabile soziale Einstellungen ermöglichte, weil es kaum Mobilität gab. Wenn man sich vor Augen führt, wie lange die sozialen Organisationsformen des »Nahbereichs« das Verhalten, die Sitten und das Fühlen der Menschen geprägt haben, kann man sich annähernd deutlich machen, welcher Einbruch die Durchsetzung der modernen Zivilisation im Lebensgrundgefühl der Menschen darstellte. Dieser historisch einzigartige Umbruch, der die Moderne bis heute prägt und ihre Hauptprobleme bewirkt, setzte allmählich im 18. Jahrhundert in Gestalt der Entwicklung der technisch-wissenschaftlichen Zivilisation, der Verstädterung und der übernationalen Durchsetzung des auf Wettbewerb beruhenden Wirtschaftsverkehrs in den Staaten Westeuropas ein. Er erfaßte danach auch die Regionen Osteuropas. Seine Folgen haben wir in der Gegenwart in den industriell geprägten Massengesellschaften – und zwar unabhängig von den staatlich-politischen Formierungen – vor uns. Der moderne Mensch des 20. Jahrhunderts ist endgültig der Mensch der gesellschaftlichen »Fernbereiche«. Sein Verhältnis zu den anderen Menschen ist primär nicht mehr durch die stabilen Ordnungsbeziehungen des dörflichen und familiären »Nahbereichs« geprägt. Es ist vielmehr durch »soziale Anonymität«, d. h. durch einen Mangel an persönlichen Beziehungen, gekennzeichnet. Dieser gesellschaftliche »Fernbereich« der modernen industriellen Zivilisation hat speziell in unserer Zeit eine große Ausweitung erfahren. Wir können sagen, daß der größte Teil unserer sozialen Beziehungen in ihn fällt: von der Einbindung in die Berufswelt, in der wir dauernd mit anderen Menschen zu tun haben, zu denen wir kein persönlich-privates Verhältnis haben, bis zu unserem Auftreten als konsumierende und produzierende Wirtschaftssubjekte. Zugleich sind wir im gesellschaftlichen »Fernbereich« auf eine abstrakte Art und Weise individualisiert, weil keine festen sozialen Bindungen an die meisten Menschen existieren, mit denen wir in der unser Leben dominierenden Berufswelt zu tun haben. Es liegt gleichsam in der »Logik der Sache«, daß die Menschen in weitgehend nichtpersönlichen, anonymen Verhältnissen die Ziele ihres Handelns hauptsächlich aus der individuellen Eigenvorteilsperspektive beurteilen und bestimmen. Ebensowenig kann wundernehmen, daß ein erfolgreiches Auftreten der für einander »anonymen« Subjekte von einem Erscheinungsbild bestimmt wird, welches man im Licht der klassisch-christlichen Familienmoral des »Nahbereichs« nicht anders denn als »egoistisch« bewerten muß. Das ökonomische Wettbewerbsprinzip, das sich im Zeichen des modernen Marktliberalismus in vielen gesellschaftlichen Bereichen wie der Wirtschaft, der parlamentarischen Politik und der Wissenschaft durchsetzte, hat zugleich die zwangsläufig »egoistische« Zielsetzung der modernen »anonymen« Individualität des gesellschaftlichen »Fernbereichs« in den westlichen Ländern mit enormen Produktivitätserfolgen in seinen Dienst gestellt. Doch zugleich hatten die Menschen mit hohen sozialen Kosten für die Ausdehnung des gesellschaftlichen »Fernbereichs« der anonymen Individualität und einer weitgehend egoistischen Verhaltenseinstellung zu bezahlen. Auf der Kostenseite befindet sich an vorderster Stelle der Verlust der tradierten Verhaltenssicherheiten der gesellschaftlichen »Nahbereiche« der dörflich geprägten vorindustriellen Gesellschaft, in der die »altruistisch« ausgerichtete Familien- und Sippenmoral tonangebend war. Zu den sozialen – nicht nur sozialpsychologischen – Kosten sind darüber hinaus sowohl die im 19. Jahrhundert entstandene »soziale Frage« im Gesellschaftlichen als auch der Zusammenbruch der klassischen Monarchien im Politischen zu rechnen.

Es stellt eines der unbestreitbaren Verdienste von Karl Marx dar, daß er als einer der ersten Sozialphilosophen des vorigen Jahrhunderts die sozialen Kosten des als katastrophisch empfundenen Übergangs von der nahbereichsdominierten agrarischen Feudalgesellschaft in die fernbereichsdominierte moderne Industriegesellschaft analysiert hat. Er hat sie im Phänomen der Entfremdung auf den Begriff gebracht. Er hat zugleich zutreffend die Situation der beiden gesellschaftlichen Klassen beschrieben, in denen sich die sozialen Vorteile und die sozialen Kosten des fernbereichsdominierten Industrialisierungsprozesses verkörpern: bezüglich der Vorteile die Interessenlage des wettbewerbsorientierten, kapitalbesitzenden und kapitalakkumulierenden Bürgertums und bezüglich der Kosten die Interessenlage der mit dem historischen Prozeß neuentstandenen Klasse des Industriearbeiterproletariats. In seiner politischen Philosophie hat er dennoch der gigantischen ideologischen Verschleierung einer in Wahrheit reaktionären Rückzugsposition das Wort geredet. Alle marxistischen Theorien unseres Jahrhunderts, die Marx in seiner politischen Philosophie des klassenlosen Sozialismus gefolgt sind, haben sich der Propagierung dieser realitätsverschleiernden »linken« Basisideologie schuldig gemacht.

Wir sind damit bei der Antwort auf die eingangs gestellte Frage nach dem Zusammenhang zwischen dem gesellschaftlichen System des »realen Sozialismus« und der marxistischen Theorie. Worin besteht die ideologische Verschleierung des der Sache nach reaktionären Gehalts?

Das Marxsche sozialistisch-kommunistische Ideal der klassenlosen Gesellschaft stellt nichts Anderes als den Versuch dar, das Rad der europäischen Zivilisations- und Modernitätsgeschichte in Richtung auf eine reaktionäre Erneuerung einer »geschlossenen Gesellschaft« nach dem Vorbild der sich auflösenden nahbereichsorientierten Feudalgesellschaft zurückzudrehen. Es war dazu gedacht, dem unter den modernen Bedingungen der Entfremdung leidenden Menschen des heraufziehenden Industriezeitalters die Wiederkehr einer solidarischen, familienmoralischen Lebensform als eine realisierbare Möglichkeit vorzuspiegeln. Die Menschen sollten glauben, daß man die soziale Nestwärme der untergehenden nahbereichsdominierten Gesellschaft nicht mit deren Unsicherheiten und deren Armut zu bezahlen hätte, sondern daß man sie auf der Basis der erwiesenen ökonomischen Produktivität der Industriegesellschaft erneuern könne. Marx setzte zwei zugkräftige Mittel zum Zweck der Erzeugung dieser Illusion ein: den Haß auf die Kapitalistenklasse, die die Produktivität der Industriegesellschaft trägt, und den Anspruch auf eine wissenschaftliche Rechtfertigung des politischen Ideals des Sozialismus-Kommunismus. Der Haß auf das kapitalistische Bürgertum sollte dem Glauben dienen, mit der Zerstörung dieser Klasse könne man die gesellschaftlichen Ursachen der Entfremdungsphänomene der modernen Industriegesellschaft beseitigen. Der Anspruch auf eine wissenschaftliche Rechtfertigung des Ideals sollte jede Erinnerung auslöschen, die das Ideal mit grundlegenden Lebensformen der untergehenden nahbereichsdominierten Feudalgesellschaft verbindet. Eine wissenschaftliche Rechtfertigung kann sich darauf berufen, das ausschlaggebende Mittel der Modernität, eben Wissenschaft, für ihre Glaubwürdigkeit eingesetzt zu haben. Jedenfalls war dies bis in unsere Zeit die herrschende Überzeugung unter den »aufgeklärten« gesellschaftspolitisch engagierten Intellektuellen in allen europäischen Ländern.

Antibürgerlicher Klassenkampf und die Postulierung eines »wissenschaftlichen Sozialismus« sind seit Karl Marx die zwei wesentlichen Inhalte der gesellschaftskritischen und politischen Botschaft jeder marxistischen Position. Lenin und seine sowjetischen wie osteuropäischen Nachbeter haben zu diesem marxistischen Kern nichts Wesentliches hinzugefügt. Man hat allerdings die Kunst der Verschleierung des geschichtsreaktionären Kerns des sozialistisch-kommunistischen Ideals seitdem zu hoher Blüte gebracht. Auch darin war Marx bereits das Vorbild. Während die einfache politische Botschaft im »Kommunistischen Manifest« enthalten ist, stellt die komplizierte, nur wissenschaftlich geschulten Fachleuten zugängliche »Politische Ökonomie« des dialektischen Materialismus die erforderlichen Verschleierungsmittel zur Verfügung. Im »Kommunistischen Manifest« wird mit klaren, handfesten Strichen der Weg der europäischen Gesellschaft gezeichnet. Die Erforderlichkeit, die Kapitalistenklasse zu vernichten, wird ebenso klar ausgesprochen wie die Notwendigkeit, zum Mittel der staatlichen Diktatur greifen zu müssen, um die Herrschaft der siegreichen Klasse des Industriearbeiterproletariats herzustellen. An dieser einfachen geschichtsphilosophischen Botschaft hat sich seitdem jeder Marxist ausgerichtet, wenn es um den Gehalt seines Glaubens ging. Die von Karl Marx begründete »Kritik der Politischen Ökonomie« war hingegen eine strittig und variantenreich diskutierte theoretische Herausforderung für die gelehrten Anhänger und Gegner der sozialistischen Grundidee. Aus der Komplexität ihrer Deutbarkeiten bezog das Eintreten für die einfache gesellschaftspolitische Botschaft des Marxismus seine Reputation bei den intellektuellen Schichten mit sozialem Engagement. Was man jedoch nur höchst selten durchschaut hat, ist die Rolle der ideologischen Verschleierung, die die facettenreiche Diskussion der Marx-Gelehrten über Marxens ökonomisches Werk für die gesellschaftspolitische Primitivversion im gesamten Marxismus gespielt hat. Vor allem wollte keiner der marxistischen Theoretiker wahrhaben, daß er mit seiner theoretischen Seiltänzerei allein der Verschleierung einer geschichtsreaktionären Grundidee diente. Von Kautsky, Adler, Lukács und Gramsci bis zu Bloch, Marcuse, Sartre und Althusser gaben sie alle vor, es handle sich beim prognostizierten oder postulierten Sozialismus der marxschen Art um die Erfüllung des Versprechens der Moderne schlechthin. Allein die neomarxistischen Gründungsväter der »Frankfurter Schule«, Horkheimer und Adorno bilden seit ihrer »Dialektik der Aufklärung« die Ausnahme. Sie haben die Verschleierung der Primitiv-Botschaft durch anspruchsvolle »Theorie« nicht mehr mitgemacht. Beide haben sich in ihrer späteren Phase geweigert, ein gutes Haar an den leninistisch-stalinistischen Diktaturen nach dem Vorbild des Sowjetsystems zu finden, und sie haben darauf verzichtet, angeblich humanere Formen des Sozialismus-Kommunismus zu propagieren.

Der Sache nach hat der Theorie-Marxismus seit seinem Begründer Marx im Dienst der Rechtfertigung einer reaktionären Illusion gestanden, nämlich der beschriebenen Illusion, die Entfremdung der fernbereichsdominierten Moderne durch einen Rückgriff auf familienmoralische Solidaritätskonzepte der nahbereichsdominierten Vergangenheit Europas beseitigen zu können. Er befindet sich in der gleichen Lage wie die Bemühungen, die moderne »Entfremdung« mit Hilfe einer rassisch und völkisch homogenen ständestaatlichen Ordnung zu überwinden. Das linke wie das rechte Modell gehören in denselben Zusammenhang und sind demselben geschichtsreaktionären Geist entsprungen. Wer sich im Staatsdienst der DDR mit der »theoretischen« Legitimationsbeschaffung für die neoabsolutistische Diktatur abgegeben hat, ist darum nicht anders einzustufen als die Theoretiker der Rassefeindschaft und des Führerprinzips im Dritten Reich. Die Ähnlichkeiten reichen bis in den Denkstil und die Karrierevorteile. In den Veröffentlichungen der Staatsmarxisten kommt die Realität ihrer Gesellschaft sowenig vor wie in den Schriften der NS-Denker die Wirklichkeit des Dritten Reichs. Die beiden angeblich diametral entgegengesetzten Denkschulen bewegen sich auf den Höhen eines abstrakten Idealismus, dessen geschichtliche und gesellschaftliche Inhaltslosigkeit schwer zu überbieten ist. Wo die NS-Denker die Macht des geschichtlichen Schicksals, den Führer-Kult allgemein und die Überlegenheit der germanischen Rasse beschwören, halten es die scheinmaterialistischen Staatsmarxisten mit fichtisch-hegelianischen Abstraktionen, in denen sich der Mensch als »klassenkämpferisches« Gattungswesen mit der Natur auseinandersetzt. Die Wirklichkeit der Politik des 20. Jahrhunderts, die von beiden Herren mit katastrophalen Folgen für die Schicksale von Völkern bestimmt wurde, kommt in ihren offiziellen Schriften nicht vor. Die politische Prägung der Realität war das Geschäft der Herren, ob sie nun Hitler oder Stalin, Breschnew oder Honecker hießen. Die philosophischen Diener hatten in beiden Systemen die Arbeit der Realitätsverschleierung durch legitimatorische Abstraktionen zu leisten, wofür sie in der realsozialistischen Wirklichkeit durch Machtpositionen im Wissenschaftsbereich belohnt wurden.

Es ist falsch zu glauben, die gescheiterte Diktatur des »realen Sozialismus« verdiene in der bilanzierenden Bewertung eine größere Nachsicht als die Diktaturen des Faschismus und Nationalsozialismus, weil sie das Unglück eines guten Erbes – des Erbes der Aufklärungsideale – darstellten. Es ist im Gegenteil das schlechte Erbe der Aufklärung, das sich in der Verschleierungsrolle der marxistischen »Theorie« verkörpert hat. Dieses schlechte Erbe der Aufklärungsphilosophie ist nicht besser als das Erbe der konservativen Gegenaufklärung, in deren Dienst die philosophischen Rechtfertiger der NS-Ideologie standen.

Es wäre heute an der Zeit, die philosophische Auseinandersetzung mit den Nachtseiten der Aufklärung wieder aufzugreifen. Die deutschen Philosophen sind in besonderer Weise zur selbstkritischen Bilanzierung herausgefordert, entstammen doch die »Väter« des Marxismus der deutschen Tradition, an erster Stelle Marx und Engels selber. Hybride Wissenschafts- und Vernunftkonzepte, wie sie in der Aufklärungsepoche etwa von Condorcet und im Deutschen Idealismus fichtescher und hegelischer Prägung vertreten wurden, haben ihre Kernüberzeugung gestützt, man könne menschliche Gesellschaften mit wissenschaftlichen Methoden als Technokratien steuern. Es handelt sich um eine europäische Denktradition, die bis auf Platos politisches Ideal eines »Königtums der Philosophen« zurückreicht.

Die marxistische Theorie hat darüber hinaus in einem Maß zur Verschmutzung der politischen Sprache beigetragen, wie das nicht einmal die Theoretiker des Faschismus und des Nationalismus getan haben. Letztere haben nie einen Hehl aus ihrem Haß auf Freiheit und Gleichheit, die Grundwerte des Liberalismus und der Demokratie, gemacht. Sie haben offen das autoritäre Führerprinzip als antibürgerliches Gegenprogramm verkündet. Die Theoretiker des Marxismus haben sich demgegenüber selber auf »Freiheit« und »Demokratie« als Grundwerte berufen und sie in den Dienst übler Begriffsverdrehung gestellt. Sie haben der Verlogenheit der politischen Kultur in ihren Gesellschaften Vorschub geleistet, denn in Wirklichkeit war die Freiheit des Einzelnen der am meisten geschundene Wert im System des realen Sozialismus und »Volksdemokratie« eine falsche Legitimationsvokabel zur Verbrämung der Diktatur der kommunistischen Partei.

Über kurz oder lang werden sich die Stimmen wieder mehren, die die Bankrott-Praxis der Politiker des realen Sozialismus als Verrat an den Idealen der marxistischen Lehre abtun wollen, um den Marxismus als »menschliche Utopie« zu retten. Dafür sollte man wissen, daß es sich um die gesellschaftspolitischen Ziele einer rückwärtsgewandten Utopie handelt, in der die lebensgefährlichen Sehnsüchte nach der Flucht aus der modernen Welt auf ideologische Weise verschleiert werden.

J.G.A. Pocock, Martyn P. Thompson, Melvin Richter
and Laurence Dickey

The fate of the revolutionary idea: four papers

(All of the papers published here were delivered at the final session of the CSPT Annual Conference »Between the Revolutions: European Social Thought 1795–1848«, University of Tulsa, Tulsa, Oklahoma, USA, April 3–5, 1992. All titles, apart from Melvin Richter's, have been supplied by the editors).

J.G.A. Pocock

I. What was revolution and has it a future?

I intend to address two questions: what was revolution, and has it a future? I see matters in this way partly because my own work lies in the field of anglophone intellectual history, and – with the major but ambiguous exception of the American Revolution, about which no one (in the conference – ed.) has had a word to say – the anglophone cultures dislike and reject revolution; they sometimes contribute to its theory, but they always avoid its practice. For this reason I see the Central and Eastern European revolutions of 1989–91 as exemplars of revolution in its Lockean sense. A government is found to have been making war on its people, and is dissolved; power thereupon reverts to the people, to do with as they will or as they can. Now every Englishman of Locke's generation knew that it was intensely disquieting and painful for a people to find itself in this situation – they had been there in 1649 and had found it agonising – and few of them were ever as sanguine as Locke about a people's capacity to legislate for itself after government had collapsed.

But in the revolutions occurring at the end of the eighteenth century, the collapse of a form of government was connected with an extraordinary explosion of political optimism and dynamism: an explosive confidence in the human political capacity to achieve a reordering of the conditions of human existence. That has come to be what we mean by revolution, and we still accept it as a paradigm. Yet there were voices in 1789 which challenged the paradigm and predicted its failure, and we have been studying responses to the failure of the French Revolution and considering how they appear in the light of the revolutions which were to come.

It can be suggested that the Revolution left two legacies behind it: liberalism and historicism. In such figures as Staël and Constant, we have examined the question of how far what we call liberalism – I have found it deeply challenging to American historians to raise doubts about the value of this term as an organising category – is a rejection of revolution and how far it is dependent on revolution to bring it into being. I will point out from my own work, but also from the material presented by Susan Tenenbaum, that much of what we call liberalism is in fact ancien-regime thought and a product of the ancien regime's sense of its own modernity. I am referring especially to all that about *le doux commerce* and the kinds of human relationship that go with it; for a measurable ninety years before 1789 we can trace discussion of how a commercial society works and what kinds of political institution are appropriate to it. It would be possible to write a history of »liberalism« in this sense of the term, in which the Revolution appeared an interruption, a disastrous regression to »ancient« politics (as Constant saw it) in the teeth of a »modern« world. No doubt this would be no more than a half-truth, but it is important that it may be as much as half the truth. It means that the relations between the Ancien Regime and the Revolution are, as Tocqueville pointed out, not simple, and perhaps even, as Burke insisted, not necessary.

The second major heir of the Revolution, in our projection, would seem to be historicism. The political optimism of the revolutionary age was in part the product of a gathering conviction that history was not cyclical but has an open future before it; and what we call historicism, though a product of the nationalist German reaction to the Revolution, and the Polish and Russian reactions to that reaction, is an expression of faith in the power of human reason to ride and direct the storm arising from the huge expansion of historical possibilities. The State and the Revolution are the two master forms into which that faith organised itself during the nineteenth and twentieth centuries, and reveal that it was a faith in the capacity of politics to transform human history. The language of anglophone liberalism, however, renders it enormously difficult for those who speak it even to begin mastering the great dialect of German historicism.

But the revolutions of 1989–91 have been products of the discovery that the most ambitious revolutionary enterprise ever undertaken has produced one of the most appalling ice ages in the history of human intelligence. They have therefore been revolutions directed against the concept of revolution itself, and have not been accompanied by any expansion of political dynamism or in the capacity of human action to control or expand its own history. They have coincided with, and in some measure been produced by, a paradoxical combination of a restrictive though universal post-industrial economy with a global campaign to reduce and disarm the capacity of both state and revolution to exert control over the movements of *le doux commerce* on a planetary scale. They have been revolutions against the political; Vaclav Havel speaks of an anti-political politics, and feminists – wisely or unwisely extending their attempt to break down barriers between the public and the private into an assault upon the distinction between them – join those who envisage a micropolitics, or politics of everyday life, which may never again be a politics of public action. Perhaps the pre-eminent philosopher of the postrevolutionary age died a few days ago: Friedrich Hayek, the philosopher of the unintended consequence, who proposed that we obtained the best results in social action by engaging in systems on interrelated action so complex that no one could predict or even intend what was to come of them. These systems were, of course, those of the market, to which those of the state or the revolution, the republic or the commonwealth, could not be more than ancillary.

I speak out of the long tradition which defines the human as a political being when I propose that one will not be a citizen when one is defined as preeminently a member of a market community, which moreover regards one not as producer but as consumer. These communities are not politically constructed or conducted, and since »democratic« is a political term it follows that they are not democratically conducted either. The global campaign against the sovereignty of the state, conducted largely by processes in which subcommunities break away from the state to claim »sovereignty« which can be micropolitical at best, offers a future which cannot be on of democracy so much as of technocracy tempered by local populisms – sometimes successful, often admirable, but generally outmanœuvred. They cannot be democratic because democracy entails decision, determination, legislation, and spaces of action large enough to be public and specific enough to be sovereign: to have what is, for a measurable space and time, the last word. The revolutionary attempt to control human history as a whole is deservedly dead and damned with the other totalitarianisms; but a demise of collective conscious political action, or its survival in the role of servant to the market as master, threatens what it is sometimes useful to term »an end of history«. Francis Fukuyama is naive; he was brought up by Straussians (which is to say by teachers of evil); he makes unnecessary mistakes; but his language says nothing.

Martyn P. Thompson

II. The modern revolutionary idea

We have every reason to reflect once more upon the character and consequences of our ideas about revolution. Ever since the great revolutions of the late eighteenth century – the American and French Revolutions and the Industrial Revolution – we have become accustomed to thinking of ourselves as living in an Age of Revolutions. We have become accustomed to talking about various revolutions – political, social, economic, technological, scientific, intellectual, moral and even sexual. Many of our contemporaries and immediate forbears have identified themselves in terms of advancing this or that revolutionary cause or as countering these or those revolutionary ideas. No-one seems to have escaped. The bundle of ideas associated with the great Western revolutions have been exported throughout the rest of the world. Revolutionary ideas have assumed global proportions. And the latest of our revolutionary agendas – whether technological, communications, nationalist, fundamentalist, postmodernist or feminist – impress themselves daily upon our lives.

But whatever we might want to say about the social, scientific and technological revolutions of our time, all of the political revolutions have been at least double-edged, most have been failures. To be sure, the American Revolution achieved independence. But in this it was no »revolution« at all – it was a successful war of independence. The French Revolution issued in bloodshed, Bonapartism and European wars. It was domesticated into a political tradition of instability. The Industrial Revolution was never on anyone's political agenda, and it alone – for good or ill – delivered its revolutionary goods. But the greatest of all revolutionary failures has only just recently occurred: the collapse of the Marxist revolutionary regimes in Central and Eastern Europe. On its own, the collapse of these regimes would have warranted a thorough reconsideration of revolutionary ideas. But coupled with the failures of all other modern revolutionary political projects, that reconsideration would appear urgent. I propose to offer a few very general thoughts on the inevitability of failure. The thoughts are not new. But by sailing close to the Scylla of the *déjà vu,* I hope to avoid the Charybdis of *Besserwisserei.*

In all brevity, my point will be that the modern concept of political revolution is fundamentally an anti-political concept: that the notion of revolutionary politics is a contradiction in terms. But what is the modern concept of revolution? The broad outline has long since been mapped out. The modern concept is no older than the lateeighteenth century and it consists of at least two main elements. The first is the idea of a dramatic, forceful overturning of the political arrangements existing in a particular state in order to establish new, and supposedly better ones. The second is a longer term structural change, of equal – or even more – dramatic proportions to the first, in which a major transformation of a political society occurs in a »process« or »development« stretching from past, to present, and into the future. The history of the term revolution in political discourse is, of course, much older. Readers of the article on »Revolution – Rebellion, Uprising, Civil War« in the *Geschichtliche Grundbegriffe* (1984) will find much to confirm and much to refine the standard English-language accounts of the history of the term in political thought. I do not propose to rehearse much of this enquiry here. Rather, I want to point to a source of conceptual confusion that arises from yoking the two elements of the modern concept of revolution together. In doing this, I want to focus attention on a notion of political action which seems to me essential to modern concepts of political revolution, a notion which has been largely neglected, even in the *Geschichtliche Grundbegriffe*.

I shall first sketch what I take to be the accepted account of revolutionary ideas in politics by focussing upon the »ingredients« of the modern concept that emerged during the French Revolution. I shall then consider one of the most important tensions contained in these ideas. Finally, I shall add the neglected or underplayed element of political action – the anti-political element – from which I think we can learn most about the failures of modern revolutionary projects.

It seems that the term revolution was first used in a political context in early fourteenth century Italian as a relatively value-free word referring to political unrest leading to the overthrow of regimes and political institutions. But it did not become common in any European languages until the seventeenth and eighteenth centuries. When it did, it entered a semantic field already heavily laden with terms like rebellion, revolt, uprising, civil war, insurrection, tumult, sedition, resistance, riot, treason, and so on. What served to distinguish revolution from any of these other words was derived from three, quite separate sources: first, the astronomical origins of the vernacular political term; second, the experience of social, religious and political conflict in the states of early modern Europe; and third, Enlightenment historiography.

The astronomical origins of the term were still sufficiently prominent in late eighteenth century England for the Restoration in 1660 and the Revolution of 1688 to be called revolutions, wheras the civil wars of the seventeenth century were never more than civil wars. They were not to be classified as in any sense a return to some earlier state of political affairs. Civil war involved the breakdown of public order, not a revolving of constitutional forms as, earlier, the sequence of Aristotelian constitutional forms had been classifiable as a revolution. The French Revolution, initially at least, was also capable of being interpreted as a revolution in this astronomical sense. Paine does so in some of his writings and this is the view of revolution, recorded by Wordsworth and others, that the French in 1789 were merely trying to do what the English had succeeded in doing a century earlier. But this constitutional revolution was not a modern revolution. It captured neither of the two main elements that I noted above: on the one side, force was minimal, and novelty was expressly denied; and on the other, the revolutionary change was certainly no long-term »process« stretching into an indefinite future, nor was it perceived as in any significant sense »structural«.

In fact, Europeans in the early modern period up to the eighteenth century do not seem to have had a descriptive term for those long-term political, social and religious changes which, with hindsight, we take to be characteristic of their experiences. That term emerged in the course of the eighteenth century as a number of sensitive observers – in the main the theorists of history and comparative sociology of the European Enlightenments – reflected on the changes that had transformed, and were continuing to transform, their worlds. A new meaning came to be attached to the term revolution. The astronomical meaning was involved in Louis Le Roy's account in 1577 of the French Wars of Religion as a »natural revolution.« The new meaning was presupposed by Voltaire in his well-known joke of 1733 about the 1688 Revolution. Voltaire remarked that »what becomes a revolution in England is only a sedition in other countries.« This new meaning was precisely the reference to a long term, structural transformation of a society, an economy, or a political constitution, to the life of »spirit« or intellectual life, or to all of these together. In optimistic circles in the eighteenth century, such transformations might appear progressions. They might even be classified as evolutions. Revolution in this sense became one of the most fashionable words of mid-eighteenth century intellectuals.

»Revolutions are necessary,« according to Diderot in 1755, »we have always had them, and we always will.« »Everything in the world is revolution,« according to Louis-Sébastien Mercier – not a little indiscriminately – in 1770. And it was in this general sense of how major, long-term changes in human history have occurred, and will continue to occur, that Herder proposed that the study of history should be reformed to become a history of the »main changes and revolutions« which had transformed the lifestyles of each Folk-group and made them what they now were. To be sure, revolution in this sense might still involve the forceful overthrow of centres of opposition to the rational forces of progress. This, for example, was what Guillaume Raynal in 1781 thought made the American Revolution a genuine revolution. The British authorities might think of it as merely a revolt, but in reality the forces of reason and of natural right had violently overthrown the forces of despotism and oppression. The day of American victory, Raynal noted, »has given birth to a revolution. One day has transported us into a new age.«

For present purposes, it is important to note that both the older, astronomical context of the meaning of revolution and the newer sense of a long-term structural transformation from the old to the new were available to those concerned to make sense of the events in France in 1789. So were the alternatives of either the centrality of the idea of forceful overthrow of established authorities or the relative irrelevance of a violent component to an understanding of the French events as a revolution. The perception that what was happening in France was new and unprecedented in political experience – a perception that seems to have become quite widespread very rapidly as events unfolded – gave impetus to understanding that revolution in terms of a combination of a forceful overthrow and a dramatic change likely to have long-term structural consequences. The modern career of the concept of revolution in political discourse had almost begun. Almost, but not quite. What was still needed was the idea that such an overthrow of existing arrangements, the establishment of new and unprecedented relationships, and the long-term structural consequences that would ensue could all be intended by the revolutionaries involved.

The inadequacy of any alternative terms in the semantic field around the word revolution for displaying the novel character of what was happening in France is neatly captured in Francois Mignet's report of a conversation between Louis XVI and his Grand Master of the Wardrobe. »›It is a revolt!‹ said the monarch, stunned – ›No it is not, sire, it's a revolution!‹ the Grand Master replied.« Amongst the host of neologisms spawned by the Revolution (themselves evidence of the perceived novelty of the experience) was the term »revolutionary« – as both an adjective and a noun. Revolutions in the new sense became things made by revolutionaries, they were the intendend outcomes of revolutionary action. This, of course, was the meaning given to the neologism by Condorcet in his essay *On the Senses of the Term Revolutionary* in 1793. A revolutionary was someone who understood the principles and forces at work in a revolution and who might then »act, in the spirit of that revolution, to accelerate or regulate its advance.«

If these are the main ingredients in the modern concept of political revolution, it is obvious that enormous culinary skill is necessary to mix them and keep them mixed. One principal tension centred on the role to be ascribed to revolutionary political action in conditions where revolution was supposed to be historically inevitable.

It was all very well to argue along Condorcet's lines that once you had grasped the principles and forces at work in the revolution you could actively accelerate and regulate its inevitable progress. But Condorcet was writing with a revolution in mind that was already occurring. But what of revolutions merely wished for? Where France was the model of some future revolution, the problem might still appear manageable. Revolutionaries might believe they could use the mistakes of the French past to guide them in their present. But where no comparable revolution had occurred, the problem of relating particular political action to the creation of circumstances which would accelerate and guide the coming revolution became especially acute. This was, of course, the case in Marx and later Marxisms.

What was the role of the political activist in the theoretically posited future revolution? The historical inevitability of the revolution was premissed upon future developments in the economy and society which no individual or political group could possibly accelerate in any signifficant way. Nor could political inaction in any significant way retard the coming of the economic, and hence social, and hence political, and hence intellectual, revolution. Small wonder that the utterances of Marx, Engels and later Marxists are riddled with contradictions in these respects. One of the most recent studies of Marx's career in practical politics – Wolfgang Schieder's *Karl Marx als Politiker* (1991) – takes this as a central theme. On the evidence discussed by Schieder, it is clear that for all Marx's intense engagement in active politics between 1847 and 1852 and between 1864 and 1872, he was never persuaded that much could be achieved by political action until his theoretically determined historical conditions were ripe and, of course, they never were. But of the many theoretical hostages that Marx threw to practical political fortune, two in particular were to prove of such importance in political action that they succeeded in ruining the lives of countless thousands of people. These two were his odd remarks on »permanent revolution« and on »the dictatorship of the proletariat.« But as Schieder argues, these fateful remarks by Marx were the result of merely momentary reflection. They were not important ideas in Marx's political theory. Rather, they were intended as sops to the impatient and theoretically »incompetent« leaders of contemporary socialist parties in the rest of Europe. Marx, of course, can hardly be held responsible for what Rosa Luxemburg, Trotsky, Lenin, Stalin, or other leaders of communist parties in East and West made of these supposed bridges between theory and political practice. But it is undeniable that they led to misery and moral bankruptcy and to the effective termination of political activity as that activity had come to be understood over nearly three millenia of continuous reflection in the West.

It is not just Marxist revolutionary theory and practice that leads to the rejection of inherited ideas of politics and the character of political action. It is all modern concepts of political revolution. When we talk of the »silent revolutions« or the »velvet revolutions« of the peoples of Central and Eastern Europe against their controlling communist parties, we are using the term revolution in a way much closer to the old astronomical sense than to any of its post-French revolutionary political senses. When we use the term descriptively for long-term structural changes in economies, societies and polities, we are using it in an historical sense (as a way of capturing the manner in which past participants and past or present observers have perceived those changes). And this historical sense is closer to eighteenth century usages than to the meanings that have emerged in the political discourse of the late-eighteenth, nineteenth and twentieth centuries.

In all brevity, my point here can be summarized as follows: concepts of revolution have had, and will continue to have, an indispensable place in attempts to comprehend what has happened and is happening in our social, political and economic worlds. But the concept of political revolution that emerged in the French Revolution and that was refined in the course of the nineteenth and twentieth centuries is best understood as anti-political, not political at all. It is this because political action and the sense of freedom that that action expresses are stifled or rendered pointless by the ultimately irresistable forces (supposedly natural, virtuous, superhuman and historically inevitable) which the modern concept of revolution presupposes. The idea that this is so was present right from the start.

Let me just list a few examples from supporters and opponents of the revolutionary idea. The anti-political idea is there in Friedrich Schlegel's remark in 1798 that »Mirabeau played a great role in the (French) Revolution because his character and his spirit was revolutionary; Robespierre, because he unquestioningly obeyed the Revolution, gave himself completely up to it, worshipped it, and took himself to be its god; Bonaparte, because he can create and build revolutions, and can annihilate himself.« Political actors here are the self-destructing mouthpieces of the revolutionary spirit. It is there in Condorcet's remark that a revolutionary must know the true forces propelling the revolution before that revolution can be accelerated or regulated. Political action is here the pursuit of true knowledge, not the accommodation of ultimately incompatible wishes, desires, preferences and interests. It is there in William Blake's representation of the American and French Revolutions as a conflict between the mythical and superhuman powers of Orc (revolution in the material world) and Urizen (symbolizing the stultifying powers of human reason). Politics is here the liberation of the human spirit, not the reconciliation or accommodation of individuals who happen to differ. It is there in all that marvellous imagery of elemental forces, raging seas, torrential rains, great rivers flooding their banks, winds howling in the night, and fires consuming the world that is so prominent in the literature generated by the political experience of modern revolutions. Politics is here beyond human control, it is in no sense an acquired, human achievement. It is there among the members of the Jacobin Club of Aix-en-Provence in 1790 who gloried in the name of »frères anti-politiques«. They were the »venerable workers of the field and venerable artisans«, the virtuous revolutionaries who had no other interest than that of truth, justice and the public good. And this idea is also there, in equally dramatic, though in broader and less poetic form, in Michael Oakeshott's critique of rationalism in politics and in his analysis of the confusions created by those who mistake enterprise associations for civil or political ones, as modern political revolutionaries do.

A theory of modern political revolutions might readily be extracted from all these sources. It is one that places the most unsavoury side of our experiences of modern revolutions – of the excesses of revolutionary regimes and of the dullness and hypocrisy of self-styled revolutionaries (from both the left and the right) – in the centre of attention. The »mysteries« of revolutionary failures might then be dispelled and their »successes« explained in the more traditionally *political* terms of force, fortune and power rather than in the transcendental, *antipolitical* terms which political revolutionaries tend to choose for themselves: those of truth, necessity and virtue.

Melvin Richter

III. Remarks on an apparent paradox: Tocqueville's view of Bonapartism as the heir to the revolutions of 1789 and 1848

I

Both as political phenomenon and as a crucial concept in political thought, »Bonapartism« or »Caesarism« ranks among the most significant outcomes of the two great European revolutions which began in Paris in 1789 and 1848. To be sure, the First and Second Empires were as unanticipated as they were undesired by those who began those revolutions. Is it a paradox, then, to trace »the fate of the revolutionary ideas« in what some might call the counter-revolutionary phenomenon and concept *par excellence?* I think not. For Bonapartism and Caesarism cannot be separated from the revolutionary experience in France, nor from its multiple understandings and consequences there and elsewhere in Europe.

Both Bonapartes executed military coups which overthrew republican governments, themselves created after the revolutions of 1789 and 1848. Both Bonapartes used plebiscites to register ostensible popular approval, first of the dictatorships they established, and then of their empires. Thus both were post-democratic, claiming that their regimes were legitimate because the people had delegated power to them and had chosen them to rule directly in the general interest of the nation. By this pseudo-democratic argument, the people withdrew approval for the parliaments which had previously represented them, and conferred political power upon the man who had overthrown by force these popularly elected parliaments. Both the First and the Second Empires were built upon the debris of the great revolutions which prepared their way. As Tocqueville wrote, »out of the very entrails of a nation which had just overthrown its monarchy, there appeared suddenly a power more extensive, and at once more minute in its application, a power more absolute than any ever exercised by a French king.«[1] Thus out of the greatest revolutions hitherto known, emerged forms of domination considerably more repressive than the overthrown monarchies.

Because so many political theorists, analysts, and actors believed that a qualitatively new political phenomenon had appeared, novel but contested concepts

---

[1] Alexis de Tocqueville, *l'Ancien Régime et la Révolution, Œuvres complètes*, ed. J.P. Mayer (2 tomes; Paris, 1951), I, 248.

came into use. Even the names of the »isms« meant to designate this regime type provoked controversy: contemporaries had to choose among such neologisms as »Bonapartism,« »Caesarism,« »Napoleonism,« and »imperalism.«

Quite discrepant meanings and implications came to be connected with these rival political and social concepts. To treat the two empires under the same rubric, to class them together as the same phenomenon, and give them the name of »*Napoléonisme*« or »*Bonapartisme*« is already to go some way towards treating them as a French rather than as a modern European or western form of regime. To call the phenomenon »*Caesarisme*« or »*Imperalisme*,« is already to insists upon a pattern of significant recurrence of political experiences rather than upon the distinctive nature of a modern post-revolutionary regime such as those established by the two emperors. Different characteristics may be attributed to a concept either in the self-understanding of historical actors or by those studying or using the concept. Just what is at stake in such disagreements? Edward Gibbon once provided his own answer when he wrote this mankind is governed by names.

There are a number of disputed components in the various formulations of the concept of »*Napoléonisme,*« »*Bonapartisme,*« or »*Caesarisme.*« In general, these concepts or regime types provide evaluative redescriptions of rule by an idividual, who after seizing power by force from elected constitutional and representative governments, then establishes a regime which is claimed to be both democratic and legitimate because of popular approval gained after the fact by plebiscites.

Practicing politicians such as Bismarck, theorists such as Tocqueville, Proudhon, Marx and Engels, Bagehot, Lorenz von Stein, Donoso Cortés, Jacob Burckhardt, and Max Weber – all sought to analyze, explain, and explore the implications for the future of this novel form of rule, at once post-revolutionary and post-democratic. In the second half of the nineteenth century and well into the twentieth, theoretical speculations about Bonapartism were an integral part of political discourse. As a regime type, Bonapartism and its synonyms or rivals, during that period were almost as prominent in the discussion of politics as »absolute monarchy« had been in the seventeenth and eighteenth centuries, and as debates about »totalitarianism« would be in the twentieth century.

These concepts tended to be used pejoratively as denoting illegitimate forms of domination by royalist and liberal thinkers, but there were many theorists who used them positively to characterize modes of rule or individuals who would resolve the political and social dilemmas of the century. Among them was a certain A. Romieu, who in 1850 wrote *l'Ere des Césars*. He predicted that since liberalism was impotent, and monarchical legitimism dead, the rule of force would succeed indecisive parliaments. Another positive characterization was that such Bonapartist regimes represented the power of the will rather than mere reason, as well as the recognition that masses wish to be led by exceptional individuals. There can be little doubt that such forms of these concepts fed currents of twentieth century fascist thought and even, it has been suggested, Leninism.

Thus it is the concepts used to characterize the two empires rather than the historical phenomena which will be discussed by me. Rather than attempting to present a summary of the different forms and uses to which these concepts have been put, I shall first list the principal issues separating these different conceptualizations of the two empires. This grid of differences will be then used to characterize Tocqueville's uses of the concept. For he has been identified, and rightly so, as having been the first to develop a political sociology of Bonapartism which culminated in Max Weber.[2] Equally significant is the fact that Tocqueville intended, but never lived to follow his *l'Ancien Régime et la Révolution* by two more volumes: the second on the Revolution itself; the third, on Napoleon Bonaparte and the First Empire. It was in this final volume that Tocqueville proposed to assess the effects of sixty years of revolution on the political culture of France.[3]

II

What have been the principal differences in competing concepts of what I shall call for convenience the Bonapartist phenomenon? First of all, there is the question of whether it was distinctively French or whether it could occur elsewhere in Europe or the world. Some of the most detailed and most valuable studies of Bonapartism simply evade this historiographical question. Frédéric Bluche, in both his brief and more extensive books, treats the subject from a purely French point of view.[4] Louis Bergeron's excellent volume not only shares Bluche's historical exceptionalism, or view of the French *Sonderweg*, but passes a historical judgment on the relation of the First Empire to the French Revolution by his choice of title, *l'Episode napoléonien*.[5]

Second is the issue of whether the two Bonapartist reigns could be fitted into previous regime classifications, such as those of Aristotle or Polybius, or whether a new concept was needed to designate the unique features of this modern,

---

[2] Dieter Groh, »Cäsarismus,« in: *Geschichtliche Grundbegriffe*, eds, Otto Brunner, Werner Conze, and Reinhardt Koselleck (8 vols.; Stuttgart, 1972–), I, 726–771, here 746 ff. See also H. Gollwitzer, »The Caesarism of Napoleon III as seen by public opinion in Germany,« tr. G. Wells, *Economy and Society*, XVI, 357–404. In »Max Weber as a Critic of Bismarck,« *European Journal of Sociology*, XXIX (1988), 149–64, Peter Baehr has summarized part of his excellent 1986 dissertation at the University of Leicester.

[3] See Melvin Richter, »Tocqueville, Napoleon, and Bonapartism,« in: *Reconsidering Tocqueville's DEMOCRACY IN AMERICA*, ed. S. E. Eisenstadt (New Brunswick: Rutgers University Press, 1988), 110–45.

[4] Frédéric Bluche, *Le bonapartisme* (Paris, 1981) and *Le bonapartisme 1800–1850* (Paris, 1981).

[5] Louis Bergeron, *l'Episode napoléonien* (Paris, 1972).

post-revolutionary phenomenon. Often this type of disagreement was phrased by those who thought in terms of what has been called »the great parallel« between the history of how the Roman Republic came to its end at the hands of Julius Caesar, to take one form; or those who found the central figure in Augustus who engineered the transition to the principate. In the second German edition of the *Eighteenth Brumaire,* Marx attacked this analysis and the term »Caesarism« associated with it.

Third is the question of how much weight to attribute to the military origins of the first Bonaparte and the use of the army by him and his nephew in their respective seizures of power. Here again, there is wide disagreement. Some historians of the First Empire insist that it was unequivocally a civil rather than a military dictatorship. In 1802 Napoleon Bonaparte claimed that: »ce n'est pas comme général que je gouverne, mais parce que la nation croit que j'ai les qualités civiles propre au gouvernement.«[6] On the other hand, it has been held that the First Empire was dominated by military values, and that its key features must be understood in that light. Romieu and Donoso Cortés held that in the wake of the French Revolution, only the military stood between the collapse into anarchy of state and society.

Fourth, in what relationship did the two Bonapartes stand to the French Revolution? Did they terminate it? Or was there some significant sense in which they preserved its basic achievements while putting an end to the disorder it could not control and to the dangers posed by the extremists urging the reign of virtue and permanent revolution? Did the two empires retain the revolutionary preference for equality over liberty? Did they secure the new interests created by the revolution? Did their legitimacy come from the general will of the citizens, as they claimed, or did they create and manipulate that will by the skillful use of propaganda on an unprecedented scale? And what of their attempt to claim legitimacy for their dynasty? In short, was their regime an attempt to restore monarchy and aristocracy, thus subverting the Revolution? Was the *Code Napoléon* the securing of the civil liberty gained by the Revolution? To what extent did the two empires consolidate the administrative centralization and suspicion of associations and of freedom of the press characteristic of the Revolution in its later phases? Was it open to authoritarian rulers outside France to seek to gain mass support by granting not just universal manhood suffrage, but social benefits on the condition that the citizens allow the government and administration to handle all public matters?

Five, what sort of domination was exercised by this type of government? Did its control over political and social life go beyond that of the *ancien régime* or of revolutionary government, including the Committee of Public Safety? This had

---

[6] Cited in: Bluche, *Le bonapartisme,* 8.

been argued by Benjamin Constant and Mme. De Stael. Was Bonapartism a type of rule which was illegitimate because of its monopoly of all state powers; because of its refusal to allow citizens to take part in decisions involving them, because of the denial by the two empires of freedom of association, of freedom of speech and the press, of genuine representation rather than by a fictitious ceding of popular sovereignty?

III

Let me sketch the overall view of Napoleon held by Tocqueville. In Tocqueville's view, the French Revolution had left an ambiguous heritage, two traditions of democracy. One tradition was compatible with citizens ruling themselves, while enjoying liberty, the rule of law, and individual rights; the other was not. Characteristic of this second type of French democracy was rule in the name of the people by individuals, groups, or parties openly contemptuous of any limitations on popular sovereignty, the ostensible source of the power they exercised. Prominent among the significant contributions to the Revolution's illiberal legacy were those Tocqueville attributed in large part to Napoleon Bonaparte: the perfection of a centralized administrative machinery; the codification of a civil law which encouraged individualist self-enrichment, but sharply limited freedoms of the press and association, as well as autonomous local governments. This went along with the launching of theoretical justifications and actual precedents for seizing power by force from constitutional governments; the invention of plebiscitary dictatorship as a pseudo-democratic alternative to representative government; and, among those who regarded themselves as revolutionary, the creation of a tradition of disregard for individual rights and constitutional government.

All these aspects of Bonapartism reinforced tendencies developed earlier in what Tocqueville considered the most violent and least defensible periods of the Revolution. As a result of the series of revolutions it had undergone, in which Tocqueville included the 18th Brumaire, the Consulate, and the First and Second Empires, France now had a distinctive set of post-revolutionary political *mœurs* (operative practices or political culture). Many Frenchmen accepted the assumptions that violence is normal and acceptable in politics, that the state may as a matter of course set aside individual or group rights whenever they are claimed to conflict with the general or national interest; that strong leadership is incompatible with representative institutions. Napoleon had instilled the taste for decisive action and leadership; he had perfected the centralized administration requisite for executing national policy without genuine consultation of the citizens. At the same time he availed himself and further developed the means for conducting the national mobilization and propaganda developed during the wars of the Revolutions. Thus to these existing post-revolutionary political mœurs, Napoleon added the Empire's bureaucratic and legal structures, which effectively excluded citizens and their representatives from making decisions on any level. Once in power, all successor regimes not only used, but expanded the machinery put into place by the first Emperor. The Second Empire followed the precedents, as well as the theory of the First.

To sum up, although Tocqueville applied his analysis of Bonapartism to France, he did so in terms applicable to democratic theory and administrative practice everywhere. As for the novelty of Bonapartism, Tocqueville wavered. Sometimes he viewed it as did Constant, as different from any regime previously known, because of its post-democratic and post-revolutionary quality; sometimes Tocqueville thought that there were historical models such as the Caesars after the destruction of the Roman Republic. The military quality of Bonapartism Tocqueville found in its undefined and reckless goals in regard to foreign policy, and in its appeals to the soldiers of a democratic army. Tocqueville saw both the Bonapartes as defining themselves as bastions of order, while simultaneously reassuring those who had profited from the Revolution that its settlement would not be reversed.

IV

Until recently many have assumed that Bonapartism died with the French defeat of 1871; many more, to the extent that they have considered Bonapartism at all, tend to discount it because of twentieth century totalitarian regimes which have caused us to think of Bonapartist subversion of representative and constitutional democracy as episodes now of relatively minor historical interest.

In the context of the collaps of the Soviet Bloc, there may be a new need to reassess the present-day relevance of the Bonapartist/Caesarist experience. For very soon there may be extreme stress placed upon the regimes that have succeeded communism. Nothing in the previous experience of these states in East and Central Europe, and in what used to be the Soviet Union have prepared them for representative and constitutional democracy, much less for the rigors entailed in shifting to a market economy. In view of potentially poor performances, these newly democratized states may share the preference for social equality over liberty, of tightly-administered societies over anarchical self-government, both noted by Tocqueville in his own time. Direct appeals to voters, contempt for representative institutions, the desire for strong leadership, impatience with constitutional forms and human rights – all these produce the possibility of the revival of that form of post-democratic and post-revolutionary rule in which Tocqueville found the long-term effects of the French Revolution. In his view, Bonapartism/Caesarism nourished and developed all the bad instincts of the new democratic revolution. This form of rule remains among the greatest temptations of those societies which have undergone revolution but cannot make representative democracy work.[7]

---

[7] Research for this paper in France was made possible by support from the PSC-CUNY Research Award Program of the City University of New York (Grant 668443), the American Council of Learned Societies, and the American Philosophical Society. Parts of it were first writen during my tenures as Mellon Fellow, National Humanities Center, and as Directeur d'études associé, Ecole des Hautes Etudes en Sciences Sociales, Paris. The author wishes to acknowledge with thanks the indispensable aid of these institutions.

Laurence Dickey

IV. The French Revolution and Liberalism

All of us have appreciated for some time how complicated intellectual history and political theory can become when research themes in these areas are approached from the contextual standpoint. And the procedures associated with the contextual strategy become doubly complicated when language identification (e.g., the identification of traditions of discourse) is recognised as a crucial part of establishing the ideological dimension of a context.

»Over-contextualization,« of course, is an ever-present danger in approaching problems of complex intellection in this way. It is easy to forget the forest for the trees, as it were. At the risk of appearing simplistic, my discussion will focus on the general issues raised by current considerations of European social thought between the Revolutions of 1789 and 1848.

I would like to begin, then, by identifying three languages that have been suggested as governing much of the discourse about politics in Europe between 1789 and 1848. These languages, I think, constitute the linguistic field in which liberalism (mainly in Scotland, England, and France) developed from 1789 on. (As I shall note, however, none of these languages is exclusively liberal; each, indeed, had a preliberal – perhaps even anti-liberal – history). For purposes of general identification, I shall refer to the first language as one which »economizes« liberty; to the second as one which »depoliticizes« citizenship; and to the third as one which endeavours to »spiritualize« civil liberty.

These languages will become more familiar, I think, if I associate them with some recent scholarship. In my mind, the economization of liberty language is linked to Albert Hirschman's *»doux-commerce«* thesis. It also informs much of what John Pocock has taught us about »commercial humanism.« And it has emerged in the work that Cheryl Welch has done on the *idéologues* in France from, say, 1794 on. A pivotal moment in the post-1794 history of this language can be found in J.-B. Say's remark that the »science of political economy should more aptly be called the science of »anti-political« economy.

It is worth observing, however, that while *doux-commerce* is undeniable the language of liberal political economy (from at least Hume and Smith on), it was employed as part of another economic discourse long before that. For as Pocock notes in his comments above, the language of *doux-commerce* (in its economic as distinct from its *much* earlier Judeo-Christian form) originated among certain circles of reformers in the absolutist governments of Old Regime Europe. In my own work, I have found conscious use of this language in Bodin; in James I's political writings; in much of the »discourse of trade« literature in seventeenth century England; in Jean Dumat; and in some of Hume's essays of the early 1740s (e.g., in places where he develops his idea of a modern monarchy). Keith Baker, moreover, has recently shown how crucial this language was to apologists for absolutism in France after the political upheavals of the 1750s.

All the same, it was during the Scottish Enlightenment, when the language of *doux-commerce* was used to explain the transition from feudal to commercial society, that this language (and the economization of liberty argument that went along with it) became the language of modern liberalism. Defoe, to be sure, had developed these arguments earlier – in his various discussions of the shift from Gothic (i.e., martial) to commercial (i.e., civil) society; and there is some of this language in Paine's polemics against »government.« But it was the Scots who appropriated this language for liberalism (e.g., Book III of the *Wealth of Nations*) and handed it on through Say and Constant to a generation of post-1815 French liberals (and socialists).

The second language, that which I have said involves the depoliticization of citizenship (or what Hegel called the bourgeoisie's acquiesence in its own political nothingness), is implicit in the distinction liberals so often made at the time between »civil« and »political liberty.« T.H. Marshall and I. Berlin reminded us some time ago how the language of »civil liberty« informed the thought of so many late eighteenth and nineteenth century liberals. And, as Berlin noted, B. Constant (in writings *published* between 1814 and 1819) made civil liberty central to the thought of post-Napoleonic French liberalism. Still, civil liberty is not exclusively a liberal language either, for it too had roots in the dicourse of modernizing absolutism. It can be found, for example, in Bodin and Hobbes; and many of Pocock's neo-Harringtonians regarded the court's use of this language as a dangerous omen for the future of English political liberty.

The third language is one which contemporary neo-conservative thinkers discuss in terms of the »moral re-entry« thesis. This argument is best known through the work of Fred Hirsch – perhaps through Hirschman's rendering of Hirsch's argument; and similar formulations of Hirsch's moral re-entry thesis can be found in the work of I. Kristol, A. Sen, R. Plant, and D. Bell. In this body of literature, of course, the main concern is with capitalism's capacity to sustain itself as an *economic* system even while it generates socio-economic and cultural processes that undermine the *values* that initially allowed market societies to develop in the west in the first place.

In the context of our discussions of early nineteenth century liberalism, the contemporary debate about tensions in capitalism (as between its economic and value dimensions) becomes relevant as soon as we realise that between 1789 and 1848 liberals throughout Europe began to perceive the threat that certain economic processes posed to the preservation and expansion of civil liberty. Although there were liberal inklings of this much earlier – in the work of Smith and Say – Sismondi's publications in 1818 and 1819 mark as well as any work does the insertion of this awareness into the realm of dublic debate. And it is after that date, during the years when the »social question« exercised so many European thinkers, that the effort to »spiritualize« liberalism (i.e., build a new value dimension into its conception of civil liberty) became a pressing concern of liberalism. Pocock has discerned an early anticipation of this in Burke's so-called reversal of the *doux-commerce* thesis; and several years ago G. Kelly explained Constant's growing interest in, and increasingly positive appreciation of Kant in these terms. In addition, there is evidence that Say himself became increasingly sensitive after 1814 to the problem posed by what Hirsch has called capitalism's »depleting moral legacy.«

Turning to the present papers,[1] I think they offer much evidence as to how these three languages operated relative to each other between 1789 and 1848. Several, for example, allude to the economization of liberty argument. It could hardly be otherwise, especially among French liberals who used the Scottish notion of *doux-commerce* to underpin their all-important distinction between ancient and modern liberty. Indeed, for Constant, Say, and even Guizot the idea of modern liberty hinged on the kind of freedom that citizens derived from economic processes which allowed them to establish their independence vis-à-vis the state and/or feudal lords. Indeed, as Marshall advised us long ago, for many liberals economic independence was the equivalent of civil liberty. More to the point, economic independence (of the sort that lies beyond the economic mutualism of social life itself) was implicit in the idea of civil society itself. Civil society, after all, was an area of freedom in which citizens were allowed (or encouraged by the state) to pursue their economic interests apart from any requirement to participate in the political affairs of the state. In that respect, it is relatively easy to see how the economization of liberty and the depoliticization of citizenship arguments reinforce each other at an early stage in the history of modern liberalism – really, if we start with the Scots, at a point in time prior to 1789.

More specifically, attention has been drawn to the ways in which economic terms governed liberal political discourse after 1794. The differences, for example, between productive and unproductive labor and between industrious and idle people have been shown to be vital components of the political discourse of French liberals from the 1790s on. The idea of property also became pivotal to the liberal distinction between civil and political liberty. S. Vincent raised a crucial issue when he suggested that the emerging split between French liberals and socialists turned on the issue of whether citizenship in a political sense would be restricted to producers with property or extended to non-property owning pro-

---

[1] Copies of unpublished papers delivered at the *CSPT* conference may be obtained from Professor Thomas Horne, Department of Political Science, University of Tulsa, Tulsa, OK 74104–3189, USA.

ducers as well.² This insight makes a good deal of sense when we recall the reasons why Constant warned against confusing political and civil liberty and why Saint-Simon broke with the liberal industrialists in the late 1810s. In all these ways, then, liberty was being economized by liberalism; that is, it was being redefined in ways that designated civil rather than political liberty as the measure of liberty in a truly civil society.

If the economization of liberty argument is associated with the emergence of the commercial form of liberty enjoyed by citizens of modern civil societies, it is also closely connected with the depoliticization of citizenship. This idea is implicit in Hegel's remark, noted above, about »political nothingness«; and, as I recall, Rousseau made a similar point in the *Social Contract* vis-à-vis Bodin. Constant's work, moreover, offers many examples of the way in which the language of liberalism pointed towards the depoliticization of citizenship. It was Constant, after all, who noted (not without some discomfort) that the right to live in »obscurity« was a basic principle of modern liberty and that asking citizens either to sacrifice for the common good or even to participate in politics was antithetical to the voluntarism around which modern liberty had been organised.

Colin Lucas's argument substantiates this point in two ways.³ First of all, according to Lucas the French debates about liberty after 1794 de-emphasized the role political participation played in securing and enhancing liberty. Second of all, Lucas notes how the political views of Thermidorian liberals became almost indistinguishable from the anti-political economic views of various *idéologues*. As several others have suggested, this did not change much after the fall of Napoleon, for in the signal year of 1814 – in the works of Constant, Say, C. Comte, and C. Dunoyer – Restoration liberals articulated a view of liberty that simultaneously economized liberty and depoliticized citizenship. In 1814, in other words, two of the languages we have been discussing found a splendid point of mediation in the liberals' idea of civil liberty. French liberals even organised a philosophy of history around what they called the »industrial doctrine« – a phrase that from Barnave, through Say, to Constant represented the French version of *doux-commerce*.

In this context, and against the background of these two dovetailing languages, several scholars have begun to comment upon the attention liberals started to pay to the idea of »spiritual power« after 1814. This concern manifests itself, for example, in Say's calculated effort to develop an ethic of modern consumption, an ethic that Say thought would check the tendency towards an indulgent economic individualism in civil society. L. Cramer and S. Tenenbaum detect si-

---

² Steven Vincent, »Comment on Gregory Claeys and Gareth Stedman-Jones on Republicanism and Utopian Socialism,« *CSPT* (1992).

³ Colin Lucas, »Freedom After Robespierre,« *CSPT* (1992).

milar emphases, respectively, in Constant's and de Stael's work in the 1810s.[4] In each case, it seems, these thinkers felt obliged to urge fellow liberals to add a spiritual element to their conceptions of civil liberty in order both to contain economic egoism and to censure the self-serving social and political apathy of strategically placed economic groups.

In this endeavor, we observe an early example of Hirsch's moral reentry thesis; but, as Stedman-Jones shows, the liberals' version of this is doubly important because in their hands the attempted spiritualization of civil liberty entailed the emergence of middle class morality as a central trope of liberal political discourse. As Stedman-Jones persuasively argues, this discourse endowed the middle class with moral qualities which were designed to prevent the middle class itself from succumbing to the kind of bourgeois egoism and materialism that would, eventually, lead to the self-destruction of civil society.[5]

What is odd, of course, about this liberal discourse of moral reentry is that it is a *conditional* discourse – it is more a promise about things to come than a description of a historical reality. That means, I think, that expressions of optimism about the future of the middle class in Europe during this period were really defensive – really apologies for the failure of *doux-commerce* to deliver on its promise of independence to all citizens. In that sense, it is no accident that efforts to spiritualize liberalism coincide with the emergence of the social question in European history.

Just as telling is the fact that the spiritualization of liberalism did not entail the expansion of the political boundaries of citizenship. Indeed, throughout this period little effort was made to include the lower orders in the partnership of government. Rather, liberals simply reaffirmed their commitment to the promise of *doux-commerce* – to the notion that the leisure citizens would gain through commercial expansion would be gradually translated into a culture and value system worthy of civilized human beings. Because so much of the language of spiritualized liberalism is internal to liberalism itself, it struck many contemporary observers (e.g., Fourier, Hess, and Engels) as self-referential. That is to say, the language reiterated the promise that commercial expansion would lead to the civilization and moralisation of humanity. As Hirschman has noted, though, this was a promise about the benefits of commercial expansion that was made prior to the triumph of capitalism. After 1815, articulation of the same promise – even in its more spiritualized form – had to be made in the face of the social question. This had the effect of rendering that promise suspect. Small wonder, then, that Fourier, Hess, and Engels regarded spiritualized liberalism less as a promise

---

[4] Lloyd Kramer, »Lafayette, Constant, and the ›Romantic‹ Quest for Liberty in Restoration France,« *CSPT* (1992) and Susan Tenenbaum, »The Absent Public Space of Germaine de Stael,« *CSPT* (1992).

[5] Gareth Stedman-Jones, »The Rise and Fall of Class-Conflict, 1789–1870,« *CSPT* (1992).

about the future of liberal comprehension than as an ideological mask liberals proposed to use conceal the hypocrisy of their own value system.

Mark Philp suggests that English conservatives in the early 1790s confronted a similar ideological problem.[6] As he sees it, the language of »loyalism« was the agent non-philosophical conservatives used to rally the lower orders to the government's policy vis-à-vis France. Rather than reach out to the »vulgar« orders in political terms, conservative propaganda for the government's position made loyalism the measure of Englishness. In this, vulgar conservatism hit upon the strategy of »patriotism« as a way to mobilise »the people,« especially the respectable poor, without having to enfranchise them in the process. By Philp's reckoning, liberals were not the only political group that had to learn how to be linguistically inclusive while upholding a policy of political exclusion. Needless to say, the all-purpose distinction between civil and political liberty made this manœuvre much easier.

Allow me to make a final point. My overall view suggests that after 1789 various kinds of liberals consciously chose to de-emphasize political participation as a basic value of modern life. This preference, I would argue, existed before the Revolution. In this context, the French Revolution takes on a peculiar meaning as a major political event in European history. For the principal lesson of the Revolution – a lesson that haunted liberals from the 1790s on just as civic humanism had haunted them in the eighteenth century – was the Terror. It was the sense that widespread participation in politics would usher in anarchy followed by despotism. So, instead of marking the historical moment of liberalism's expansion, the Revolution seems to have reinforced the anti-political bias that had been a main feature of liberalism from the very beginning.

---

[6] Mark Philp, »Vulgar Conservatism,« *CSPT* (1992).

Norbert Kapferer

Aufstieg und Fall der ›Kaderphilosophie‹ in der DDR. Ein Lehrstück zum Verhältnis von Philosophie und Macht.

Einleitung

Mit dem Zusammenbruch des »real existierenden Sozialismus« in Osteuropa verschwand auch blitzartig eine Philosophie von der Bildfläche, die über einen langen Zeitraum das intellektuelle und kulturelle Leben in den Staaten des sowjetischen Einflußbereiches bestimmte und die – zuzeiten – im Westen als ernsthafte Herausforderung verstanden wurde: Die Rede ist vom Marxismus-Leninismus.

Seit den zwanziger Jahren begann diese philosophische Weltanschauung – hervorgegangen aus dem Parteimarxismus des späten 19. Jahrhunderts – als quasi ›ideologischer Import‹ ihren Vormarsch in Lenins noch junger Sowjetunion. Durch seinen Nachfolger Stalin erhielt sie ihren Namen und ihre kanonisierte Form, um dann als »wissenschaftliche Weltanschauung des Proletariats« zur alles beherrschenden Staatsdoktrin der UDSSR und zur verbindlichen Leitlinie aller ihr höriger kommunistischer Parteien zu werden.

Nach 1945 etablierte sie sich als herrschende Philosophie in den sozialistischen Volksrepubliken, besonders in der DDR, wo es ihr auch gelang, alle konkurrierenden, nichtkonformen philosophischen und wissenschaftlichen Denkansätze, Schulen und Traditionen entweder ganz aus dem Feld zu schlagen oder zu dominieren.

Der Wirkungskreis des Marxismus-Leninismus beschränkte sich allerdings keineswegs auf die sozialistisch/kommunistische Welt. Bisweilen konnte er auch im Westen Fuß fassen, wie zum Beispiel in der Bundesrepublik, Frankreich, Italien, – ob im Umfeld kommunistischer Parteien und/oder in intellektuellen/studentischen Zirkeln. Schließlich behauptete er sich auch (oder immer noch) erfolgreich als Befreiungsideologie in Ländern der »Dritten Welt«.

Hatte der Marxismus-Leninismus überhaupt den Status einer Philosophie? Seinem Selbstverständnis nach beanspruchte er parteiliche Weltanschauung und Wissenschaft in einem zu sein und die herkömmliche »bürgerliche« Auffassung von Wissenschaft und Philosophie überwunden zu haben. Eigener Definition zufolge ruht der Marxismus-Leninismus auf den drei Säulen: 1. Wissenschaftlicher Sozialismus/Kommunismus; 2. Politische Ökonomie; 3. Historischer und dialektischer Materialismus.

Zunächst wäre man geneigt, in der dritten Säule die Philosophie zu verorten; doch die Verfechter des Marxismus-Leninismus betonen immer wieder die ›Einheit‹ dieser drei essentiellen Bestandteile, so daß für Säule 1 und 2 gleichermaßen gilt, was von der »marxistisch-leninistischen Philosophie« im Wörterbuch von Klaus und Buhr geschrieben steht: »Wissenschaft von den allgemeinen Bewegungs- und Strukturgesetzen der Natur, der Gesellschaft und des Denkens, Erkennens sowie der Stellung des Menschen in der Welt.« Es gibt sonach eine Philosophie des »wissenschaftlichen Sozialismus/Kommunismus« und der »Politischen Ökonomie«, welche die »allgemeinen Bewegungs- und Strukturgesetze der Gesellschaft sowie der Stellung des Menschen in der Welt« umfaßt.[1]

Die soeben zitierte Definition umreißt faktisch einen Totalitätsanspruch des Marxismus-Leninismus, außerhalb dessen es keine anderen Wissenschaften, nicht von der Natur, nicht vom Menschen, nicht von der Gesellschaft und ebensowenig von der Geschichte geben kann. Darüberhinaus verwiesen führende Repräsentanten auf seine prinzipielle Überlegenheit gegenüber der »bürgerlichen Philosophie und Wissenschaft«, deren Erkenntnisfähigkeit durch ihren »Klassencharakter« begrenzt sei.[2] Zuweilen feierte man sich selbst als Höhepunkt des Vernunftdenkens und des Humanismus.[3]

Der Sturz von einem so hohen Roß, vom »Gipfelpunkt des Vernunftdenkens« ins ›Nichts‹ hätte wohl kaum tiefer ausfallen können. Da hierzulande niemand Erbschaftsansprüche anmeldet, wurde die papierne Hinterlassenschaft zur »Altlast« und wanderte inzwischen zu einem Großteil in den Reißwolf oder landete auf Trödel- und Flohmärkten, um dort, neben anderen Kuriositäten aus der DDR, auf Sammler oder Nostalgiker zu warten. Hat die marxistisch-leninistische Philosophie diesen schmählichen Abgang verdient? War ihre Existenz an eine politische Diktatur gebunden, wiesen ihre Leistungen nicht über dieses System hinaus, mußte sie hierzulande mit der »Mauer« fallen?

Ihrem Selbstverständnis nach war sie eine ›politische Philosophie‹, genauer, eine nach ›Außen‹ wie nach ›Innen‹ gerichtete Waffe im ideologisch-weltan-

---

[1] Klaus, Georg und Buhr, Manfred, *Wörterbuch der Philosophie,* Erstauflage Leipzig 1964. Zitiert nach der 7. berichtigten Originalausgabe, Reinbek bei Hamburg 1972. Siehe die Definitionen unter dem Stichwort »Marxismus-Leninismus« S. 671 ff; »Philosophie« S. 838 ff; »Materialismus, dialektischer und historischer« S. 684 ff.

[2] Siehe hierzu Alfred Kosing im »Wörterbuch der Philosophie« (Klaus/Buhr 1972) unter dem Stichwort »Erkenntnistheorie« S. 325; ferner: Georg Klaus, *Die Macht des Wortes,* Erstauflage 1964, Berlin 1972, S. 105.

[3] Siehe hierzu Manfred Buhr im *Wörterbuch der Philosophie* (Klaus/Buhr 1972) unter dem Stichwort »Vernunft« S. 1124 f; ferner: Matthäus Klein und Manfred Buhr, ebenda, unter dem Stichwort »Humanismus« S. 482 ff. Ein jüngerer Beitrag hierzu: Herbert Hörz, Günther Kröber, Karlheinz Schöneburg (Hrsg.), *Pflicht der Vernunft,* Berlin 1987. Zu diesem Sammelband siehe: Norbert Kapferer, Marxismus-Leninismus als »Hohe Schule der Humanität« und »Zentrum der Vernunftsphilosophie«? In: *Deutschland Archiv. Zeitschrift für Fragen der DDR und der Deutschlandpolitik.* Köln 1990, Heft 1, S. 108 ff.

schaulichen Klassenkampf, die ideologische Waffe einer Partei mit einem je schon definierten, wenngleich sich auch wandelnden Feindbild. Sie mußte organisiert sein wie eine Partei, die entschlossen zur Macht strebt und keine Konkurrenz oder Opposition neben sich duldet. Folglich umfaßte ihr Feindbild alles nichtkonforme, abweichende, eigenständige Denken. Intendiert war nicht etwa eine philosophische Debatte mit dem »Feind«, ein philosophischer Diskurs um die Sache selbst, sondern seine Liquidierung.

Im folgenden soll nun versucht werden, den Aufstieg und Fall dieser Philosophie anhand seiner Trägerschaft, der ›Kaderphilosophie‹ in der DDR zu rekonstruieren.[4] Meine These hierzu lautet, daß die an der Macht sich befindende marxistisch-leninistische Kaderphilosophie sich in Ermangelung eines Feindbildes seit Ende der siebziger Jahre von selbst aufzulösen begann und noch vor dem Fall der DDR verschied.

1. Die Genese des Marxismus-Leninismus

Man wird der marxistisch-leninistischen Philosophie nicht gerecht, wenn man sie ›nur‹ als ein parteilich/staatlich geformtes und verordnetes Dogmengebilde mit Glaubensbekenntnischarakter begreifen wollte. Ihre Verfechter waren keineswegs nur Apparatschicks, Denkfunktionäre, Kaderphilosophen oder gleichgeschaltete und von äußerer wie innerer Zensur überwachte Schreiberlinge. Von dieser Philosophie ging auch ein gewisses Faszinosum auf die im Westen lebende »freischwebende Intelligenz« aus. Bürgerliche Intellektuelle begingen voll Stolz »Klassenverrat« und stellten sich – in antibürgerlicher Protestattitüde – auf den Standpunkt dieser politischen Weltanschauung bzw. distanzierten sich mit Entrüstung von jenem »seichten«, »verwässerten«, »verbürgerlichten« westlichen Marxismus. Im »anti-imperialistischen/antikapitalistischen Kampf« vereint, stritten sie leidenschaftlich bis pathetisch – Schulter an Schulter mit ihren östlichen Gesinnungsgenossen, die mitunter vom selben moralischen Pathos getrieben,[5] in den Marxismus-Leninismus hineingeraten bzw. hineingewachsen waren.

---

[4] Ich stütze mich hierbei weitgehend auf: Norbert Kapferer, *Das Feindbild der marxistisch-leninistischen Philosophie in der DDR. 1945–1988,* Darmstadt 1990; Norbert Kapferer, Ein trauriges Kapitel deutscher Philosophiegeschichte: 40 Jahre marxistisch-leninistische Philosophie in der DDR. Eine erste Bestandsaufnahme. In: *Deutschland Archiv.* Köln 1990, Heft 10, S. 1566 ff; Norbert Kapferer, Von der ›Macht des Wortes‹ zur ›Sprache der Macht‹ zur Ohn-Macht der Vernunft. Über die Enteignung der Sprache im real existierenden Sozialismus durch die marxistisch-leninistische Philosophie. In: *Politische Sprache im Umbruch – Sprachwandel in der DDR. Materialien des Arbeitskreises »Politische Sprache«.* Herausgegeben von Klaus Peter Fritzsche, Braunschweig 1992.

[5] Beispiele für westliche Philosophen/Sozialwissenschaftler, die sich zeitweise oder ganz in den Dienst des Marxismus-Leninismus stellten: Maurice Merleau-Ponty, Jean-Paul Sartre, Louis Althusser, Hans Heinz Holz, Klaus Holzkamp, Wilhelm R. Beyer, Hans Jörg Sandkühler u. a.

Was mögen wohl die Motive ansonsten hochsensibilisierter und eigenständiger Intellektueller gewesen sein, sich einer parteilich gelenkten und disziplinierten Denkweise unterzuordnen? War es dieser entschiedene Wille zur Macht, der – kaum verhüllt durch missionarischen Welterlösungseifer – hier in Erscheinung trat und den ansonsten zum Verweilen im Elfenbeinturm verurteilten Philosophen lockte?

Für die dreißiger, vierziger und selbst noch für die frühen fünfziger Jahre könnte für manche Denker die Erfahrung der Ausgrenzung, Verfolgung, Inhaftierung durch den Nationalsozialismus von ausschlaggebender Bedeutung gewesen sein. Liest man Briefe und Bekenntnisse deutscher Exilphilosophen, so sahen nicht wenige begnadete Geister – unter ihnen Ernst Bloch[6] – in Stalin den großen Antipoden Hitlers, ungeachtet der Schauprozesse in Moskau und dem Pakt mit Nazi-Deutschland. Für den Verkünder des »Prinzips Hoffnung«, dem man nicht zuunrecht eschatologische Intentionen bescheinigte, mag der »rote Zar« vielleicht jener furchtbare Racheengel gewesen sein, der nach der Vernichtung des »Antichrist« die Menschheit mit Feuer und Schwert auf das himmlische Jerusalem, bzw. auf das irdische Paradies vorbereitet. Man muß indessen nicht einmal verkappte theologische Hoffnungen bemühen, um zu erklären, warum – zumal deutsche Intellektuelle nach 1945 – im Sozialismus/Kommunismus, bzw. in der »Weltanschauung des Proletariats« die einzige philosophische wie politische Alternative sahen: Hatte die bürgerliche Demokratie und ihre kapitalistische Wirtschaftsordnung sich nicht als unfähig erwiesen, dem Ansteigen der »braunen Flut« Einhalt zu gebieten; versagte nicht das »bürgerliche Philosophieren« kläglich vor dem »heroischen Realismus« der Nazis, weil es seine Gefahr verkannte und ihm nichts entgegensetzen konnte? Fielen darüberhinaus nicht honorige »bürgerliche Philosophen« reihenweise von ihrer humanistischen Haltung ab und bekannten sich zur »völkischen Weltanschauung«?[7]

Georg Lukács, der ungarische Philosoph, von den Nazis nicht nur ins Moskauer Exil, sondern dem Parteimarxismus in die Arme getrieben, verfaßte unter diesem Eindruck seine verhängnisvolle Theorie von der »Zerstörung der Vernunft« durch die nach-hegelsche, bürgerliche Philosophie, die durch ihren »Irrationalismus« der nationalsozialistischen Ideologie den Boden bereitet habe. Dieser Auffassung nach mußte alles Philosophieren, das nicht mit Marx den Lichtweg der Vernunft weiterwandelte, mehr oder weniger direkt in den Faschismus

---

[6] Ernst Bloch, *Briefe 1903–1975*. Herausgegeben von K. Bloch, J.R. Bloch u. a. 2 Bde, Frankfurt/Main 1985.

[7] Für Hans Heinz Holz' Weg in den Marxismus-Leninismus erhellend: Derselbe, Philosophie als bürgerliche Weltanschauung. Umerziehung und Restauration – westdeutsche Philosophie im ersten Nachkriegsjahrzehnt. In: *Wahrheiten und Geschichten. Philosophie nach '45*. Herausgegeben von H.J. Sandkühler und H.H. Holz. Reihe Dialektik. Beiträge zur Philosophie und Wissenschaft, Köln 1986.

einmünden. Anti-faschistisches Philosophieren könnte demzufolge nach Marx nur bei Engels, Lenin und Stalin eine Heimstätte finden.[8]

Die Wirkung dieses einfach gestrickten Erklärungs- und Orientierungsangebots – das sich übrigens auch nahtlos in Dimitroffs »Faschismustheorie« einfügte – wird erst dann einschätzbar, wenn man sich die Adressaten vor Augen führt: die aus den Konzentrationslagern, den Gefängnissen oder aus dem Untergrund, von der Front sowie aus dem Exil zurückkehrenden Kommunisten, Sozialisten, Sozialdemokraten, Linksintellektuellen. Ihre Leidensjahre hatten entweder vergessen oder in den Hintergrund treten lassen, welche Wendung der Sozialismus in der UDSSR unter stalinistischer Herrschaft genommen hatte. Was für manche in diesem Augenblick zählte, war Stalin, der »Held des großen vaterländischen Krieges«, der Bezwinger Hitlerdeutschlands bzw. der »Befreier vom faschistischen Joch«.[9]

Hatte der Nationalsozialismus zur Akzeptanz, ja zur regelrechten Flucht in den Stalinismus beigetragen, so verstärkte das Klima des sich abzeichnenden »Kalten Krieges« diese Tendenz. Der »Antikommunismus« in den Westzonen, die unbefriedigende Aufarbeitung der Vergangenheit ließ hier den Verdacht einer »Restauration der alten Herrschaftsverhältnisse« aufkommen, den eine subtile kommunistische Propaganda auch zu perpetuieren verstand.

Durch die Propagierung einer »anti-faschistisch-demokratischen Aktionseinheit« aus Marxisten, Christen, Liberalen und Konservativen wurde der Eindruck erweckt, daß man sich in der SBZ am konsequentesten mit dem Naziregime auseinandersetzte und dabei sei, es samt seiner Wurzeln auszureißen. Die mit dem Wiederaufbau der KPD beauftragte »Gruppe Ulbricht« hatte in ihrem »Gründungsaufruf« relativ gemäßigte Forderungen aufgestellt. Man verlangte keineswegs die Einführung des Sowjetsystems, sondern die Errichtung einer parlamentarischen Demokratie.[10] Auf ihrem ideologischen Bildungsprogramm war zuerst weder von Marx und Engels, schon gar nicht von Lenin oder Stalin die Rede, wohl aber von Goethe, Schiller und dem deutschen Humanismus. Der Umstand, daß Kommunisten in den ersten Nachkriegsmonaten – mit Unterstützung der sowjetischen Besatzungsmacht – mit dem Geist von Weimar warben, statt mit marxistischen Kirchenvätern, ja daß nichtmarxistisches, »bürgerliches« Gedankengut in seiner ganzen Breite und Vielfalt nicht nur geduldet,

---

[8] Im Moskauer Exil entwickelte Lukács diese Feindbildkonzeption entlang der Aufsätze: G. Lukács, Größe und Verfall des Expressionismus. In: *Internationale Literatur*. Heft 1, 1934; Nietzsche als Vorläufer der faschistischen Ästhetik. In: *Internationale Literatur*, Heft 8, 1935; Der deutsche Faschismus und Nietzsche. In: *Internationale Literatur*, Heft 12, 1943.

[9] Erinnert sei an die Lobeshymnen/Gedichte und Gesänge von Johannes R. Becher auf den großen Befreier und Friedenshelden Josef Stalin. Siehe hierzu: N. Kapferer, *Das Feindbild...*, S. 43, 61, 104, 120, 350, 358, 360, 361.

[10] Siehe hierzu: Hermann Weber, *Kleine Geschichte der DDR*, Köln 1980.

sondern geradezu hofiert wurde, ließ die Erwartung aufkommen, hier entstehe eine von Toleranz und Pluralismus getragene Geisteslandschaft, mit einem Wort, das »bessere Deutschland«.[11]

Linksintellektuelle, Avantgardisten mit marxistischen Neigungen wie Hans Mayer, Werner Kraus, Berthold Brecht, Hans Eisler u.v.a. ließen sich durch dieses Erscheinungsbild täuschen und bewirkten durch ihren Umzug in die SBZ/DDR einen nicht zu unterschätzenden Vertrauensvorschuß.

Aufmerksamen Beobachtern war freilich nicht entgangen, was andere nicht sehen konnten oder vielleicht auch nicht sehen wollten, daß hinter der freundlichen Kulisse kulturelle Schlüsselpositionen von Parteigängern der KPD/SED besetzt, Zeitschriften und Zeitungen durch Marxisten majorisiert wurden und an den Universitäten kommunistische Kader Position bezogen.[12]

Eine in kurzen Lehrgängen aus dem Boden gestampfte ›Kaderphilosophie‹ schaltete sich zunächst vorsichtig in philosophische Debatten um das »humanistische Erbe«, Literatur und Kunst, Wahrheit und Parteilichkeit, Sozialismus und Christentum, etc. ein, um dann in die »ideologische Offensive« überzugehen.[13]

Der Zeitpunkt hierfür war gekommen, als die politische Teilung Deutschlands sich abzeichnete und ideologische Rücksichtnahme nicht länger opportun war und es nun darauf ankam, der »richtigen Weltanschauung« zum Durchbruch, zum Sieg zu verhelfen.

2. Die Kaderphilosophie im Aufbruch

Die Entstehung/Ausbildung einer philosophischen Kerngruppe, die – in enger Kooperation mit der KPD/SED-Führung – den Marxismus-Leninismus als politisch-ideologische Waffe gegen innere und äußere Feinde ins Feld führen und auf diesem Wege zur Vereinheitlichung/Gleichschaltung des marxistischen Denkens beitragen sollte, läßt sich bis ins sowjetische Exil zurückverfolgen. Sie umfaßte einen äußerst heterogenen Personenkreis mit den denkbar unterschiedlichsten Berufsvoraussetzungen: Naturwissenschaftler, Mathematiker, Logiker (die anfangs stark dominierten), Journalisten, Theologen, Germanisten, Schriftsteller, Gewerkschafter, KPD-Funktionäre, Zahnärzte, Wirtschaftswissenschaftler, Historiker und zunächst einige wenige Fachphilosophen.[14]

---

[11] Siehe hierzu: Manfred Jäger, *Kultur und Politik in der DDR. Ein historischer Abriß*, Köln 1982.
[12] Marianne und Egon Müller, *»Stürmt die Festung Wissenschaft«. Die Sowjetisierung der mitteldeutschen Universitäten seit 1945,* Berlin 1953.
[13] Siehe hierzu: N. Kapferer, *Das Feindbild...*, 1. Kapitel. Die philosophische Landschaft der SBZ zwischen 1945 und 1948.
[14] Dies bestätigte auch die DDR-eigene Philosophiegeschichtsschreibung. Siehe hierzu: Vera Wrona und Friedrich Richter, *Zur Geschichte der marxistisch-leninistischen Philosophie in der DDR*, Berlin 1979.

Entsprechend differenziert war das intellektuelle bzw. philosophische Niveau: Es reichte eben von George Lukács (den man neueren Erkenntnissen nach bis zu seinem »Fall« der Kaderphilosophie zurechnen muß) über Georg Klaus und Jürgen Kuczynski bis hin zu Wolfgang Heise, Klaus Zweiling, Hermann Ley, Herman Scheler und endete bei Rugard Otto Gropp, Victor Stern, Georg Mende, Alexander Abusch, Gerhard Harig u. a. Innerhalb dieser ersten Generation der Kaderphilosophie kam es zu heftigen Machtkämpfen um Positionen in der Hierarchie, die keineswegs von den qualifiziertesten Philosophen, sondern von den der Parteiführung am nächsten stehenden für sich entschieden wurden. Ungeachtet ihrer Ergebenheitsadressen an Stalin und an die Partei hatten eigenständige/innovative Denker wie Lukács, Wolfgang Harich, Georg Klaus u. a. grundsätzlich einen schweren Stand und waren latent bedroht, unter das Abweichungskriterium zu fallen, bzw. unter »Revisionismusverdacht« zu geraten. Dies betraf auch Ernst Bloch, der zwar nicht zur Kaderphilosophie gezählt werden kann, obwohl er sich zeitweise darum bemühte und ganz in ihrem Sinne »Partei« ergriff. Bloch hatte in Partei und Kaderphilosophie sowohl erbitterte Gegner (die gegen seine Berufung nach Leipzig waren und die ständig darauf lauerten, ihn zu Fall zu bringen) als auch Sympathisanten und Anhänger, ja sogar Schüler. Auch diejenigen, die der Auffassung waren, er sei eigentlich kein Marxist, hielten seine Lehrtätigkeit in der SBZ/DDR, schon seiner internationalen Reputation wegen, für wünschenswert. Außerdem paßte ein Bloch anfangs noch ganz gut in die strategische Konzeption des »antifaschistisch-demokratischen Bündnisses« von Marxisten, Christen und bürgerlichen Demokraten und konnte zusammen mit anderen »bürgerlichen Philosophen« eine Alibi-Funktion übernehmen, während die geistige Landschaft der DDR sukzessive gleichgeschaltet wurde.[15]

3. Der Aufbau der Feindbildkonzeption

Das von den Kommunisten um Ulbricht und mit Hilfe der sowjetischen Besatzungsmacht von Anfang an instrumentalisierte »antifaschistisch-demokratische« Bündnis hatte zu einem bestimmten Zeitpunkt seine ideologische Schuldigkeit getan und konnte von den Kaderphilosophen nun zur Austreibung des »bürgerlichen Geistes« gewendet werden.

---

[15] Eine umfangreiche Materialsammlung wirft neuerdings Licht auf die Hintergründe um Blochs äußerst umstrittene Berufung nach Leipzig als Nachfolger von Hans Georg Gadamer. *»Hoffnung kann enttäuscht werden«. Ernst Bloch in Leipzig.* Dokumentiert von Volker und Petra Caysa, K.D. Eichler und E. Uhl, Frankfurt/Main 1992.

In einem ersten Schritt hatte die Kaderphilosophie – hierin unterstützt vom noch nicht parteigebundenen Marxismus und Linksintellektualismus in der SBZ/DDR – dargelegt, daß von einem »bürgerlichen Standpunkt« aus ein konsequenter »Antifaschismus« gar nicht möglich sei. Der nächste Argumentationsschritt: Wer auf dem »bürgerlichen Standpunkt« beharre, den Marxismus/Sozialismus als »objektiv fortschrittlichere Weltanschauung« negiere, sich ergo dem Aufbau einer antifaschistisch-demokratischen Gesellschaftsordnung in den Weg stelle. Schließlich wurde Lukács' vernichtendes Urteil über die gesamte, nach-hegelsche bürgerliche Philosophie herangezogen, um damit auch noch die Gegenwartsphilosophie (Pragmatismus, Positivismus, Hermeneutik, Phänomenologie, Transzendentalphilosophie und Existentialismus) unter Faschismusverdacht zu stellen.

Dies implizierte aber nicht nur den Ausschluß aller Vertreter dieser philosophischen Strömungen aus einem »antifaschistisch-demokratischen Bündnis«, sondern rechtfertigte umgekehrt auch noch die 1947 einsetzenden Kampagnen gegen »bürgerliche Lehrkräfte an den Universitäten« als Entnazifizierungsmaßnahmen.[16]

Unter einen massiven ideologischen Druck und Rechtfertigungszwang geraten, verließen die meisten nicht-marxistischen Philosophen zwischen 1946 und 1950 die SBZ/DDR. Auch aus der sonstigen philosophischen Öffentlichkeit wurde »bürgerliche« Philosophie allmählich verdrängt, aus Zeitungen, Zeitschriften, Verlagen, öffentlichen Veranstaltungen, Diskussionen, Lesungen.

In Publikationsorganen wie »Neue Welt« und »Einheit«, die je schon der marxistisch-leninistischen Propaganda dienten, ging die Kaderphilosophie mit sowjetischer Verstärkung ab 1947 zu massiven Angriffen über, die sich nun auch auf die eigentlichen »antifaschistisch-demokratischen Bündnispartner« wie Sozialdemokraten, christliche Sozialisten oder andere »kleinbürgerliche« Sozialisten erstreckten. Nachdem sich die SED zur »Partei neuen Typs«, zur bolschewistischen Einheitspartei deklariert und damit Hoffnungen auf einen eigenständigen, demokratischen Weg zum Sozialismus zerschlagen hatte, hielt der (bislang latente) Stalinismus seinen Einzug in die DDR. Vorausgegangen waren dem allerdings schon die zentral gesteuerten Kampagnen gegen den »Formalismus« in der

---

[16] In der bereits zitierten »Geschichte der marxistisch-leninistischen Philosophie in der DDR« heißt es: »Die Durchsetzung der marxistisch-leninistischen Philosophie an den Universitäten und Hochschulen vollzog sich vor allem auf zwei Wegen, die eng miteinander zusammenhängen: Erstens über die strikte Realisierung der im Potsdamer Abkommen festgelegten Entnazifizierung des gesamten Hochschulwesens. Dazu gehörte der Kampf gegen die faschistische Philosophie, die Abrechnung mit der faschistischen Ideologie und Weltanschauung, der Kampf gegen Antikommunismus und Antisowjetismus. Das schloß die Auseinandersetzung mit der in den Westzonen verbreiteten zeitgenössischen bürgerlichen Philosophie ein. Zweitens über die demokratische Neugestaltung der Universitäten und Hochschulen, an denen bis 1949 auch der marxistisch-leninistischen Philosophie ein Heimatrecht verschafft wurde.« Wrona/Richter, S. 105.

Kunst, wie überhaupt gegen »dekadente Kunst«[17] und die »Lyssenko-Debatte«[18]. Was folgte, waren dann regelrechte Kreuzzüge gegen den »Objektivismus«[19], den »Existentialismus«[20], den »Idealismus« wie verschiedene Dogmen (»Paw-

---

[17] Auch in der Kampagne gegen »Formalismus« und »Dekadenz« spielten Lukács' Schriften (u. a. sein Text: *Karl Marx und Friedrich Engels als Literaturhistoriker,* Berlin 1948) eine verhängnisvolle Rolle. Neben sowjetischen Kulturoffizieren beteiligten sich an der stalinistischen Verunglimpfung »spätbürgerlicher Kunst« Kaderphilosophen der ersten Stunde wie Fred Oelßner, Kurt Hager, Alexander Abusch und Alfred Kurella u. a. Siehe hierzu: *Der Kampf gegen den Formalismus in Kunst und Literatur, für eine fortschrittliche deutsche Kultur,* Berlin 1951. Zur weiteren Analyse dieser Kampagne siehe: Jürgen Rühle, *Das gefesselte Theater,* Köln-Berlin 1957.

[18] Der sowjetische Biologe Lyssenko verwarf die »bürgerliche Biologie«, vor allem die Vererbungslehre von Weismann, Morgan und Mendel als »reaktionär« und setzte ihr eine eigene, »dialektisch-materialistische« entgegen, die dann von Stalin als einzig marxistisch-leninistische Auffassung von Biologie bezeichnet wurde. Dieser Einschätzung folgten dann eine Reihe von DDR-Philosophen und verbanden diese mit Angriffen auf »idealistische« und »reaktionäre« Tendenzen in den Naturwissenschaften. Unter ihnen der noch stalinistische Havemann, Victor Stern und Hermann Ley. Erst nach Stalins Tod setzte eine allmähliche Kritik an Lyssenko ein. Anhänger Lyssenkos gab es in der DDR bis in die sechziger Jahre hinein. Zur Rezeption der Kaderphilosophie siehe: Hermann Ley, Zur philosophischen Bedeutung der Lyssenko-Debatte. In: *Einheit,* Heft 11/1948.

[19] Der Objektivismus-Vorwurf/Verdacht erwies sich, wie der »Idealismus-Formalismus/Dekadenz«-Vorwurf« als geeignet, um gegen nicht-konforme Ansichten vorzugehen. Unter »Objektivismus« verstand man in der Kaderphilosophie eine Haltung, die wissenschaftliche Objektivität über die Parteilichkeit stellte, bzw. mit Wissenschaft als höchster Instanz von Wahrheitsfindung die Autorität der Partei und ihrer Weltanschauung anzweifelte. Mit dem »Objektivismus-Vorwurf« schüchterte man vor allem Naturwissenschaftler und Mathematiker ein. So manche DDR-Marxisten-Leninisten, die den Objektivismusvorwurf gegen andere, bürgerliche Wissenschaftler erhoben, wurden später selbst Opfer dieser Etikettierung wie Robert Havemann und Georg Klaus.

[20] Im Existentialismus sahen die Kaderphilosophen in den vierziger und fünfziger Jahren den größten Konkurrenten. Vor allem in seiner französischen Variante sprach er viele junge Intellektuelle im Nachkriegsdeutschland an. Nach anfänglicher Duldung griffen sowjetische Kulturfunktionäre die Aufführung und Lesung von Stücken Sartres an und forderten ihr Verbot. Die nun einsetzende Kampagne gegen den Existentialismus basierte auf Lukács' vernichtender Kritik (Lukács: Existentialismus oder Marxismus? Berlin 1951, in Auszügen seit 1947/48 schon im Umlauf) und wurde vom »Kulturbund« unter Johannes R. Becher und durch Kaderphilosophen wie Abusch, Mende, Dultz u. a. durchgeführt. Siehe u. a. Georg Mende: Studien über den Existentialismus 1947–1955. Berlin 1956.
In seiner Antrittsvorlesung im Mai 1949 verabsäumte es selbst ein Ernst Bloch nicht, dieser Kampagne seine Referenz zu erweisen: Er nannte Sartre den »neuesten Rattenfänger«, dessen Philosophie ein bezeichnender Ausdruck des »spätbourgeoisen faulen Zaubers« sei. Siehe Ernst Bloch: Universität, Marxismus, Philosophie. In: derselbe, *Philosophische Aufsätze zur objektiven Phantasie,* Frankfurt/Main 1977, S. 281 f.

low-Dogma«)[21] als auch die Angriffe gegen die moderne Logik (»Logik-Debatte«[22]) und die Verwerfung der Einsteinschen Relativitätstheorie.[23]
Der Feldzug gegen die zum Feind schlechthin erhobene »bürgerliche Philosophie« bot der Kaderphilosophie auch die Gelegenheit zu Klärung der Fronten in den eigenen Reihen. Man entlarvte sich zum Teil wechselseitig als »Revisionist«, als »idealistischen Abweichler«, als »Versöhnler«, »Relativist«, »Trotzkist«, »Titoist«. Zu den ersten Opfern zählte der marxistische Philosoph Leo Kofler, der wegen seiner kritischen Äußerungen über die Politik der SED von dem Kader-

---

[21] Auf Beschluß Stalins wurde gegen Ende der vierziger Jahre Pawlows Naturwissenschaftlich-physiologische Lehre von der höheren Nerventätigkeit zur alleinigen Basis einer marxistisch-leninistischen Psychologie erklärt. Die damit zu Dogma erhobene Lehre Pawlows breitete sich vor allem in der DDR-Psychologie aus und führte 1954 zur Gründung der gefürchteten, inquisitorischen »Pawlow-Kommission«, die Verstöße gegen diese Doktrin ahndete. Vgl. hierzu: Norbert Kapferer: Die Psychologie der DDR im Spannungsfeld von politischer Funktionalisierung und wissenschaftlicher Emanzipation. In: PVS-Sonderheft. *Politik und Gesellschaft in den sozialistischen Ländern.* Herausgegeben von R. Rytlewski, Heft 20/1989.
Auch in der Philosophie spielte der Pawlowismus eine zeitlang eine wichtige Rolle und zwar in der Diskussion um die marxistisch-leninistische Abbildtheorie. Vgl. hierzu: Alfred Kosing, Zur philosophischen Bedeutung der Lehre Pawlows von den höheren Nervenfunktionen. In: *Deutsche Zeitschrift für Philosophie,* Heft 2/1956.
Im Ergebnis führte der Pawlowismus in der Erkenntnistheorie zu jener naiven Widerspiegelungskonzeption, die sich zum Teil noch bis weit in die siebziger Jahre hinein in der Kaderphilosophie behaupten konnte.

[22] Die Logik-Debatte in der DDR wurde 1951 durch ein Pamphlet Stalins über »Marxismus und Sprachwissenschaft« (Siehe hierzu auch die Anmerkung 27) ausgelöst. Die Initiatoren wollten damit zum einen Stalin und der SED ihre Referenz erweisen, zum zweiten das Image der DDR-Philosophie aufpolieren, weswegen sich auch Nichtmarxisten beteiligen konnten, drittens sollte Klarheit in der Kaderphilosophie hinsichtlich der marxistisch-leninistischen Wesensbestimmung der Logik und Logistik und ihres Verhältnisses zur Dialektik geschaffen werden. Gegenüber standen sich die Verfechter einer antimodernistischen Haltung, die der Logik, insbesondere der Logistik entweder gar keine, oder nur eine sehr bescheidene Rolle in der Philosophie zubilligen wollten, ganz im Einklang mit der Sowjetphilosophie. Zu dieser Fraktion gehörten die Kaderphilosophen Hoffmann, Schleifstein, Albrecht, Gropp, Hollitscher, Ley, aber auch Ernst Bloch. Ihnen gegenüber standen die Befürworter einer Modernisierung des Marxismus-Leninismus wie Georg Klaus und in gewisser Hinsicht auch Wolfgang Harich. In der sich bis 1957 hinziehenden Debatte behielten zunächst die Traditionalisten in der Kaderphilosophie mit Rückendeckung der SED die Oberhand, bis sich – im Zuge der von der SED selbst eingeleiteten Modernisierungskampagne – Klaus durchsetzen konnte.
Beendet wurde diese Debatte in der *Deutschen Zeitschrift für Philosophie* in stalinistischer Manier durch den Kaderphilosophen Alfred Kosing, der die mangelnde ideologische Ausrichtung der Debatte rügte. Siehe hierzu: Carl Friedrich Gethmann, Formale Logik und Dialektik. Die Logikdiskussion in der DDR 1951–1958. In: Clemens Burrichter (Hrsg.), *Ein kurzer Frühling der Philosophie,* Paderborn-München-Wien-Zürich 1984.

[23] Auch die Debatte über »philosophische Fragen der modernen Physik« von 1952 war – wie die Logikdebatte – alles andere als ein Ruhmesblatt in der Philosophiegeschichte, kam es doch hier, ungeachtet der Proteste von Naturwissenschaftlern, zu einer Diffamierung der Relativitätstheorie und der Quantenphysik durch Wortführer der Kaderphilosophie wie Victor Stern, Bela Fogarsi (Ungarn) u. a. Siehe hierzu: Victor Stern, *Erkenntnistheoretische Fragen der modernen Physik,* Berlin 1952.

philosophen R. O. Gropp in faschistoider Weise als »ideologischer Schädling« denunziert wurde.[24]

Spätestens seit 1948 wurde der Idealismusvorwurf/Idealismusverdacht zu einer scharfen Waffe, um gegen unzuverlässige, unbequeme oder allzu eigenständige Denker wie Lukács, Bloch, Harich u. a. vorzugehen. Anlaß hierfür bot Stalins Verurteilung Hegels und des Deutschen Idealismus »als reaktionäre Philosophie«. In der nun entbrennenden »Hegeldebatte«, die sich bis 1955 hinzog, brachten Kaderphilosophen wie R. O. Gropp, W. Schubardt und E. Hoffmann die »Freidenker« und »Hegelianer«, die sich um Bloch und Lukács geschart hatten, in arge Bedrängnis.[25] Gleichzeitig geriet die 1953 gegründete »Deutsche Zeitschrift für Philosophie« in die Schußlinie der Hardliner in der Kaderphilosophie, weil sie sich zu einem Tummelplatz für Abweichler und Exoten entwickelt habe.[26]

Erst im Zuge der, von der SED angeordneten Dogmatismuskritik verlor Sterns Position an Einfluß. Die sich nun durchsetzende Linie war indessen weder antistalinistisch noch antidogmatisch, sondern lediglich eine Umkehrung der Argumentationslogik: Hatten Stern u. a. Einsteins und Heisenbergs wissenschaftliche Positionen als »idealistisch« bzw. »unmaterialistisch« eingestuft, so sahen nun die Kaderphilosophen Ley, Zweiling, Klaus u. a. darin eine glänzende Bestätigung des ›Diamat‹. Die immer peinlicher werdenden Versuche, die Erkenntnisse der modernen Naturwissenschaften als ›Diamat‹-immanent zu interpretieren, wurden schließlich noch überboten durch die Behauptung, daß nur durch die konsequente Anwendung des dialektischen Materialismus Fortschritte in der Naturwissenschaft möglich seien. (Siehe hierzu: G. Klaus, *Jesuiten-Gott-Materie*, Berlin 1957; Klaus Zweiling, *Der Leninsche Materiebegriff und seine Bestätigung durch die moderne Atomphysik*, Berlin 1956; Herbert Hörz, Über Materie und ihre Existenzformen. In: *Deutsche Zeitschrift für Philosophie*, Heft 7/1960; Götz Redlow, Ist die Anerkennung der Leninschen philosophischen Bestimmung der Materie Dogmatismus? In: *Deutsche Zeitschrift für Philosophie*, Heft 5/1964. Zur Debatte über die Physik siehe ferner: Gernot Böhme, Physik im weltanschaulichen Spannungsfeld. Eine Analyse der Diskussion ›Über philosophische Fragen der modernen Physik‹. In: Burrichter (Herausgeber), *Ein kurzer Frühling der Philosophie* ...

[24] R. O. Gropp, Kofler, ein ideologischer Schädling. In: *Einheit* 5/1950.

[25] Zur Hegeldebatte siehe auch: Walter Ch. Zimmerli, Die Aneignung des philosophischen Erbes. Eine Analyse der Diskussion ›Über das Verhältnis des Marxismus zur Philosophie Hegels in der DDR‹ 1952/53 bis 1956/57. In: Clemens Burrichter (Hrsg.), *Ein kurzer Frühling der Philosophie* ...

[26] Vgl. A. Kosing, Wird die ›Deutsche Zeitschrift für Philosophie‹ ihren Aufgaben gerecht? In: *Einheit* 3/1955.

Ungeachtet der Diffamierungswellen und Grabenkämpfe in der Kaderphilosophie beteiligte man sich geschlossen am ›Stalinkult‹[27] und komplettierte gemeinsam das Feindbild »Bürgerliche Philosophie«, das schon bald die Verbannung von Autoren von Weltrang zur Folge hatte und eine langwährende Verarmung der geistigen und kulturellen Landschaft der DDR nach sich zog. Die sich ausbreitende Atmosphäre der Angst, gepaart mit dem Selbstbetrug, trotz allem immer noch im »besseren Teil Deutschlands« zu leben, wo aus antifaschistischer Haltung eine sozialistische Demokratie entstehen sollte, mag den Hintergrund für das kollektive Schweigen der Philosophengilde zu den Ereignissen des 17. Juni 1953 abgegeben haben. Beschämend, daß ausgerechnet ein Ernst Bloch ein Jahr danach die DDR als Hort der Freiheit feierte und als Dank für diese und viele andere Handreichungen 1955 den »Vaterländischen Verdienstorden« ehrerbietig in Empfang nehmen konnte.[28]

---

[27] Höhepunkt des Stalinkults der Kaderphilosophie war die im Juni 1951 in Ostberlin abgehaltene »Theoretische Konferenz« über zwei Schriften Stalins zum Thema Sprachwissenschaft, auf welcher u. a. Kurt Hager, Fred Oelßner, Georg Klaus, Matthäus Klein u. a. im Lob über diese banalen Machwerke überboten. Beispiele: Fred Oelßner: Die Bedeutung von Stalins Beitrag zur Sprachwissenschaft für die anderen Wissenschaften, In: *Einheit 12/1951.*
Anläßlich Stalins Tod verfaßte Fred Oelßner den Beitrag: Stalin, die größte Koryphäe der Wissenschaft. In: *Einheit.* Sonderheft 1953.
Am Personenkult um Stalin beteiligten sich so gut wie alle Kaderphilosophen, auch die späteren Dissidenten Robert Havemann, Wolfgang Harich, Ernst Bloch und Georg Lukács.
Kürzlich veröffentlichte Dokumente belegen, daß Georg Lukács, der später behauptete, Stalin nur selten und aus Taktik zitiert zu haben, die Unwahrheit sagte. Siehe hierzu: Lukács/Becher/Wolf u. a., *Die Säuberung. Moskau 1936. Stenogramm einer geschlossenen Parteiversammlung.* Herausgegeben von Reinhard Müller, Reinbek 1991.
[28] Zu Blochs Apologie der DDR siehe: Deutsche Armee des Friedens. In: *Aufbau* 8/1952; Marx und die bürgerlichen Menschenrechte. In: *Aufbau* 5/1953; Über Freiheit und objektive Gesetzlichkeit, politisch gefaßt. In: *Deutsche Zeitschrift für Philosophie* 4/1954; Zum Gremium der Humanisten. In: *Aufbau* 1/1954.
Über Blochs »unaufrechten Gang« im SED-Staat wurde schon viel geschrieben (u. a. von seinem Sohn Jan Robert Bloch, Wie können wir verstehen, daß zum aufrechten Gang Verbeugungen gehörten? In: *Sinn und Form* 3/1991), so daß es sich hier erübrigt, ausführlicher darauf einzugehen. Erwähnt sei noch ein im Jahr 1991 erstmals veröffentlichter Brief Blochs vom 22. 1. 1957 an den Präsidenten Wilhelm Pieck, in welchem er – mit dem Verweis auf seine im SED-Staat erhaltenen Orden und seinen Leistungen für die Partei – darunter auch Denunziationen – um Gnade bittet. Siehe den Kommentar von Jürgen Busche, Kompromiß eines Philosophen. In: *Süddeutsche Zeitung* Nr. 89. 17. 4. 1991, S. 14.

4. Der permanente Kampf gegen den »inneren Feind«

Die »Fälle« Bloch, Lukács, Harich, Klaus u. a.

Die Kaderphilosophie hatte es mit politisch-administrativer Hilfe innerhalb weniger Jahre geschafft, den »äußeren Feind«, die »bürgerliche Philosopie« außer Landes zu jagen, bzw. die Restbestände zu marginalisieren. Als weitaus schwieriger erwies sich dagegen die Realisation der inneren Vereinheitlichung, zumal sich hier verschiedene Personengruppen im Ringen um Führungspositionen gegenüberstanden und diese Machtkämpfe in Form von philosophischen Kontroversen um die richtige Linie im weltanschaulichen Klassenkampf ausgetragen wurden: Die Gruppe der Logiker und Wissenschaftstheoretiker um Georg Klaus, der Personenkreis um Bloch-Lukács-Harich, die verschiedenen, einander nicht unbedingt wohlgesonnenen Fraktionen der Bloch-und/oder Lukács Gegner, also die Verfechter des Diamat und Histomat wie Zweiling, Gropp, Harig, Ley, Hoffmann, Mende etc. Erst im Zuge der Bewältigung einer politischen Krise gelang es, die Reihen zu schließen und die problematischste Konstellation, die den *Aufstand* geprobt hatte, auszuschalten. Es handelte sich um eine Krise der SED-Führung, hervorgerufen durch den 1956er XX. Parteitag der KPDSU, die unmittelbar danach auch die Kaderphilosophie erfaßte. Die Signale aus Moskau standen auf »Entstalinisierung« und ließen eine bevorstehende »Tauwetterphase« ahnen. Auf einer im März 1956 einberufenen Konferenz »Das Problem der Freiheit im Lichte des wissenschaftlichen Sozialismus« kam es zu einem ersten offenen Schlagabtausch zwischen reformerischen Kräften und Altstalinisten. Harich, Bloch und Lukács forderten im Anschluß daran eine Kritik am Stalinismus, eine Aufhebung der Zensur, ein Ende des Marx-Engels-Lenin-Stalin-Scholastizismus und Dogmatismus wie des Personenkults, die Abschaffung jedweder ideologischen Bevormundung der Künste durch die Philosophie.[29] Robert Havemann und mit ihm eine Reihe beherzter Naturwissenschaftler traten an die Öffentlichkeit und prangerten die ideologische Behinderung der Naturwissenschaften an.[30] Für einige wenige Monate blühte eine lebendige Debatte auf, und

---

[29] Ernst Bloch, Schlußwort auf dem Kongreß der Deutschen Akademie der Wissenschaften, Berlin, Schichten der Freiheit betreffend. In: *E. Bloch Gesamtausgabe, Bd. 11. Politische Messungen, Pestzeit, Vormärz*, Frankfurt/Main 1977; Wolfgang Harich, Das Rationelle in Kants Konzeption der Freiheit. Bemerkungen zur vorhergehenden Diskussion und zu den auf der Konferenz verteilten gedruckten Thesen einer Gruppe Berliner Philosophen. In: *Das Problem der Freiheit im Lichte des wissenschaftlichen Sozialismus.* Konferenzprotokoll, Berlin 1956; Wolfgang Harich, Hemmnisse des schöpferischen Marxismus. In: *Sonntag* Nr. 16 vom 15. April 1956.

[30] Robert Havemann, Meinungsstreit fördert die Wissenschaften. In: *Neues Deutschland* vom 8. Juli 1956; derselbe, Philosophie und Dogmatismus. In: *Neues Deutschland* vom 20. 9. 1956; derselbe, Rückantwort an die Hauptverwaltung »Ewige Wahrheiten«. In: *Der Sonntag* Nr. 44.

es schien so, als gerieten die SED-Führung und die ihr ergebene Fraktion in der Kaderphilosophie in die Defensive. Manche von ihnen, wie Klaus, Ley, Kosing, Zweiling übernahmen sogar die anti-stalinistischen Losungen[31], um dann aber, nach dem Ende der »Tauwetterphase« und dem Wiedererstarken der Ulbrichtgruppe (nach der blutigen Niederschlagung des ungarischen Volksaufstandes durch sowjetische Panzer), die Dinge wieder zurechtzurücken und zum vernichtenden Gegenschlag auszuholen: Nach der Inhaftierung Harichs, der institutionellen Ausgrenzung Blochs und Lukács' und der Reglementierung ihrer Schüler reichten sie die ideologische Abrechnung nach. In einem philosophisch sich gerierenden Musterprozeß ohnegleichen wurde Ernst Bloch das Prädikat »Marxist« entzogen und Georg Lukács nun zum zweiten Male als »Revisionist« entlarvt.[32]

Mit dieser Verurteilung und Verbannung entledigte sich die marxistisch-leninistische Philosophie der DDR der sicherlich bedeutendsten marxistischen Denker dieses Jahrhunderts und leitete damit eigenhändig den weiteren Niveauverfall ein. An Lukács beging die Kaderphilosophie gewissermaßen den klassischen Vatermord, ohne sich freilich jemals theoretisch von ihm emanzipieren zu können. Es verdient hierbei hervorgehoben zu werden, daß Lukács, Bloch und Harich nicht primär wegen ihrer philosophischen Position, sondern aufgrund ihrer kritischen Äußerungen gegenüber der Parteiführung im Jahre 1956 in die Wüste geschickt wurden. Kurze Zeit später revidierte die Kaderphilosophie nämlich – in Absprache mit der sowjetischen Philosophie – ihr negatives Hegelbild und distanzierte sich offiziell vom Personenkult und schwor – wenngleich auch nur verbal – dem (stalinistischen) Dogmatismus ab.[33] Der parteitreue Havemann überstand fürs erste diese ideologische Verfolgung mit dem Brandmal »Positivist«. Die Säuberungsaktion in der Kaderphilosophie endete mit einer parteikonformen Gleichschaltung. Durch noch engere Anbindung an und Verpflichtung auf die SED-Politik wurden bislang noch vorhandene kleine Freiräume ge-

---

[31] Alfred Kosing, Philosophie und Dogmatismus. In: *Sonntag* 5. 8. 1956.

[32] An diesem Scherbengericht beteiligten sich außer seinen eingeschworenen Feinden, Gropp, Ley, Schubarth u.a. auch einige seiner einstigen Schüler und Verehrer wie Georg Mende. Siehe hierzu: *Ernst Blochs Revision des Marxismus*, Berlin 1957.
Zur Kritik an Lukács mußte zunächst ein Ungar herangezogen werden: Elemer Balogh, Zur Kritik des Irrationalismus. Eine Auseinandersetzung mit Georg Lukács. In: *Deutsche Zeitschrift für Philosophie*. Abgedruckt in drei Teilen in Heft 1, 2, 3/1958.
Danach kam die Abrechnung der Kaderphilosophie: Hans Koch (Herausgeber), *Georg Lukács und der Revisionismus*, Berlin 1960.

[33] R.O. Gropp, *Das nationale philosophische Erbe. Über die progressive Linie in der deutschen Philosophiegeschichte*, Berlin 1960.

kappt und das Zentralorgan für Philosophie durch entsprechende Redaktionsumbesetzungen voll auf Kurs gebracht. Fortan hatten marxistische Exoten und Freidenker keinen Platz mehr unter den staatlich bestellten »Freunden der Weisheit«. In Ablösung von Fred Oelßner, dem wegen seiner Gegnerschaft zu Ulbricht verbannten Chefideologen, übernahm das Politbüromitglied Kurt Hager, seit 1949 ordentlicher Professor für Philosophie an der Humboldt-Universität, die Koordination von aktuellen Parteiinteressen und philosophischen Diskursen. Kontroversen bewegten sich fortan nur noch in dem von der Partei abgesteckten Rahmen.

Zu Beginn der sechziger Jahre drohte eine bestimmte Feindbildkonzeption bzw. Abwehrhaltung der Kaderphilosophie politisch dysfunktional zu werden. Zusehends gerieten weltanschauliche Dogmen in Widerspruch mit den von der KPDSU und SED anvisierten Planungsvorstellungen, mittels einer wissenschaftlich-technischen Revolution den Westen ›ökonomisch‹ einzuholen und zu überholen. Der Aufbau funktionaler empirischer Wissenschaften, die Übernahme erfolgreicher »bürgerlicher« Wissenschaftspraktiken und Forschungsmethoden durfte nicht länger von der Philosophie behindert werden. Vielmehr ging es jetzt darum, die Einführung moderner Wissenschaftstheorien ideologisch zu flankieren. Dies war die Stunde des Kaderphilosophen Georg Klaus, der ohne politisch-reformerische Absichten mit seinem Konzept einer Umetikettierung der Wissenschaften Karriere machte und für ein knappes Jahrzehnt zum führenden DDR-Philosophen wurde. In den fünfziger Jahren war Klaus' Konzeption im Lager der Kaderphilosophie noch nicht mehrheitsfähig. In der »Logikdebatte« von 1951 bezog er wegen seiner Propagierung der Logistik als philosophischer Disziplin Schelte von mehreren Seiten, von Bloch wie von den Vertretern des Diamat. In seinem Votum für die Übernahme »bürgerlicher Wissenschaftsmethoden« wie Logistik, Semiotik, Systemtheorie und schließlich Kybernetik, mit der Intention, sie auf meta-theoretischer Ebene marxistisch umzudefinieren, witterten seine Gegner wie Ley, Albrecht u. a.[34] Etikettenschwindel und warfen ihm vor, elementare Grundsätze marxistisch-leninistischer Weltanschauung einem »bürgerlichen Methodeneklektizismus« zu opfern.

Aus dieser Defensivposition befreite sich Klaus, indem er sich mit seinem Buch »Jesuiten-Gott-Materie« (1957) an die Spitze einer Kampagne gegen »Klerikalismus/Neothomismus/Religion/Kirche« stellte. Seine Kritiker verstummten, als die KPDSU gefolgt von der sowjetischen Philosophie zu Beginn der sechziger Jahre grünes Licht für die philosophisch-ideologische Einbindung der Kybernetik gab.

---

[34] Erhard Albrecht, Die erkenntnistheoretische Problematik des sprachlichen Zeichens. Zur Auseinandersetzung mit der idealistischen Zeichentheorie in der modernen Sprachwissenschaft. In: *Deutsche Zeitschrift für Philosophie*, 3/1961.

Unter Klaus' Ägide schien sich eine Öffnung der in Konservatismus und Dogmatismus erstarrten Kaderphilosophie und damit eine innere Erneuerung anzubahnen: Vieles, was bislang ›tabu‹ war, konnte nun diskutiert bzw. mit Verweis auf moderne Wissenschaftsmethoden hinterfragt werden wie das naive Widerspiegelungstheorem, das Verhältnis von Wahrheit und Parteilichkeit, Wissenschaft und Weltanschauung, Sprache und Macht etc. Mit Klaus und seinem ständig wachsenden Schülerkreis konnte die DDR wieder Anschluß an das internationale Diskussionsniveau finden, was auch bald im westlichen Ausland mit Erstaunen registriert wurde. War Klaus also doch ein Reformer, ein Anti-Dogmatiker, ein Entrümpler des Marxismus-Leninismus, der den Vorrang der Wissenschaft vor der Weltanschauung forderte?

Als parteitreuer Kaderphilosoph verneinte Klaus entschieden die »bürgerliche Wissenschaftsfreiheit«, den »Wissenschaftspluralismus« und trat zeitlebens vehement für die ideologische Kontrolle und parteilich-weltanschauliche Verpflichtung von Philosophie und Wissenschaft ein. Das zeigte sich unter anderem in seiner Polemik gegen Robert Havemann, dem er eine »positivistische Haltung« vorwarf, weil dieser die Autonomie der Wissenschaften im SED-Staat verlangt hatte.[35] Auch Havemann trat 1964/65 entschieden für eine Modernisierung durch Einbeziehung neuerer Wissenschaftsmethoden wie für eine philosophische Rehabilitierung der Kybernetik ein, doch seine Reformvorstellungen gingen weit über das von Klaus anvisierte hinaus in Richtung vollständiger Emanzipation der Wissenschaften von ideologischer/parteilicher Bevormundung. Da seine Forderung eine politische Dimension annahm, weil sie eine Machtbeschränkung der Partei implizierte, wurde Havemann auch ohne größere Debatte ausgeschaltet: Publikations-, Berufsverbot und Hausarrest waren die Folge.[36] Ja, Klaus wollte schon den Marxismus-Leninismus modernisieren, wissenschaftlich effizienter gestalten, ihm internationale Anerkennung verschaffen, doch nur, um dem sozialistischen Staat ein wirkungsvolleres Gestaltungs- und Herrschaftsinstrument an die Hand zu geben. Nur aus diesen Erwägungen war er bereit, bestimmte Dogmen zu opfern, gleichzeitig aber auch entschlossen, die dadurch entstehenden Widersprüche und Ungereimtheiten zu vernebeln. Insofern war auch er ein Anti-Aufklärer und Schönfärber einer realsozialistischen Misere.[37]

---

[35] Georg Klaus, Verhältnis von Philosophie und Naturwissenschaft. In: *Neues Deutschland* vom 5. August 1956; G. Klaus u. A. Kosing, Philosophie und ideologischer Klassenkampf. In: *Neues Deutschland* vom 23. 10. 1956.

[36] Robert Havemann, *Dialektik ohne Dogma? Naturwissenschaft und Weltanschauung,* Reinbek 1964. Durch diese im Westen erfolgte Publikation begann Havemanns unsäglicher Leidensweg.

[37] Siehe hierzu: Norbert Kapferer, Von der »Macht des Wortes« zur »Sprache der Macht« zur Ohn-Macht der Vernunft (Anmerkung 4).

Dies machte ihn zeitweise für Ulbrichts Pläne interessant und andererseits die DDR auf internationalem Parkett hoffähig.[38]

Noch in der Endphase des Ulbrichts-Regimes kam es jedoch zu einer von der Parteiführung selbst lancierten Kritik an technokratischen Tendenzen in Wissenschaft, Philosophie und Gesellschaft. Klaus' Stern begann zu sinken. Kritik am »kybernetischen Marxismus« wurde laut und verschärfte sich unter Honecker.[39] Der stets parteiergebene Kaderphilosoph wurde fallengelassen, einer ideologischen Schwankung geopfert, von seinen sich erneut formierenden Feinden als »Positivist« und »Objektivist« geschmäht und schließlich gar zu demütigender Selbstkritik gezwungen. Erst zehn Jahre später, nach seinem Tode, wurde er wieder rehabilitiert und zwar ausgerechnet von einem Teil seiner Feinde, die damit nur einer neuen Direktive der Partei folgten.[40]

Im Kampf der Kaderphilosophie gegen »Abweichler« in den eigenen Reihen gab es in den sechziger Jahren den weitaus weniger spektakulären »Fall Heise«. Seine philosophische Karriere begann Heise – wie übrigens auch Klaus und Havemann – als Beiträger zur Feindbildkonzeption (Nietzsche, Neothomismus/ Klerikalismus/Religion, Positivismus), um dann auch seinen eigentlichen philosophischen Ziehvater Lukács als inneren Feind an den Pranger zu stellen. Als »Lukács-Kritiker« setzte er dessen Werk fort und machte sich Mitte der sechziger Jahre einen Namen mit seiner These vom »Rückfall der spätbürgerlichen Philosophie in Mystizismus/Theologie«[41]. Einer Karriere in der Kaderphilosophie hätte nichts im Wege gestanden, wenn er nicht den Fehler begangen hätte, gegen den Parteiausschluß Havemanns zu votieren und dem Einmarsch der Warschauer Paktstaaten in die CSSR seine Zustimmung als Kaderphilosoph zu verweigern. Philosophisch hatte sich Heise zudem noch mit seiner eigentlich wohlgemeinten Kritik an Entfremdungserscheinungen im Sozialismus in die Nesseln

---

[38] Klaus' wichtigste Publikationen: *Kybernetik in philosophischer Sicht*, Berlin 1961; *Einführung in die formale Logik*, Berlin 1958; *Die Macht des Wortes*, Berlin 1964; *Semiotik und Erkenntnistheorie*, Berlin 1963; *Moderne Logik*, Berlin 1963. *Kybernetik und Gesellschaft*, Berlin 1964.

[39] Zur Kritik der Kaderphilosophie an Klaus: H. Ley, Bericht auf der Arbeitstagung der Bereiche Philosophie/Wissenschaften. In: *Deutsche Zeitschrift für Philosophie* 2/1972; Herbert Hörz, Determinismus und Entscheidungen. In: *Deutsche Zeitschrift für Philosophie* 3/1972; W. Scheler: Konsequenzen einer Wahrheitskonzeption. In: *Deutsche Zeitschrift für Philosophie* 4/1972.

[40] In dem 1982 erschienenen *Philosophen-Lexikon* (Hrsg. E. Lange/D. Alexander) wurde ein ausschließlich positives Bild von Klaus' philosophischer Laufbahn gezeichnet. Anläßlich seines 10. Todesjahres veranstaltete die Akademie der Wissenschaften der DDR eine Sitzung zum »Wirken von Georg Klaus«, auf der u.a. Manfred Buhr den verhängten Bannfluch zurücknahm. Vgl. *Sitzungsberichte der Akademie für Wissenschaften der DDR*, Jahrgang 1983, Berlin 1984.

[41] Wolfgang Heise, *Aufbruch in die Illusion*, Berlin 1964. Zum Schicksal Heises siehe auch Hans Peter Krüger, Rückblick auf die DDR-Philosophie. Ostberlin in den 70er und 80er Jahren. In: *Frankfurter Rundschau* vom 23. 2. 1991 S. ZB 3. Desweiteren: Camilla Warnke, Über Parteipolitik in der DDR-Philosophie. In: *Leviathan*. Zeitschrift für Sozialwissenschaft, Heft 3/1991.

gesetzt, so daß er Publikationsverbot erhielt und strafversetzt wurde. Erst Mitte der 70er Jahre erlaubte man ihm wieder eine Veröffentlichung. Die Liste der »Abweichler« und ihrer Fälle ließe sich noch erweitern um die Namen Guntolf Herzberg, Peter Ruben, Camilla Warnke, Helmut Seidel, Gerd Irrlitz.[42] Der nach Harich, Havemann und zum Teil auch Klaus und Ruben im Westen bekannteste Fall war Rudolf Bahro, dessen 1977 in Frankfurt/Main erschienenes Buch »Die Alternative« mit einer Fundamentalkritik des »real existierenden Sozialismus« aufwartete. Noch nie zuvor hatte ein Autor in der DDR die Dinge so beim Namen genannt wie er und damit auch die gesamte philosophische Gilde an den Pranger gestellt. Eine öffentliche Auseinandersetzung mit diesem Frontalangriff konnte es nicht geben, weil dies bedeutet hätte, seine Vorwürfe zu wiederholen und sich im kraftlosen Dementi der Lächerlichkeit preiszugeben.

Seit ihrer institutionellen und ideologischen Gleichschaltung hatte sich die Kaderphilosophie als eine Einrichtung etabliert, die systematisch auf Entpolitisierung, Entmündigung, geistige Enteignung abzielte.

In einer anti-aufklärerischen Offensive wurden Begriffe wie Freiheit, Gerechtigkeit, Moral, Demokratie, Frieden, Vernunft, Rationalität, Emanzipation, Fortschritt etc. okkupiert, weltanschaulich funktionalisiert und damit ihres potentiell kritischen Gehalts entledigt, herrschaftskonform zubereitet. In scholastischer Manier wurden fortan philosophische Begriffe und Postulate als in der DDR-Realität bereits verwirklicht behauptet. Eine beispiellose Schönfärberei und Realitätsverleugnung breitete sich aus. Kaum ein Beitrag in der »Deutschen Zeitschrift für Philosophie«, der nicht mit einer tönenden Lobeshymne auf die sozialistischen Errungenschaften aufwartete. So erfanden und beschrieben Philosophen den »neuen, sozialistischen Menschen« mit seinem »sozialistischen Bewußtsein«, seiner »sozialistischen Arbeitsmoral«, seinem »sozialistischen Heldenmut« und seinen »sozialistischen Heldentaten« an der Arbeitsfront; feierten die sich »allseitig entwickelnde sozialistische Persönlichkeit«, den »sozialistischen Wettbewerb«, die »unentfremdete persönlichkeitsfördernde Arbeit im Sozialismus«, priesen die »wahrhaftige sozialistische Demokratie« und schwelgten in Lobgesängen auf die »Geborgenheit und Harmonie« im SED-Staat. Bis auf

---

[42] Guntolf Herzberg, *Überwindungen. Schubladen Texte 1975–1980,* Berlin 1990; Hans Christoph Rauh (Herausgeber) *Gefesselter Widerspruch. Die Affäre Peter Ruben,* Berlin 1991; Zu Gerd Irrlitz siehe auch: Robert Leicht, Lerne denken, ohne zu klagen. In: *Die Zeit* vom 29. 5. 1992. S. 38. Zur Kritik der Kaderphilosophie an Helmut Seidel siehe: R.O. Gropp, Über eine unhaltbare Konzeption. In: *Deutsche Zeitschrift für Philosophie* 9/1967.

wenige Ausnahmen wie Bahro wagte es niemand, dieses so offensichtliche Konstrukt aus Lügen, Infamien und Zynismen zu durchbrechen. Im Gegenteil: Die Kaderphilosophie applaudierte sich selbst und trieb ihre Selbstbeweihräucherung über das Maß des Erträglichen weit hinaus.[43]

5. Im Zenit der Macht. Manfred Buhr und die Kaderphilosophie in den siebziger Jahren

Daß sich die Zahl der Abweichungen dennoch in Grenzen hielt und beim Kampf gegen den »inneren Feind« der »äußere« nie zu kurz kam, ist das Verdienst eines Mannes, der nach dem Sturz von Klaus die Führung der Gilde übernahm: Manfred Buhr.

Buhr qualifizierte sich als Kaderphilosoph Ende der fünfziger Jahre durch eine vernichtende Kritik an Ernst Bloch. In den sechziger Jahren wurde er als Mitherausgeber des *Philosophischen Wörterbuchs* bekannt wie als linientreuer Kommentator der Philosophie des deutschen Idealismus, womit er den darin weniger erfolgreichen R. O. Gropp ablöste. Nachdem die Partei grünes Licht gegeben hatte, Hegel und den deutschen Idealismus bedingt als Erbe aufzunehmen und damit das vernichtende Urteil Stalins aufzuheben, ging Buhr ans Werk.[44]

Im Chor der seit Ende der fünfziger Jahre laufenden Kampagnen gegen den Neothomismus, die »bürgerliche Technikphilosophie«, den »Positivismus«, in welchen die Kaderphilosophie nahezu einhellig die gesamte »spätbürgerliche Philosophie« für »kriegstreiberisch«, »verbrecherisch«, »irrationalistisch«, »tendenziell faschistisch«, in »Mythologie zurückfallend« erklärten, fiel Buhr zunächst nicht weiter auf. Einen Namen machte er sich erst durch die Herausgabe einer, auch in der Bundesrepublik veröffentlichten Reihe »Zur Kritik der bürgerlichen Ideologie«, die es bis zu ihrer Einstellung auf über 100 Hefte brachte

---

[43] Siehe hierzu nur eine knappe Auswahl: W. Eichhorn, *Von der Entwicklung des sozialistischen Menschen*, Berlin 1960; Erich Hahn, *Neue Bauernmoral*, Leipzig/Jena/Berlin 1962; G. Heyden, A. Kosing, O. Reinhold, *Sozialismus, Wissenschaft, Produktivkraft. Über die Rolle der Wissenschaften beim umfassenden Aufbau des Sozialismus in der DDR*, Berlin 1963; M. Klein, *Über die Bestimmung des Menschen in unserer Epoche, Neues Leben, Neue Menschen*, Berlin 1963; A. Kurella, *Das Eigene und das Fremde. Neue Beiträge zum sozialistischen Humanismus*, Berlin/Weimar 1968; G. Klaus und H. Schulze, *Sinn, Gesetz und Fortschritt in der Geschichte*, Berlin 1967; G. Kröber/H. Laitko, *Wissenschaft. Stellung, Funktion und Organisation in der entwickelten sozialistischen Gesellschaft*, Berlin 1975; H. Scheler, *Die große Perspektive der Menschheit: Der Kommunismus*, Berlin 1961; G. Stiehler, *Über den Wert der Individualität im Sozialismus*, Berlin 1978.

[44] Manfred Buhr/Gerd Irrlitz, *Der Anspruch der Vernunft*, Berlin 1968; M. Buhr, *Vernunft, Mensch, Geschichte. Studien zur Entwicklung der klassischen bürgerlichen Philosophie*, Berlin 1977. M. Buhr/T.T. Oiserman, *Beiträge zur Philosophie G.W.F. Hegels*, Berlin 1981.

und auch westlichen/westdeutschen Marxisten-Leninisten die Möglichkeit bot, an der Feindbildkonzeption mitzuwirken. Binnen kurzem wurde Buhr zum mächtigsten Mann in der Kaderphilosophie – unterhalb des ZK, wo Erich Hahn als Direktor des Instituts für marxistisch-leninistische Philosophie der Akademie für Gesellschaftswissenschaften und Vorsitzender des Wissenschaftlichen Rates für marxistisch-leninistische Philosophie, residierte. In der Rangfolge Kurt Hager, Erich Hahn war Buhr für den ideologischen Kurs der Kaderphilosophie wie für Zensurmaßnahmen verantwortlich. Als »Vorsitzender des Wissenschaftlichen Rats für Grundfragen des ideologischen Klassenkampfes zwischen Sozialismus und Imperialismus« wie als langjähriger »Direktor des Zentralinstituts für Philosophie« bestimmte er die aktuellen Richtlinien im Kampf gegen den Feind. In den siebziger Jahren war dies Poppers »Kritischer Rationalismus«[45] einerseits und der »Neomarxismus« bzw. »Kritische Marxismus«, der in den westlichen Industriemetropolen durch die Studentenbewegung an Bedeutung gewonnen hatte, andererseits.

Die Richtlinien der neuen Kulturpolitik unter Erich Honecker schienen zunächst der Kunst, Wissenschaft und der Philosophie größere Freiheitsspielräume zu eröffnen. Die allzu eng gezogenen Grenzen des Kunst- und Kulturbegriffs wie des Erbeverständnisses wurden gelockert, dafür aber der ideologische Klassenkampf gegen die »bürgerliche Ideologie/Philosophie« intensiviert. Die Politik der Entspannung und der friedlichen Koexistenz zwischen den politischen Systemen seit dem Grundlagenvertrag durfte indessen nicht zu einer Abschwächung des Feindbildes führen. Mit der Formel, daß es in Sachen Weltanschauung keine »friedliche Koexistenz« geben könne, begann die Kaderphilosophie unter Buhr auftragsgemäß den »Kalten Krieg der Ideologien« fortzusetzen.[46]

Mit dem Feindbild »Kritischer Rationalismus« attackierte die Kaderphilosophie den Sozialdemokratismus in seiner sozial-liberalen Form, mit dem »modernen Revisionismus« einen »kritischen Marxismus«, die beide auf ihre Weise für Intellektuelle oder politisch unzufriedene DDR-Bürger hätten gefährlich werden können.

Zeitweise wurde der Kampf gegen den »modernen Revisionismus« zur Hauptaufgabe erklärt und die Kaderphilosophen aufgefordert, unter Beweis zu stellen, daß nur der Marxismus-Leninismus als »wissenschaftlicher Sozialismus« Anspruch auf das Marxsche Erbe habe. Man sprach den Denkern der «Neuen Linken« (Adorno, Horkheimer, Marcuse, Fromm, Habermas u. a.) nicht nur ihre kapitalismus/gesellschaftskritische Intention ab, sondern beschul-

---

[45] M. Buhr/J. Schreiter, *Erkenntnistheorie-Kritischer Rationalismus-Reformismus*, Berlin 1979; K. Bayertz und J. Schleifstein, *Mythologie der Kritischen Vernunft*, Köln 1977.
[46] M. Buhr, Die Lehre von Karl Marx und die bürgerliche Ideologie der Gegenwart. In: *Deutsche Zeitschrift für Philosophie* 6/1983; M. Buhr, Zum Komplex Geschichte der Philosophie und ideologischer Klassenkampf. In: *Deutsche Zeitschrift für Philosophie* 6/1988.

digte sie auch noch der heimlichen Komplizenschaft mit der »reaktionären bürgerlichen Philosophie«, überhaupt mit all jenen »imperialistischen Kräften«, die den Sturz des Sozialismus betreiben wollen. An der »antirevisionistischen« Kampagne beteiligten sich auch Vertreter des westdeutschen Marxismus-Leninismus.[47]

Dabei hatten die Marxisten-Leninisten sich seit Jahren schon die kulturkritischen Analysen der »Kritischen Theorie« zueigen gemacht und für ihre Feindbildkonzeptionen ausgeschlachtet, es aber strikt abgelehnt, eine solche Kritik auch auf den »real existierenden Sozialismus« anzuwenden. Wo immer sich kritische Marxisten anschickten, die Verhältnisse in der DDR und anderen Ostblockstaaten zu kritisieren, konterte die Kaderphilosophie mit dem Vorwurf der »antikommunistischen Hetzpropaganda«.[48]

Als seit Mitte der siebziger Jahre das Thema »Umwelt/Ökologie« im Westen ins Zentrum des gesellschaftlichen, politischen und auch des philosophischen Interesses rückte und Kritik an technologischen Großprojekten und an der Nutzung der Kernenergie laut wurde, sprach die Kaderphilosophie von einem »neuen bürgerlichen Irrationalismus« sowie von »Wissenschafts-, Technik- und Fortschrittsfeindlichkeit« als sich durchhaltendem Grundzug »bürgerlicher Ideologie/Philosophie«. Zuguterletzt beurteilte man die »Alternativ-Ökologie-Bewegung« als »fünfte Kolonne« des »imperialistischen Kapitalismus«.[49] Es gab nur wenige Philosophen in der DDR, die wie Wolfgang Harich den Mut aufbrachten, auch für den realexistierenden Sozialismus eine ökologische Neubesinnung zu fordern. Allerdings konnte sein Buch *Kommunismus ohne Wachstum (1975)* nur im Westen erscheinen, wo es übrigens, seiner politischen Konsequenzen wegen, nicht zuunrecht als »Öko-Stalinismus« kritisiert wurde. Die Kritik der Kaderphilosophie im »Marx-Engels-Jahrbuch« des Instituts für Marxismus-Leninismus an Harichs ökologischen Vorschlägen konzentrierte sich stattdessen auf die Zumutung, dem Sozialismus überhaupt Umweltprobleme anzulasten.

Zweifellos befand sich die Kaderphilosophie in den siebziger Jahren auf dem Höhepunkt ihrer Macht. Die Richtungskämpfe waren ausgestanden oder marginalisiert worden, die Gleichschaltung funktionierte bei gelegentlichen kleine-

---

[47] *Die Frankfurter Schule im Lichte des Marxismus*, Berlin 1971; W.R. Beyer, *Die Sünden der Frankfurter Schule*, Berlin 1971; R. Bauermann/H.J. Rötscher, *Die Aussöhnung der ›Kritischen Theorie‹ mit den imperialistischen Herrschaftsverhältnissen*, Berlin 1972; H. Ley/T. Müller, *Kritische Vernunft und Revolution. Zur Kontroverse zwischen Hans Albert und Jürgen Habermas*, Köln 1971.
R. Steigerwald, *Herbert Marcuses dritter Weg*, Berlin 1969; A. Kosing, Die Verfälschung und Preisgabe der materialistischen Dialektik durch den modernen Revisionismus. In: *Deutsche Zeitschrift für Philosophie* 2/1972; D. Bergner/R. Mocet, *Neues im Revisionismus?* Berlin 1975.
[48] R. Steigerwald, *Der wahre oder konterrevolutionäre Sozialismus. Was wollen Havemann, Dutschke und Biermann*, Berlin 1977.
[49] S. Wollgast/G. Banse, *Philosophie und Technik*, Berlin 1979, besonders S. 200 ff.

ren Nachbesserungen, die Kooperation mit dem »großen Bruder« in Sachen Philosophie klappte jetzt mehr denn je ohne Unterwürfigkeit wie noch in den fünfziger und sechziger Jahren. Trotz Klaus' peinlicher Degradierung war das internationale Ansehen der »DDR-Philosophie« nicht wesentlich gesunken, dank der Philosophen-Reisekader, die nunmehr selbstsicher und zum Teil moderat auf Kongressen in Erscheinung traten.

Als Vorsitzender der Internationalen Hegelgesellschaft konnte Manfred Buhr im Duktus des Grand Seigneur mit augenzwinkerndem Understatement viele Kollegen im westlichen Ausland für sich einnehmen, ja sich als bedeutenden »deutschen« Gegenwartsphilosophen feiern lassen.

Die siebziger und achtziger Jahre sind desöfteren schon als die langweiligsten in der Geschichte der DDR-Philosophie bezeichnet worden: Alles schien still zu stehen, und man erging sich in endlosen Wiederholungen, warnte vor, entlarvte immer wieder, differenzierte auch mal hie und da, wo es gerade oppurtun war, wußte stets die politischen Entwicklungen ins rechte Licht zu rücken, versäumte keine Jubilaeen.

Kaum vorstellbar, daß, abseits von dieser »Friedhofsruhe« und arroganten Selbstgewißheit in der Kaderphilosophie, auf einem anderen Schauplatz sich Entwicklungen Bahn brachen, die den Kernbestand des Marxismus-Leninismus sukzessive auszuhöhlen begannen.

6. Die Erosion des Feindbildes und die Sklerose der marxistisch-leninistischen Philosophie

Von westlichen Beobachtern und Kommentatoren kaum registriert, zeichneten sich schon seit Ende der siebziger Jahre Veränderungen im Diskussionsstil, in der Rezeption und Interpretation ab, die auf einen bevorstehenden Umbruch im Gefüge des Marxismus-Leninismus hindeuteten.

Die wichtigsten Impulse gingen von Literaturwissenschaftlern, Literaten, Dichtern, aber auch von den in die Literaturwissenschaften abgewanderten Philosophen aus, die hier mehr Freiräume als in der Kaderphilosophie vorfanden. Die fortschreitende Professionalisierung und Internationalisierung hatte in diesen Disziplinen ideologische Dämme abgebaut und die Feindbilder des Marxismus-Leninismus in den Hintergrund gedrängt.

Die von der Kaderphilosophie geschmähte »Deutsche Romantik« und die »Lebensphilosophie«, ja selbst der zum Hauptfeind erklärte Nietzsche erfuhren hier eine gerechtere, weil differenziertere Würdigung.[50]

---

[50] Siehe hierzu: Norbert Kapferer, Friedrich Nietzsche und Martin Heidegger in der gegenwärtigen DDR-Philosophie. In: *Ideologie und gesellschaftliche Entwicklung in der DDR. Sonderheft des Deutschland-Archivs*, Köln 1985; Norbert Kapferer, Zur Rezeption von Friedrich Daniel Schleiermacher in der DDR. In: *Deutschland-Archiv.* Heft 12/1986.

Mit weitaus weniger Berührungsängsten diskutierten Germanisten nun Fragen der »Hermeneutik« oder die Fruchtbarkeit psychoanalytischer Interpretationsmethoden in der Literaturwissenschaft. Während die Kaderphilosophie noch vor sich hindämmerte oder zum xten Male den Begründer der Psychoanalyse als »Irrationalisten« entlarvte, veröffentlichte der Schriftsteller Franz Fühmann erstmals in der DDR eine Sammlung von Texten Sigmund Freuds.[51] Romanisten und andere Literaturinteressierte forderten aufeinmal ungeniert Werkausgaben von Jean-Paul Sartre, Simone de Beauvoir und Albert Camus. Vergessen schien auf einmal die Zeit, als man noch um die Rehabilitierung der modernen Weltliteratur (Kafka, Proust, Joyce, Musil u. a.) streiten mußte, weil Kaderphilosophen wie Kurella, Hager, Mende, Steigerwald, Abusch, Buhr u. a. skandierten: »Wir brauchen keine entfremdete Literatur«.

Auch in den Naturwissenschaften, in der Psychologie, Soziologie wie in den Geschichtswissenschaften wurden lang gehegte Tabus gebrochen, teilweise sogar auf parteiliche Anordnung. So paßte die Umwertung der historischen Rolle Martin Luthers, Friedrichs II. und Bismarcks und überhaupt Preußens gut zum Image einer selbstbewußter auftretenden DDR, brachte aber die Herren Geschichtsphilosophen aus der Kaderphilosophie in enorme Bedrängnis.

Aus den Naturwissenschaften hatte sich der Marxismus-Leninismus längst schamhaft zurückgezogen und beschränkte sich auf den »Vorwort-Diamat«. In der Psychologie existierte er angesichts der Übernahme westlicher Methoden nur als ›Etikett‹.[51 A]

In den achtziger Jahren hatten sich in den verschiedensten Bereichen der DDR-Gesellschaft ökonomische und soziokulturelle Wandlungen vollzogen, die kaum noch mit dem herkömmlichen marxistisch-leninistischen Begriffsinstrumentarium beschrieben oder erfaßt werden konnten, vom Einzug westlicher Popkultur und Modetrends (Punks, Skinheads)[52] über das Aufkommen autonomer Friedens- und Ökologiebewegungen unter dem Schutzschirm der evangelischen Kirche. In Anbetracht des bevorstehenden Modernisierungsdruckes bereiteten DDR-Ökonomen vorsichtig auf zu erwartende soziale Differenzierungsprozesse vor.

Diese kaum mehr ignorierbaren Veränderungen in der DDR samt ihrer Folgen für die geistige Landschaft führten nun auch zu vorsichtigen Vorstößen und Reformbestrebungen aus den Reihen der Kaderphilosophie selbst. Der zweiten

---

[51] Norbert Kapferer, Zur Psychoanalyse-Diskussion in der DDR. In: *Deutschland-Archiv*. Heft 11/1989.

[51 A] Norbert Kapferer: Marxismus-Leninismus als Etikett. Die Psychologie der DDR. In: Deutschland-Archiv 11/1987.

[52] Norbert Kapferer, Traditionspflege, Fortschrittspathos und Popkultur. Zum Verhältnis von Anspruch und Realität kultureller Identität in der DDR. In: *Sonderheft des Deutschland-Archiv: Traditionen und Fortschritt in der DDR*. Köln 1986.

oder mittleren Generation lag nicht mehr so viel am Klassenkampfpathos. Der »antifaschistische Kampfgeist«, der Teile der ersten Generation noch beseelte und der zu den eingangs geschilderten Haßtiraden und Unversöhnbarkeitsparolen führte, war einer eher nüchternen Haltung gewichen. Man erfüllte einerseits seine Pflichten und lieferte zensurpassable Manuskripte, pflegte andererseits und meistens im Stillen seine privat-philosophischen Hobbies. Hier reizte vielleicht gerade das in Giftschränken Aufbewahrte und sonst nicht Zugängliche, weil Verbotene, wie Nietzsche, Schopenhauer, Heidegger, Jaspers, Adorno, Wittgenstein, Max Weber. Vielleicht wurde das Interesse von den jungen Studenten angeregt, die sich noch respektloser zu den Geboten und Verboten der alten Kader verhielten und in den Seminaren sich nach Habermas, Foucault, Bourdieu, Lyotard etc. erkundigten bzw. sich Texte der genannten Autoren schon längst im Westen besorgt hatten und diese in internen Zirkeln diskutierten.

Zu den weitaus riskanteren Vorstößen der Literaturwissenschaftler gesellten sich also die Versuche aus den Reihen der Kaderphilosophie, pauschale Verdammungsurteile über Schopenhauer, Nietzsche, Heidegger, Jaspers wenigstens abzumildern.

Selbst bei den Hardlinern in der Kaderphilosophie begann sich die Haltung gegenüber dem früheren ›inneren Feind‹ aufzulockern: So wurde Georg Lukács als ›Marxist‹ bzw. als ›Marxist-Leninist‹ rehabilitiert, und dem verfemten Ernst Bloch wurde die Daseinsberechtigung als »aufrechter antifaschistischer Philosoph« in der DDR zuerkannt.[53]

Die Auflösungstendenzen des Feindbildes mußten aber spätestens dann zu einer Konfrontation zwischen den ›Reformern‹ und den ›Konservativen‹ führen, als nicht antastbare Restbestände zur Disposition gestellt wurden: das symbolische Feindbild ›Nietzsche‹. Seit 1982 bahnte sich ein Zusammenprall an, der sich dann im Jahre 1988 voll entlud. Noch einmal mobilisierte die Kaderphilosophie ein letztes ideologisches Aufgebot und fuhr die alten schweren Geschütze auf. Doch das Pulver war inzwischen verdorben, und der gezielte Schuß wurde zum Rohrkrepierer: Ein Schrei der Empörung ging durch die intellektuelle Landschaft. Schriftsteller, Literaturwissenschaftler und selbst Philosophen sprachen vom »Rückfall in den Stalinismus«, von einer »neuen Inquisition«. In der Kaderphilosophie war seit langem wieder ein ernsthafter Konflikt ausgebrochen, der

---

[53] Norbert Kapferer, Georg Lukács im Lichte des Spätmarxismus. In: *Deutschland-Archiv,* 4/1988; Manfred Jäger, Die langsame Wiederkehr eines Verfemten. Zur Rezeption Ernst Blochs in der DDR. In: *Deutschland-Archiv,* 10/1985.

im Sinne der Gralshüter des Feindbildes unter den gegebenen Bedingungen nicht mehr geglättet oder entschieden werden konnte.[54]
Wie sehr die alten Kämpen Hager, Buhr, Hahn, Hörz, Eichhorn, Wittich schon mit dem Rücken zur Wand standen, zeigte ihr letzter Auftritt am Vorabend der ›friedlichen Revolution‹ anläßlich eines ›Rundtischgesprächs‹ zum Thema »40 Jahre DDR – 40 Jahre Philosophie in der DDR«.[55]
Die hier demonstrativ zur Schau gestellte vollmundige Arroganz, Schönfärberei, Lobhudelei konnte nicht darüber hinwegtäuschen, daß der Marxismus-Leninismus eine bereits in Verwesung übergehende Leiche war.

7. Resümee

Eine abschließende Betrachtung des Aufstieges und des Falls der Kaderphilosophie wird es, wie in anderen Fällen auch, wohl kaum geben können. Insgesamt harrt die Geschichte der Philosophie in der DDR – die nicht deckungsgleich mit der Geschichte der Kaderphilosophie ist – noch der Bearbeitung. Sie kann indessen wohl kaum unabhängig von der Geschichte der Philosophie in der Bundesrepublik geschrieben werden.

Zum gegenwärtigen Stand der Aufarbeitung läßt sich wenigstens soviel sagen:
1. Der Aufstieg und die 40jährige Herrschaft der Kaderphilosophie in der DDR bzw. die Dominanz des Marxismus-Leninismus lassen sich nur aus den Verstrickungen deutscher Geistesgeschichte, der nationalsozialistischen Herrschaft, dem Stalinismus, der Errichtung einer sozialistischen Diktatur auf deutschem Boden und dem »Kalten Krieg« zureichend verstehen.
2. Obwohl die Kaderphilosophie noch bis zum bitteren Ende funktionierte, hatte ihre theoretische Grundlage, der Marxismus-Leninismus, schon lange vor dem Fall der Mauer mangels eines Feindbildes sich von innen her aufgelöst. Es wäre zu diskutieren, ob dieser von vielen Seiten betriebene Auflösungsprozeß nicht als geistiger Vorläufer der ›friedlichen Revolution‹ gewertet werden könnte.

---

[54] W. Harich, Revision des marxistischen Nietzsche-Bildes? In: *Sinn und Form*, 5/1987; M. Buhr, Es geht um das Phänomen Nietzsche. In: *Sinn und Form*, 2/1988; A. Gedö, Marx oder Nietzsche? Die Gegenwärtigkeit einer beharrenden Alternative. In: *Deutsche Zeitschrift für Philosophie*, 9/1988; H. Malorny, Zu den gegenwärtigen Auseinandersetzungen um die Philosophie Nietzsches. In: *Deutsche Zeitschrift für Philosophie* 9/1988; H. M. Gerlach: F. Nietzsche – ein Philosoph für alle und keinen. In: *Deutsche Zeitschrift für Philosophie* 9/1988; Heinz Pepperle, Wer zuviel beweist, beweist nichts, In: *Sinn und Form* 2/1988; Stephan Hermlin: Von älteren Tönen. In: *Sinn und Form* 1/1988.
[55] Nach persönlicher Auskunft des Diskussionsleiters Jörg Schreiter soll dieses »Rundtischgespräch« im Mai 1989 stattgefunden haben. Veröffentlicht in *Deutsche Zeitschrift für Philosophie* 10/11/1989.

3. Die Herrschaft der Kaderphilosophie beschreibt gewiß kein Ruhmesblatt in der Philosophie. Sie wird als ein eher trauriges Kapitel in ihre Geschichte eingehen. Sie trägt die Mitverantwortung für die geistige Monotonie, die systematische Informations- und Kommunikationsverzerrung, die Sprachverödung und die Verbannung der Weltliteratur und Philosophie. Sie brachte es fertig, mit Humanismus- und Friedensparolen zu werben und gleichzeitig die ideologischen Grabenkämpfe des Kalten Krieges fortzusetzen.
4. Bis auf wenige Ausnahmen werden ihre philosophischen Leistungen nicht über das Ende des »real existierenden Sozialismus« hinausweisen.

Die philosophischen Leistungen von Georg Lukács und Ernst Bloch stehen für sich selbst: Doch ihr politisch-philosophisches Engagement in den Jahren 1936–1956 (Lukács) und 1949–1956 (Bloch) wird sie nicht unbeschädigt in die Geschichte der Philosophie eingehen lassen. Ein Vergleich mit Heidegger drängt sich unweigerlich auf.

Etwas anders steht es um Georg Klaus: Klaus vermochte die philosophische Dimension von Logik, Logistik, Kybernetik nur unter dem eindimensionalen Gesichtspunkt des Marxismus-Leninismus zu entwickeln. Sein Erkenntnisinteresse reduzierte sich auf das Problem der Integration (formal-)wissenschaftlicher Verfahren in ein weltanschauliches Glaubenssystem. Es schmälert indessen nicht Klaus' Leistungen als Logiker, Mathematiker, Informatiker und Semiotiker, wenn man in Zweifel zieht, daß seine philosophische Bedeutung über die Geschichte der DDR-Philosophie hinausweist.

Dies trifft in noch stärkerem Maße auf Manfred Buhr zu. Seine Studien zu Hegel und dem deutschen Idealismus waren und sind nur für die kaderphilosophische Frage- und Problemstellung hinsichtlich des philosophischen Erbes relevant. In seiner Auseinandersetzung mit Repräsentanten der Gegenwartsphilosophie brachte er keine originellen Gesichtspunkte ein, argumentierte vielmehr aus zweiter oder dritter Hand.

Was die Auseinandersetzung mit der sogenannten »Spätbürgerlichen Philosophie« anbetrifft, also mit der wirklich bedeutenden Philosophie von Nietzsche/Schopenhauer bis Foucault, so hinkte die Kaderphilosophie weit hinter dem westlichen Marxismus hinterher. Ihre Leistung bestand in den letzten zehn Jahren darin, ein Stück weit ihre mitverschuldete Unmündigkeit zu überwinden und tendenziell Anschluß an die westliche Diskussion zu finden.

Noch schlechter bestellt ist es um die philosophische Auseinandersetzung mit den Problemen der industriellen/postindustriellen Gesellschaft, mit Fragen der Ethik, Ästhetik, Ökologie und der Technologie wie der modernen Wissenschaften. Was hier in der Endphase der DDR von Bedeutung war, hatte den Marxismus-Leninismus schon weitgehend hinter sich gelassen.

Erhebt sich abschließend die Frage, ob die Kaderphilosophie wenigstens einen ernstzunehmenden Beitrag zur Marx/Marxismusforschung geleistet hat.

Diskussionen

Emil Angehrn

Zivilgesellschaft und Staat
Anmerkungen zu einer Diskussion

I

Die Schwierigkeit, sich in der seit einigen Jahren in Umlauf gekommenen Diskussion über Zivilgesellschaft Klarheit zu verschaffen, ist eine mehrfache. Zum einen hat sie mit Herkunft und Bezugsfeld der Diskussion zu tun. Die in den beiden letzten Jahrzehnten in osteuropäischen Staaten geführte Diskussion bewegt sich im Horizont einer Sichtung von Oppositionsformen und demokratischen Alternativen zum herrschenden Staatsapparat und verweist mit dem Titel der *civil society* auf das, was fehlt: auf nicht vom Staat integrierte Formen gesellschaftlicher Tätigkeit und Selbstorganisation. Viele haben den 1989 kulminierenden Prozeß als Wiedergewinnung der Zivilgesellschaft beschrieben.[1] Angesprochen ist darin ein ganzes Syndrom von praktischen Leitmotiven und institutionellen Vorstellungen, die nicht ohne weiteres auf einen Nenner zu bringen sind. Zum Teil verwandte Motive bestimmen die westliche Diskussion, die ihrerseits ein Ungenügen an der realen Verfaßtheit des Politischen zum Ausdruck bringt – eine Gemeinsamkeit, die allerdings ihre Grenzen hat: Manches, was dort zum vitalen Anliegen gehört(e) – der Übergang zum pluralistischen Mehrparteiensystem und zur liberalen Marktwirtschaft –, ist hier Teil der als defizient kritisierten Realität. Schon dies läßt fraglich werden, ob die grenzüberschreitende Diskussion einen einheitlichen Fokus habe. In der deutschsprachigen Diskussion kommt die eigenartige Doppelterminologie hinzu: »Zivilgesellschaft« oder »civil society« kommen als Alternativbegriffe neben »bürgerliche Gesellschaft« zu stehen, womit sich irgendwie die Unterstellung verbindet, daß der letzte Begriff für das verhandelte Anliegen zu eng oder zu einseitig sei; »bürgerliche Gesellschaft« bleibt gewissermaßen zu stark durch die Hegelsche Prägung und die Marxsche Diskreditierung besetzt, um im Diskurs frei verfügbar zu sein. Zivilgesellschaft hat mit dem Bürgerlichen zu tun, wobei aber als semantische Anschlußstelle teils eher Kontexte wie »ziviler Ungehorsam« und »Bürger(rechts)bewegungen«, »Bürgerinitiativen« etc. fungieren.

---

[1] Ash 1990, 224; U.K. Preuß, in: Th. Blanke/R. Erd (Hrsg.), *DDR. Ein Staat vergeht,* Frankfurt 1990, 84. – Vgl. Keane 1988, Michalski 1988

Die schon öfters monierte theoretische Ungeklärtheit des Begriffs in der gegenwärtigen Diskussion[2] affiziert auch die Verhältnisbestimmung von Zivilgesellschaft und Staat und verweist dabei zum ersten auf die Tatsache, daß hier mit einem Gegensatz operiert wird, der etymologisch und sachlich so zunächst gar nicht gegeben ist. Vom Eingangssatz der aristotelischen *Politik* bis zu Kants *Metaphysik der Sitten* (§§45f.) und teils darüber hinaus gelten Staat und bürgerliche Gesellschaft als dasselbe. Dabei ist die Gleichsetzung von *polis* und *koinonia politike, civitas* und *societas civilis* nicht so zu verstehen, daß wir hier einfach über zwei austauschbare Namen für dasselbe verfügten. Vielmehr hat sie genauen definitorischen Sinn: Der Staat wird aus den verschiedenen menschlichen Gemeinschaften als die politische/zivile hervorgehoben und dadurch von anderen Formen der Vereinigung, allen voran der häuslichen/ökonomischen abgehoben.[3] Die begriffsgeschichtliche Zäsur findet sich bekanntlich bei Hegel, der die Differenz von Staat und bürgerlicher Gesellschaft ausdrücklich gegen deren Verwechslung (etwa in naturrechtlichen Vertragstheorien) unterstreicht[4] und zugleich darauf verweist, daß es hier nicht um eine rein begriffliche Distinktion, sondern um den Nachvollzug einer realen Differenzierung geht, die als solche ein Produkt der Moderne ist.[5] Modern kann man sie zum einen im Blick auf die von Luhmann betonte funktionale Differenzierung der Gesellschaft nennen; zum anderen mit Bezug auf das von Hegel unterstrichene Recht der subjektiven Freiheit, das seinen institutionellen Rahmen vorab in der bürgerlichen Gesellschaft findet.

Nun ist nicht Hegels Unterscheidung als solche für die heutige Diskussion bestimmend, ebensowenig wie andere traditionelle Begriffsprägungen. Honneth nennt (in Weiterführung einer Unterscheidung von Ch. Taylor) drei Kristallisationspunkte: erstens den (etwa bei Locke beschriebenen) vorpolitischen Zusammenschluß der Bürger in den Medien des Wirtschaftens und der öffentlichen Meinungsbildung; zweitens die (etwa bei Montesquieu und Tocqueville präsente) Ebene der rechtlich-politisch verfaßten Assoziationen und Körperschaften der öffentlichen Selbstverwaltung, welche Gegeninstanzen zu Staat und Regierung bilden und diese kontrollieren; drittens die von Gramsci als »società civile« geschilderte Sphäre der öffentlichen Meinungsbildung, die zum ökonomischen wie politischen Funktionsbereich gleichermaßen Abstand hält, aber als Konsens- und Wertbildung auf beide Einfluß nimmt. Es kann hier nicht darum gehen, das Spektrum der Begriffsverwendungen auszuleuchten oder *den* adäquaten Begriff zu definieren; dazu wäre eine sowohl systematisch wie geschichtlich – realhisto-

---

[2] Vgl. Honneth 1992, Keane 1988, 6ff.
[3] Noch bei Christian Thomasius (1725) heißt es: »Die Gesellschaft der Menschen an sich selbst ist entweder bürgerlich oder häuslich« (Riedel 1969, 144); vgl. Riedel 1975
[4] Rechtsphil. § 33 Zusatz, § 258 Anm.
[5] Rechtsphil. § 182 Zusatz

risch und ideengeschichtlich – differenzierte Analyse erforderlich. Statt dessen soll allein versucht werden, einige bestimmte Motive auszumachen, die in gegenwärtigen Diskussionen mit dem Begriff der Zivilgesellschaft ins Spiel gebracht werden. Dazu empfiehlt es sich, nicht vom Begriff in seiner weitesten Bedeutung auszugehen, sondern ihn mit einer doppelten Spezifizierung aufzunehmen.

Zum einen ist offenkundig, daß in gegenwärtigen Debatten unter dem Titel der Zivilgesellschaft etwas interessiert, was dem Politischen oder Staatlichen nicht einfach als das Andere gegenübersteht. Nicht das System der Bedürfnisse als solches und nicht Bildung und Kultur als solche stehen im Blick: Zivilgesellschaft ist ein Thema politischer Reflexion und beschäftigt sich (u. a.) mit jenen Bereichen, soweit sie in einem bestimmten Verhältnis zum Politischen stehen (auf es bestimmte Auswirkungen haben, für es bestimmte Funktionen erfüllen), als selber in einem weiten Sinn *politische* Größen. Zum anderen liegt darin, daß der Begriff, als politischer, durch seinen *Gegensatz* zum Staat definiert ist: Er ist insofern negativ bestimmt, teils Komplementärbereich zum Staat, teils Sammelbegriff für Vorstellungen und Motive, mit denen auf ein Ungenügen des Staats, auf ein Unbehagen am Staat reagiert wird. Bürgerinitiativen und ziviler Ungehorsam verstehen sich als Korrektive, welche Entscheidungen der politischen Instanzen beeinflussen, konstitutive Defizite des Systems kompensieren, funktionale und normative Lücken füllen. Zwar erschöpft sich der zivile Impuls nicht in der Antithese; ebenso kann er Ergänzungs- oder Begründungsfunktion für Politik übernehmen. Gleichwohl legt es sich nahe, eine Verständigung über Zivilgesellschaft zunächst an der kritischen Stoßrichtung des Begriffs festzumachen; dazu sind als erstes Aspekte der *Kritik am Staat* zu präzisieren (II.). Danach sind *Funktionen* der Zivilgesellschaft (III.), ihre Interferenz mit der *Institutionalisierung* des Politischen (IV.) sowie *Grenzen* des zivilgesellschaftlichen Ideals (V.) aufzuzeigen.

II

a) Kritik am Staat aus der Sicht der Gesellschaft ist so alt wie die Formulierung ihrer Differenz: Marx' Abrechnung mit Hegels Rechtsphilosophie ist Kritik am Staat als Kritik an der *Differenz*. Differenz heißt hier Entfremdung: Kritisiert wird der Staat als eine vom Handeln der Subjekte abgelöste, verselbständigte Sphäre des Sozialen, welche den Individuen und jeder lebendigen Gemeinschaft als fremde Macht gegenübertritt und über sie herrscht. Die Gesellschaft soll sich die entäußerten Potenzen der Selbstregulierung wieder aneignen; die Utopie einer *unmittelbaren* Sozialität, an welche die spätere Foderung einer Aufhebung des Staates anschließt, will die nicht-entfremdete Arbeit und lebendige Gemeinschaft in direktester Weise verknüpfen. Es ist ein Ideal, dessen sozialphilosophische Fragwürdigkeit auf der Hand liegt: Sein strenger Anti-Institutionalismus läßt fraglich werden, ob in ihm eine Alternative (und nicht nur ein Komplementärmoment) zu einem wie immer vereinseitigten Staat zu suchen ist. Gleichwohl bildet die Stoßrichtung der Kritik ein bedeutsames Element einer Gegenkonzeption zur bestehenden Form des Politischen.

b) In gewisser Affinität dazu steht die Kritik am Staat als *identitärem* Gebilde. Das Stichwort des Identitären, das Castoriadis zu einem Angelpunkt seiner Theorie des gesellschaftlich Imaginären als des Ursprungs historischer Kreativität macht, steht für die fixierende Vergegenständlichung, die sich dem schöpferischen Impuls widersetzt; es wird von Rödel, Frankenberg und Dubiel zur Charakterisierung einer verengenden Institutionalisierung des Politischen übernommen. In ihm verbindet sich – wie in anderen negativ konnotierten Verwendungen des Identitätsbegriffs (etwa in der Rede vom Identitätszwang) – die falsche Vergegenständlichung mit der falschen Vereinheitlichung: die starre Verfestigung gegen die »alltägliche Neugründung« des Politischen[6] mit der Homogenisierung und Singularisierung kollektiver Identität in *einem* Staat, *einer* Nation. Im weiteren Rahmen wird unter dem Stichwort der Mangel an Pluralität und Liberalität im politischen System problematisiert.

c) Gleichsam gegenläufig dazu artikuliert sich das Unbehagen an der modernen Dezentrierung des Politischen, wie sie nach Luhmann aus der *funktionalen Differenzierung* der modernen Gesellschaft resultiert: Politik ist nicht mehr das Ganze und Höchste, sondern ein Sonderbereich neben anderen und damit erneut, wenn auch in anderem Sinn, von der lebendigen Sozialität abgespalten und den einzelnen fremd geworden. Sie ist intern durch den Machtkampf wechselnder Mehrheiten, nach außen durch die Herstellung bindender Entscheidungen definiert, nicht mehr Gesamtrahmen einer kollektiven Identitätsbildung oder normativen Selbstverständigung. Das Unbehagen, das hier zum Ausdruck kommt, ist nicht mehr unmittelbar Protest gegen den Staat, sondern ein Unbehagen an der Verfaßtheit der Gesamtgesellschaft, deren Ausdifferenzierung Orientierungsverluste und Dysfunktionalitäten mit sich bringt (etwa für die Lösung gesamtgesellschaftlicher, z. B. ökologischer Probleme). Man mag in der Auflehnung dagegen einen Protest gegen die funktionale Differenzierung als solche[7], ja gegen die Moderne sehen – auch wenn kein Zufall ist, daß sich dieser in bevorzugter Weise am Politischen und seiner Selbstblockierung festmacht.

d) Strittig ist im weiteren die *Aufgabenteilung* zwischen Gesellschaft und Staat, und Anstoß erregt die *unzulängliche Leistungsfähigkeit* des letzteren. Die Stellungnahmen zum ersten Punkt divergieren je nach politischer Position; wo die einen

---

[6] Rödel u. a. 1989, 71
[7] Niklas Luhmann, *Ökologische Kommunikation*, Opladen 1986, 234.

mangelhafte Steuerung beklagen, kritisieren andere den Interventionismus. Unkontrovers ist die Grenze staatlicher Effizienz, die mangelhafte Realisierung sozial- und wohlfahrtsstaatlicher Ziele; sie läßt Selbsthilfegruppen und -organisationen entstehen, die teils Funktionsdefizite der Verwaltung kompensieren, teils in gewollter Distanz zu staatlichen Instanzen und Monopolen tätig sind.

e) Schließlich wird das *Demokratiedefizit* herrschender Systeme angeklagt, und zwar nicht nur der Scheindemokratien des bürokratischen Sozialismus, sondern der parlamentarischen, repräsentativen Demokratien des Westens. Die Intransparenz der Machtkanäle und Interessenverflechtungen, die Schwerfälligkeit und Vermitteltheit persönlicher Einflußnahme, die Entstehung von Eigengesetzlichkeiten des Systems, das Übergewicht von Wirtschaft und Verwaltung usw. lassen den Ruf nach Demokratisierung von Staat und Gesellschaft aufkommen. In gewissem Sinne ist damit der zentrale Bezugspunkt für die Problematisierung des Staates und indirekt auch für die Thematisierung der Zivilgesellschaft benannt. Das Problem der Demokratie, wie es sich in zugespitzter Form bei Rousseau zeigt, besteht darin, Freiheit und Gleichheit so zu vereinbaren, daß der einzelne in der Gemeinschaft nichts von seiner Freiheit aufgibt. Die Schwierigkeit kollektiver Selbstbestimmung offenbart sich in der Strenge der Leitvorstellungen, der volonté générale und der damit einhergehenden Moralisierung der Bürger. Nicht nur wird ein kollektives Ethos als Grundlage der Gesellschaft, sondern eine reale Übereinstimmung postuliert, die nicht nur die Rahmenbedingungen des Zusammenlebens, sondern den jeweiligen Mehrheitswillen betrifft: Die paradoxe Auflösung des Mehrheit-Minderheit-Problems, wonach die Minderheit nicht ihr Überstimmtwerden, sondern ihre Selbsttäuschung mit Bezug auf das wahre Allgemeine (das auch sie »an sich« gewollt haben soll) akzeptieren muß, zeigt die Unhaltbarkeit der Konstruktion. Die Tyrannei der Mehrheit wird durch den Tugendzwang für den einzelnen nur scheinbar gemildert. Der Ausweg ist zunächst die Ebenendifferenzierung, die das zustimmungspflichtige Allgemeine nur auf der Ebene der Institution bzw. des Verfahrens ansiedelt und damit den Raum für die Eigeninteressen der einzelnen freigibt. Das generelle Erfordernis lautet, die Vermittlung von Allgemeinheit und Besonderheit zu leisten, die individuelle Selbstbestimmung wie die Durchsetzbarkeit eines Allgemeinen zu ermöglichen. Das Spannungsverhältnis der Erfordernisse legt es nahe, die Lösung nicht in *einer* kompakten Institution zu suchen; die institutionelle Gewährleistung jener Vermittlung weist zunächst auf die spezifische Ausgestaltung des politischen Systems (Gewaltenteilung, Partizipationsmechanismen).

Im weiteren aber zeigt sich, daß hier Desiderate artikuliert werden, die nicht im Binnenbereich des Politischen allein zu erfüllen sind. Sofern man hier das Konzept einer Zivilgesellschaft ins Spiel bringt (und sich nicht mit systemimmanenten Korrektiven, etwa der erhöhten Bürgernähe von Abgeordneten begnügen will), ist es wichtig, ihre Funktionen näher zu bestimmen. Diese Bestimmung ist nicht aus dem Begriff zu gewinnen: Nicht nur hat sich das Konzept der

Zivilgesellschaft als historisch äußerst variabel gezeigt; auch seine neuzeitliche Entfaltung folgt in verschiedenen Ländern und Kulturen einer je eigenen politischen Semantik.[8] Im Blick auf Erfordernisse wie die genannten soll versucht werden, generelle Bestimmungen der Zivilgesellschaft auszumachen.

III

Die Zivilgesellschaft ist eine Sphäre sozialer Institutionen und Organisationen, die nicht direkt der Funktion politischer Selbstverwaltung integriert sind und nicht unmittelbar staatlicher Regulierung unterliegen, doch in verschiedener Weise auf den Staat einwirken: für ihn Grundlagen bereitstellen, Rahmenbedingungen setzen, seine Leistungen ergänzen, ihn aktiv beeinflussen. In Wirtschaft, Kultur, Bildung, Medien, Verbänden usw. erfüllt die Zivilgesellschaft Funktionen, die sich nicht in der Koordinierung von Privatinteressen erschöpfen, sondern die Konstitution eines Allgemeinen tragen. Sie bildet *kollektive Identität(en)*, begründet *Gemeinsinn,* stiftet *Öffentlichkeit,* fördert *soziale Sicherheit*.

a) Die Bildung eines *kollektiven Selbstbewußtseins* vollzieht sich im Medium kognitiver und normativer Reflexion zugleich.[9] Zwar gilt in gewisser Hinsicht gerade der Staat als letztbestimmend für kollektive Identität, hinsichtlich des internen Zusammenhalts wie der Abgrenzung nach außen: Er verfügt über die stärkste zentrale Steuerungsgewalt, und er bezeichnet die härteste Grenze, die entschiedenste (notfalls im Krieg erprobte) Zugehörigkeit. In der konkreten Realität indes überlagern sich Zugehörigkeiten verschiedenster (ethnischer, kultureller, beruflicher, religiöser, ständischer etc.) Art und bilden für den einzelnen den komplexen Raum seiner Sozialität. Sie sind alle nicht nur Weisen der faktischen Grenzziehung, sondern Modi der Selbstverständigung, der Herstellung von Selbstbildern, der Reflexion über Herkunft, Zugehörigkeit und Werte. Je nach Bereich und inhaltlicher Besetzung sind solche Identitätsformationen ganz verschieden strukturiert. Unter ihnen ist die spezifisch »zivile« Gemeinschaft zunächst durch zwei Merkmale ausgezeichnet: Sie ist auf die Regelung des gemeinsamen Lebens hin orientiert, und sie ist territorial begrenzt. Durch das erste hebt sie sich von bloßen Interessenverbänden ab, durch das zweite von transnationalen Einheiten wie Religion, Klasse, Bildungsstand, aber auch von der Idee des Weltbürgertums; im Normalsinn unterstellt der Bürgergedanke die Teilnahme an einer partikularen Gemeinschaft. Deren Identität verlangt weder ethnische noch kulturelle Homogenität.

---

[8] vgl. Koselleck 1991
[9] vgl. Shils 1991, 14 ff.

b) Ebenso bedeutsam wie die Ausgrenzung ist der innere Zusammenschluß und die Ausbildung der ihn tragenden Haltung: der Zivilität, des – über Gruppensolidarität hinausgehenden – aktiven *Bürgersinns, des Gemeinsinns*. Hier werden Grundlagen des Politischen gelegt, die für das Funktionieren der Institutionen vorausgesetzt sind, doch nicht von ihr erzeugt werden können. Eine zweifache Einstellung zum Allgemeinen ist erfordert: ein Interessiertsein an den gemeinsamen Angelegenheiten, das gleichzeitig ein Interesse an aktiver Beteiligung einschließt – ein eigentlich politisches Interesse –, und ein basales Interesse am Gemeinwohl, das Elemente gelebter Solidarität enthält. Bürgertugenden sind nicht in einer moralischen Umwandlung des naturgegebenen Egoismus, sondern über die Ausübung einer Praxis realisierbar, in welcher der einzelne als vollberechtigtes Mitglied am Ganzen mitwirkt und zugleich für dieses Verantwortung übernimmt.[10] Ohne gelebtes Ethos ist kein Kollektiv überlebensfähig; keine Verfassung vermag von sich aus die motivationalen Ressourcen bereitzustellen, ohne welche sie abstrakt und tot bleibt. Das Politische – wenn dieses über staatliche Institutionen und deren Tätigkeit definiert ist – bezieht Impulse aus einem nicht- und vorpolitischen, bürgerlichen Rahmen. Das Interesse am Allgemeinen, das gelebte Vertrauen, die Teilnahme am gemeinsamen Wollen sind für jede politische Einheitsbildung und jede kollektive Selbstregulierung vorausgesetzt und durch keine noch so rational zwingenden Verträge und Argumente zu ersetzen.

c) Als drittes wirkt Zivilgesellschaft als *kulturelle Öffentlichkeit*. In ihr findet die Auseinandersetzung um kollektive Orientierung, um Werte und Zwecke statt, vollzieht sich der Kampf der Ideologien und der Wandel der Weltbilder. Daß diese Sphäre vom Staat freigegeben ist, ist von unmittelbarer Bedeutung für beide Seiten: Öffentlichkeit kann als staatlich regulierte nicht wirklich bestehen und sich entfalten, sondern allenfalls Sekundärfunktionen (Legitimationsbeschaffung, gesellschaftliche Selbstrepräsentanz) erfüllen; der Staat bedarf seinerseits der ihn stützenden und in Frage stellenden Öffentlichkeit. Über sie kommuniziert der einzelne mit dem Politischen, hat er an der Gestaltung der Rahmenbedingungen der Politik, an der Transformation der institutionellen Form wie der leitenden Werthaltungen und kollektiven Präferenzen teil: Ebensosehr wie in der Verstärkung partizipatorischer Mechanismen findet das monierte Demokratiedefizit seine Antwort in der Stärkung kritischer Öffentlichkeit und ihrer Einflußmöglichkeiten auf die herrschende Politik. Basisbewegungen der letzten Jahrzehnte (allen voran die ökologische) haben die Wirksamkeit einer sich verändernden öffentlichen Meinung vordemonstriert. Nach Habermas wird kommunikative Macht »im Modus der Belagerung« ausgeübt: »Sie wirkt auf Prämissen

---

[10] Shils 1991, 48 f.

der Entscheidungsprozesse des Verwaltungssystems ohne Eroberungsabsicht ein«, indem sie »den Pool von Gründen« bewirtschaftet, auf den politische Macht zur Selbstlegitimation und Selbststabilisierung angewiesen bleibt.[11]

d) Von der generellen Wirksamkeit der kulturellen Öffentlichkeit unterscheiden sich jene Aktivitäten, die gezielt, doch außerhalb der vom System vorgesehenen Kanäle, Einfluß auf politische Entscheidungen nehmen. Aktive Gesetzesverletzungen *(»ziviler Ungehorsam«)* wollen eine klar als falsch oder ungerecht wahrgenommene Politik zur Änderung nötigen; *Bürgerinitiativen* wollen in sachlich begrenzten Bereichen staatliche Fehlleistungen abwehren oder korrigieren, das Unvermögen von Parteien und Verwaltungen (zur Integration der Bürger, Durchsetzung von Zielen, Einsicht in neue Sachlagen) bloßlegen und kompensieren, von offiziellen Instanzen nicht wahrgenommene Funktionen erfüllen. Operiert ziviler Ungehorsam im Normalfall mit hohen moralischen Ansprüchen, so bewegen sich Bürgerinitiativen im Gesamtbereich zwischen Moral und Gruppenegoismus; beide Male sind der Staat und seine Instanzen direkter Adressat von Forderungen.

e) Nicht in dieser Weise auf den Staat gerichtet sind Formen *kollektiver Selbstorganisation,* die Funktionen der sozialen Sicherung, der Lebensgestaltung, der Integration erfüllen und dabei auch Elemente plebiszitärer Selbstbestimmung realisieren (Kooperativen im Arbeits-, Kultur-, Wohnbereich etc.). Teils werden Funktionslücken des Sozialstaats geschlossen; teils werden bewußt im staatsfreien Raum Sphären des Zusammenlebens eingerichtet. Doch gehören auch sie, obwohl sie sich ggf. gegen den Staat bzw. die herrschende Politik wenden, zur lebensweltlichen Grundlage des Politischen.

Unter all diesen Hinsichten stellt die Zivilgesellschaft ein Verbindungs- und Vermittlungsglied zwischen einzelnen und dem sozialen Ganzen dar, das für die eigentlich politische Partizipation mitkonstitutiv ist. Der Zusammenschluß der atomisierten Individuen zum staatlichen Verband findet nicht unmittelbar statt, sondern über *intermediäre* Stadien der Einheitsbildung und gegenseitigen Abstimmung; Zivilgesellschaft ist der Titel für die an der Öffentlichkeit orientierten Typen solcher Koordinierung. Diese bilden ein *Fundament* staatlicher Existenz, für die sie sowohl legitimatorische wie motivationale Ressourcen abgeben; und sie üben auf das System *Druck* aus, beeinflussen es faktisch oder gezielt, bringen in ihm Ansprüche von einzelnen und Gruppen zum Tragen.

Fragt man sich, inwieweit diese Verhältnisbestimmung Möglichkeiten bietet, den in (II.) angeführten Desideraten gerecht zu werden, so ist keine einheitlichglobale Antwort möglich. Klar ist, daß das streng rousseauistische Postulat radikaler Demokratie nicht als solches eingelöst ist. Kollektive Souveränität kann die

---

[11] Habermas 1989, 475

Autonomie des einzelnen nur vermittelt zur Geltung bringen; Institutionen der Zivilgesellschaft sind – neben analogen Vorkehrungen im Politischen – Versuche, jenem Spannungsverhältnis praktikable Vermittlungsformen zu bieten. Ein Hauptgewicht besteht in der Lebendigkeit politischer Kultur. Dazu reicht nicht die Gewährleistung ihrer Minimalbedingung, der Freiheit und Liberalität, wie sie unter totalitären Regimes unter dem Titel der Zivilgesellschaft eingeklagt wird. Wesentlich ist, daß Öffentlichkeit *real allgemein* sei, d. h. daß sie von möglichst vielen, nicht nur von stellvertretenden Protagonisten getragen und wahrgenommen werde. Wenn das »vielstimmig diskutierende... Staatsbürgerpublikum« den Platz des Souveräns einnehmen soll[12], ist mehr gefordert, als daß intellektuelle, kulturelle und politische Leitfiguren im offenen Disput Alternativen (in Sachfragen, normativen Orientierungen, Weltbildern) austragen; verlangt ist die möglichst breite Streuung und Verankerung des Diskurses selber in Kultur- und Bildungsinstitutionen, Medien, politischen Organisationen und sozialen Bewegungen.

IV

Hier wird deutlich, daß solche Basisnähe unmittelbar mit der *institutionellen Verfaßtheit* des politischen Systems verknüpft ist. Es besteht gleichsam ein fließender Übergang zwischen ›bürgerlichen‹ und im engen Sinn ›politischen‹ Tätigkeiten, Lebensbereichen und Institutionen. Gerade das Ineinander-Verschränktsein hat sein eigenes Gewicht: Es widerlegt das Scheinbild einer vorpolitischen Freiheit und Sozialität, das die civil society im Gegensatz zum Staat definiert; und es widerspricht den Kritikern einer ›korporatistischen‹ Politik, die den Einfluß des Staats minimalisieren möchten. In diesem Sinn hält Ch. Taylor die auf Locke *und* Montesquieu zurückgreifende Version der civil society jener anderen überlegen, die nur den ersten Strang aufnimmt.[13] Im weiteren aber macht diese Verschränkung auch die Frage interessant, welche Vorkehrungen im staatlich-institutionellen Bereich jenen Anliegen entgegenkommen, die unter dem Titel der Zivilgesellschaft artikuliert worden sind. Dazu läßt sich an Konkretisierungen auf verschiedenster Ebene denken. Nur zwei Kristallisationspunkte seien genannt: *Föderalismus* und *direkte Demokratie*.

a) Die *Dezentralisierung* von Meinungsbildungs- und Entscheidungsprozessen bedeutet eine Erhöhung von Betroffenheit, Kenntnisstand, kommunikativer Dichte, Eigenkompetenz, Einflußmöglichkeit, Transparenz der Entscheidungsprozeduren. Auf der Hand liegt die Analogie zur postulierten Präsenz kultureller

---

[12] Habermas 1989, 468 (mit Bezug auf J. Froebel [1848])
[13] Ch. Taylor 1991, 79f.

Öffentlichkeit, ebenso die Nähe zur Kleingliedrigkeit von Gruppierungen, sozialen Bewegungen, Lebensräumen. Die für das Ganze geforderte Vermittlung von Allgemeinheit und Besonderheit gewinnt stärkere Plausibilität in überschaubaren Zusammenhängen. Das bürgerliche Leben wird nicht schon durch formale staatsbürgerliche Rechte konstituiert, sondern ereignet sich »im wirklichen Leben von wirklichen Menschen«; lokale Selbstverwaltung ist dafür ein Ort und eine Basis.[14] Wichtig ist, sich klarzumachen, daß die Verankerung der Öffentlichkeit im Besonderen keine Beschränkung aufs Besondere meint: Auch wenn partikulare Inhalte in der Nahperspektive auf mehr Verständnis, Kompetenz und Engagement stoßen, besteht Durchlässigkeit für umfassende Zusammenhänge und globale Entscheidungen. Regionalismus und Kosmopolitismus müssen nicht Gegensätze sein; kulturelle und ethnische Pluralität wird an der Basis, in Schulen, Vereinen, Gemeinden zum Teil einsichtiger und effektvoller praktiziert als auf Staatsebene. Der Nationalstaat, ohne damit abgeschafft zu sein, verliert seine Geschlossenheit und Prädominanz gewissermaßen nach oben und unten zugleich, er gibt etwas von seiner Zentrierungs- und Steuerungsfunktion an äußere und innere Instanzen ab.

Es scheint wenig sinnvoll, darüber zu spekulieren, auf welcher Ebene soziale Einheit ihre wahre Organisationsform besitzt: Die Verlegenheit der geschichtsphilosophischen Optionen – etwa die von Kant bis Toynbee debattierte Entscheidung zwischen Weltstaat und Völkerbund – ist auch heute keiner einhelligen Zielvorgabe gewichen, hat sich teils eher verschärft: Das Bewußtsein der unausweichlichen Verlagerung der Politik auf Weltebene verbindet sich mit dem Bewußtsein der Bedrohung, die darin für das Besondere und Vielfältige liegt. Immerhin haben der Gang der Dinge und die Entwicklung der Ideen die zweifache Ausrichtung akzentuiert: die Menschheitsorientierung (nicht nur als ökonomische oder militärische Zwangsläufigkeit, sondern als bejahter Horizont politischen Handelns, nicht in abstrakter Universalität, sondern von historisch gewachsenen Institutionen getragen) wie den Respekt vor dem Vielfältig-Verschiedenen. Diese doppelte Öffnung gleichzeitig zu realisieren, ist Aufgabe politischer Kultur und verlangt eine entsprechende Disponierung der Institution. Dazu ist die Diversifizierung der Ebenen politischer Partizipation, die Aufsprengung der zentralen staatlichen Fixierung ein wichtiges Element.

b) Komplementär zur Ebene ist die Form der Partizipation von Belang. Die Differenz von *direkter* und *repräsentativer* Demokratie ist in dieser Hinsicht signifikant – auch wenn auffällt, daß sie in der neueren Literatur zur Zivilgesellschaft kaum angesprochen wird. Zwar wird die Bedeutung des plebiszitären Elements in sozialen Bewegungen und Bürgerinitiativen betont, gegebenenfalls auf Basis-

---

[14] Dahrendorf 1991, 259 f.

Selbstbestimmung in Parteien reflektiert. Doch Vorschläge zur Übertragung analoger Elemente in die institutionelle Politik kommen nur vereinzelt und marginal zur Sprache. Die Vitalisierung des politischen Lebens findet im Vorbereich des Systems der Machtausübung statt. Der zuweilen erhobenen Forderung nach Verstärkung des plebiszitären Elements wird mit eigentümlich schwachen Argumenten begegnet: dem Hinweis auf die in größeren Flächenstaaten nicht gegebenen vermeintlichen Voraussetzungen (eng umgrenztes Territorium, kulturelle Homogenität etc.), dem großen Entscheidungsbedarf und der Komplexität der Sachfragen, der Manipulierbarkeit der Massen und Gefährdung von Minderheiten etc. Von vornherein ist klar, daß nur eine gemischte, teilplebiszitäre Demokratie in Frage steht; wo die Argumente den reinen Typus unterstellen, bringen sie die Diskussion in eine Abstraktionslage, die für die Thematik ohne Interesse ist.

Nun sollen nicht die funktionalen wie normativen Probleme der direktdemokratischen Beteiligung überspielt werden. Für das mit Rousseau definierte Demokratie-Problem bleiben die Bedingungen unverändert. Auch wenn sich der Spielraum der Einflussnahme erweitert, bleibt das Individuum in der Sachabstimmung so machtlos wie in der Wahl von Repräsentanten: Für den einzelnen wie die Minderheit bleibt die Zumutung der Legitimität des Mehrheitswillens dieselbe. Von entscheidender Bedeutung jedoch – und nur darauf soll hier hingewiesen werden – sind die Auswirkungen auf politische Kultur. Tangiert sind zum einen die *Inhalte*. Können soziale Bewegungen und kulturelle Öffentlichkeit großangelegte thematische oder wertmäßige Veränderungen durchsetzen, so ist die Öffentlichkeit einer direkten Demokratie (zumal wenn sie auf verschiedenen Ebenen bis zur Gemeinde praktiziert wird) darüber hinaus mit konzisen Sachfragen und Gesetzesregelungen befaßt; dennoch hat sie ihren Fokus nicht (wie zuweilen unterstellt) in kommunalen oder regionalen Angelegenheiten, sondern kann sie ebensogut allgemeinste Entscheidungen betreffen. Die jeweilige Verfassung hat die diffizile Konkretisierung darüber vorzunehmen, zu welchen Themen und Vorlagen, in welcher Form und unter welchen Bedingungen Volksabstimmungen zu erfolgen haben bzw. gefordert werden können. Wichtiger als die Inhalte ist die Differenz der *Form*. Eine ganz andere Art von Mobilisierung der Öffentlichkeit findet statt, wenn nicht für Parteien (und deren immer komplexe und zugleich diffuse Programme) geworben wird, sondern mit Bezug auf je spezifische Sachfragen argumentiert, disputiert und entschieden wird. Ohne sich Illusionen über Sachkompetenz, politische Reife und politisches Interesse der zur Entscheidung aufgerufenen Bürger hinzugeben, ist die Bedeutung der Aufforderung zur eigenen Stellungnahme und ihre Auswirkung auf politische Reflexion von hohem Rang. Damit wird weder den Parteien ihre Funktion als organisatorischer Kern und Impulsgeber politischen Handelns noch dem Repräsentationssystem seine Aufgabe entzogen; doch stellen sie für den einzelnen in anderer Weise Vermittlungsmedien des Politischen dar, wenn nicht sie als einzige

Entscheidungsträger fungieren. Gerade im Blick auf den (von der Ethik seit je betonten) Zusammenhang zwischen der Ausbildung praktischer Reflexion und eigenem Handeln ist die Differenz von Belang, ob Entscheidungen mit Bezug auf Personen (Parteien, Programme) oder Sachfragen gefällt werden: ob eine »Autorisierung« (Hobbes) anderer Personen zum Handeln oder ein eigenes Entscheiden zu Fragen des gemeinsamen Lebens stattfindet. Daß dies in einer Massendemokratie nicht fortwährend und nicht zu allem der Fall sein kann, ist unbestritten und nicht als Defizit zu beklagen. Entscheidend ist das Gegebensein der Möglichkeit, solche Stellungnahmen zu entscheidenden Fragen zu veranlassen – und natürlich ebensosehr das Ausmaß, in welchem solche Möglichkeiten in der kulturellen Öffentlichkeit verarbeitet und tatsächlich genutzt werden.

V

Nun ist unverkennbar, daß auch institutionelle Vorgaben wie die genannten (und andere) die Erfüllung der zivilgesellschaftlichen Desiderate nicht sichern. Beide Seiten sind nicht notwendig miteinander gekoppelt: Jede institutionelle Form kann abstrakt und ohne Leben sein. In der Realität dominiert die Klage über Demokratiedefizite wie über die mangelnde Ausübung bürgerlicher Rechte und Pflichten. Dies wirft die Frage nach Gründen solcher Defizite auf, vielleicht auch nach Grenzen der Ideale. Zum Teil wird auf Faktoren verwiesen, die mit der Struktur der modernen Gesellschaft als solcher zu tun haben. Die zunehmende Komplexität der gesellschaftlichen und sachlichen Zusammenhänge bedingt eine Intransparenz, teils Ineffizienz kollektiven Handelns, die das Engagement und Interesse an Selbstbestimmung aushöhlt. In Erfahrungen der Ohnmacht, der Auflösung tragender sozialer Gemeinsamkeiten scheint sich die von Marx unter ganz anderen Bedingungen diagnostizierte Entfremdung vom Gemeinwesen zu reproduzieren.

Indessen sind solche Hinweise vielleicht nur Teilantworten, nicht nur sofern sie ergänzungsbedürftig sind, sondern in dem radikaleren Sinn, daß das unter dem Titel einer Zivilgesellschaft umrissene Postulat unter heutigen Bedingungen überhaupt nicht adäquat zu realisieren ist. Wenn Erwartungen nicht zu erfüllen sind, legt sich ihre Revision nahe: Ähnlich wie Hegel das griechische Polis-Ideal für unwiderruflich verloren hielt, ist nach Luhmann die alteuropäische Zentrierung auf Politik unter Bedingungen der funktionalen Differenzierung nicht wiederherzustellen. Wenn jene Art von integraler Demokratie, die Rousseau vor Augen stand, sich als nicht nur unrealisierbares, sondern scheinbares Ideal herausstellt, so drängt sich in der Verlängerung dieser Einsicht die Frage auf, ob nicht ein allgemeines Abrücken von jener Zielvorstellung gefordert ist, die eine rationale Gestaltung des Gemeinwesens und kollektive Selbststeuerung (womöglich verschärft durch die Aufgabe eines vernünftigen Naturverhältnisses) mit einer maximalen Sicherung und Realisierung individueller Freiheit verknüpfen will. Es wäre eine Preisgabe analog jener, die (zumal im theoretischen Disput) mit Bezug auf klassische geschichtsphilosophische Ideale längst stattgefunden hat. Wie die Polis-Sittlichkeit bezeichnet möglicherweise die vollendete Demokratie eher ein bestimmtes, historisch situierbares Regulativ.

Die Preisgabe des kompakten Ideals einer gleichen Teilnahme aller an der kollektiven Selbstgesetzgebung kann zwei verschiedenen Stoßrichtungen folgen. Habermas beleuchtet die institutionelle Brechung und kulturell-öffentliche Vermittlung jener Einheit: Nach ihm geht es darum, wie »die moralische Substanz der Selbstgesetzgebung... über viele Stufen des proceduralisierten Meinungs- und Willensbildungsprozesses auseinandergezogen« wird.[15] Ideell bleibt solche Vermittlung auf einen einheitlichen Willen zurückbezogen. Nach einer anderen Richtung wird die funktionale Differenzierung in eine interne Pluralisierung des Allgemeinwillens übersetzt und darin ein neuer Freiheitsraum von Souveränität gesehen: Betätigung von Freiheit und Verwirklichung der volonté générale finden dann weder in kollektiver Selbstgesetzgebung noch in prozeduraler Vermittlung statt, sondern als Teilhabe an den vielfältigen und nicht systematisch koordinierbaren Entscheidungs- und Meinungsbildungsmechanismen.[16] Doch auch wenn sich das radikaldemokratische Ideal, das den zivilgesellschaftlichen Diskurs mit inspiriert[17], als in sich problematisierbar erweist, bleibt es als Leitwert in Geltung, der unsere Frage nach Korrektiven zur bestehenden Realität mit anleitet. Die Wahrnehmung funktionaler und normativer Defizite, die im ganzen ein Fremdwerden des Politischen anzeigen, hat einen unleugbaren Brennpunkt in der ›demokratischen Frage‹. Deren Beantwortung ist nicht formal und nicht im alleinigen Bezug auf die politische Institution zu geben, sondern weist auf die konkrete und vielschichtige Gestaltung des ›bürgerlichen‹ Lebens.

---

[15] Habermas 1989, 475

[16] Demirovic 1991, 54

[17] Vgl. Arato 1990, 111

Literatur

ARATO, ANDREW, »Revolution, Civil Society und Demokratie«, in: Michalski, Krzysztof (Hrsg.), *Osteuropa – Übergänge zur Demokratie* (Transit 1/1990), S. 110–126 (Diskussionsbeiträge 127 ff.)

ASH, T.G., *Ein Jahrhundert wird abgewählt,* München/Wien 1990

DAHRENDORF, RALF, »Die gefährdete *Civil Society*«, in: Michalski 1991, S. 247–263

DEMIROVIC, ALEX, »Zivilgesellschaft, Öffentlichkeit, Demokratie«, in: *Argument* 185 (1991) S. 41–55

HABERMAS, JÜRGEN, »Volkssouveränität als Verfahren. Ein normativer Begriff von Öffentlichkeit«, in: *Merkur* 484 (1989) S. 465–477

HONNETH, AXEL, »Soziologie. Eine Kolumne. Konzeptionen der ›civil society‹«, in: *Merkur* 514 (1992) S. 61–65

KEANE, JOHN (Hrsg.), *Civil Society and the State. New European Perspectives,* London/New York 1988

KOSELLECK, REINHART, »Drei bürgerliche Welten? Theoriegeschichtliche Vorbemerkungen zur vergleichenden Semantik der bürgerlichen Gesellschaft Deutschland, England und Frankreich«, in: Michalski 1991, 118–129

LUHMANN, NIKLAS, *Ökologische Kommunikation. Kann die moderne Gesellschaft sich auf ökologische Gefahren einstellen?* Opladen 1986

MICHALSKI, KRZYSZTOF (Hrsg.), *Europa und die Civil Society.* Castelgandolfo-Gespräche 1989, Stuttgart 1991

MICHALSKY, KRZYSZTOF (Hrsg.), *Osteuropa – Übergänge zur Demokratie?* (Transit – Europäische Revue; H.1), Frankfurt/M. 1990

RIEDEL, MANFRED, »Der Begriff der ›bürgerlichen Gesellschaft‹ und das Problem seines geschichtlichen Ursprungs«, in: ders., *Studien zu Hegels Rechtsphilosophie,* Frankfurt/M. 1969, 135–166

RIEDEL, MANFRED, »Gesellschaft, bürgerliche«, in: *Geschichtliche Grundbegriffe,* hrsg. von O. Brunner u. a., Stuttgart 1975, Bd.2, 719–800

RÖDEL, ULRICH/FRANKENBERG, GÜNTER/DUBIEL, HELMUT, *Die demokratische Frage,* Frankfurt/M. 1989

SCHMID, THOMAS, *Staatsbegräbnis. Von ziviler Gesellschaft,* Berlin 1990

SHILS, EDWARD, »Was ist eine *Civil Society?*«, in: Michalski 1991, 13–51

TAYLOR, CHARLES, »Die Beschwörung der *Civil Society*«, in: Michalski 1991, 52–81

Ludger Kühnhardt

Ende der Geschichte?
Francis Fukuyamas Diagnose der Gegenwart

Nach der postmodernen ist nun die posthistorische Zeit erfunden. Seit dem Beginn der osteuropäischen Umbruchbewegung erfahren wir geradezu täglich von handelnden Politikern und den rapportierenden Medien, daß wieder ein historisches Ereignis stattgefunden habe. Über diese Selbsthistorisierung der eigenen Geschichte hinaus führt jene Selbstmusealisierung, die uns bereits im nachgeschichtlichen Raum leben sieht. Der letzte Mensch habe die Geschichte in einem metaphysischen Sinne bezwungen, das Reich der Freiheit sei erreicht. Die liberale Idee habe dies bewirkt, indem sie ideologisch konkurrenzlos den höchsten denkbaren Zustand menschlicher Denkfähigkeit reflektiere. So jedenfalls sieht die Welt aus, die Francis Fukuyama zeichnet; eine Welt, in der es weiterhin historische Ereignisse geben wird, Geschichte mit ihren verschlungenen Pfaden, ihren hoffnungsvollen Aufbrüchen und ihren blutigen Konflikten, eine Welt, die aber in einem tieferen metaphysischen Sinne »nach der Geschichte« lebt. »In der posthistorischen Welt verkehren die Staaten als Wirtschaftspartner miteinander, die alten Regeln der Machtpolitik verlieren an Bedeutung. Man kann sich ein multipolares demokratisches Europa vorstellen, dominiert von einer deutschen Wirtschaftsmacht, in dem die Nachbarn Deutschlands sich dennoch militärisch nicht bedroht fühlen und keine besonderen militärischen Schutzmaßnahmen ergreifen. Es gäbe beträchtliche wirtschaftliche, aber kaum militärische Konkurrenz. Die posthistorische Welt wird immer noch aus Nationalstaaten bestehen, doch der Nationalismus der einzelnen Staaten hat sich mit dem Liberalismus ausgesöhnt und wird fast nur noch im privaten Leben zum Ausdruck kommen. Unterdessen wird die wirtschaftliche Nationalität durch die Vereinheitlichung von Märkten und Produktionsweisen viele traditionelle Merkmale der Souveränität aushöhlen.« (S. 371)

Mit solchen Gedankengängen allein wäre *Das Ende der Geschichte* nicht so kometenartig zu einem Werk aufgestiegen, dessen Titel in aller Leute Munde ist. Sein Autor Francis Fukuyama ist zu bewundern für die gekonnt amerikanische Art, mit der er empirische Analysen der internationalen Politik mit geschichtsphilosophischen Theorien und philosophischen Interpretationen verquickt; die Unbefangenheit seiner grenzüberschreitenden Betrachtungen sprengt jeden Rahmen des in Europa gewohnten akademischen Klein-Klein, und die Fülle seiner Gedankengänge bleibt anregend und weiterführend, auch dort, wo man ihm nicht folgen kann oder auch vehement widersprechen muß. Fukuyamas Buch wird ein Produkt des Zeitgeistes selber werden, den es analysiert und als solches in die Sammlung jener politischen Ideen eingehen, die nach dem Zerfall der alten Weltordnung gedacht worden sind. Das letzte Wort auf den weltgeschichtlichen Umbruch unserer Jahre kann es indessen nicht sein. Nach dem Ende der Geschichte folgt neue Geschichte, nach dem letzten Menschen der hinterletzte, der nächste.

Fukuyama sieht in den Entwicklungen, die mit dem Zerfall der kommunistischen Ordnungsidee verbunden sind, einen prinzipiellen Sprung im Bewußtsein der menschlichen Freiheit: »In einem sehr großen Teil der Welt gibt es heute keine Ideologie mehr mit Anspruch auf universale Gültigkeit, die eine echte Alternative zur liberalen Demokratie wäre, und kein anderes universales Prinzip der Legitimität als die Volkssouveränität.« (S. 82) Darin verbergen sich für Fukuyama nicht alleine die inneren Widersprüche, an denen die kommunistische Ordnungsidee gescheitert ist, sondern vor allem ein Ruck des Geistes, ein »Fortschritt im Bewußtsein der Freiheit«, um Hegel zu zitieren. An ihn knüpft Fukuyama an, genauer gesagt an Hegels russisch-französischen Interpreten Alexandre Kojève, dessen Hegel-Verehrung Fukuyama weiterhin übernimmt: Dabei geht es ihm nicht um philologische und interpretatorische Genauigkeit, sondern um das Prinzip, das er mit Hegel verbindet, die Fortschrittsidee der zu sich selbst gekommenen Freiheit: »Wohl wäre es eine wichtige Aufgabe, den ursprünglichen Hegel richtig zu verstehen, aber es geht uns hier nicht um Hegel gewissermaßen in Reinform, sondern um Hegel, wie er von Kojève interpretiert wird, oder vielleicht um einen neuen synthetischen Philosophen namens Hegel-Kojève.« (S. 205) Man täte Fukuyama also unrecht, wollte man versuchen, ihn durch Nachweis ungenauer Hegel-Interpretationen des Dilettantismus oder ähnlicher Fehler zu überführen. Dagegen hat er sich immunisiert. Aber doch, etwas Hegel-Dogmatisches bleibt haften: »Mit Hegels System hat die Philosophie den Status der Wahrheit erreicht.« (S. 413)

Wichtiger als derartige Postulate, aus denen in diesem Falle eher Kojève als Fukuyama zu sprechen scheint, bleiben Grundgedanken und ihre Problematik. Hegel wird für den freiheitlich-demokratischen Rechtsstaat in Anspruch genommen (S. 100), doch ein Verfechter des liberalen Verfassungsstaates war der Philosoph Preußens nun wahrlich nicht. Seine Apologien galten der Rechtfertigung einer strengen preußischen Staatsautorität, und wenn man es gut mit ihm meint, mag man ihn als Rechtsstaatsbefürworter begreifen. Von Demokratie und Liberalität ist bei Hegel wenig zu finden, gewiß nicht im Sinne der angelsächsischen Traditionen; Fukuyama vermischt diese beiden Denktraditionen in einer Weise, die Hegel zur Ehre gereicht, nicht aber die Sachpositionen zureichend beschreibt.

Francis Fukuyamas Buch lebt vom Glauben an den Fortschrittsoptimismus. Diese Untugend Amerikas wird jedoch in bemerkenswerter Weise von einigen ihrer Voraussetzungen entkoppelt, vor allem der religiösen Rückbindung und Begrenzung. In geradezu unangenehmer Weise fällt seine Kritik am christlichen

Glauben aus, ganz im Gegensatz zum sachlich-nüchternen Duktus der anderen Passagen des Werkes. Es ist schon unanständig, Sätze zu formulieren wie: »Das Problem des Christentums besteht darin, daß es eine Ideologie der Knechte bleibt ... Das Christentum hat zwar das richtige Konzept der Freiheit, begnügt sich aber damit, den Knecht im Dienste mit seinem Mangel an Freiheit zu versöhnen, indem es ihm erklärt, er dürfe die Befreiung in diesem Leben nicht erwarten. Nach Hegel ist dem Christen nicht bewußt, daß nicht Gott den Menschen erschaffen hat, sondern der Mensch Gott.« (S. 273) Hegel, Nietzsche – neu sind diese Gedanken nicht, aber es bleibt zu fragen, ob Fukuyama sich durch ihre Wiederholung nicht einen wichtigen gedanklichen Weg versperrt, der seinen anthropologischen Optimismus in verhaltenere und doch zugleich gesichertere, rückversichertere Bahnen gelenkt hätte.

Am Ende seines Parforceritts gelangt er zu nüchternen Einschätzungen der Lage der liberalen posthistorischen Welt. Relativismus, Eigenschaftslosigkeit, Beliebigkeitstoleranz und ein Schwinden des Gemeinwohlgefühls werden konstatiert und beklagt. Liberale Demokratien, so sieht Fukuyama richtig, »tragen sich nicht selbst, das Gemeinschaftsleben, von dem sie abhängig sind, muß eine andere Quelle haben als den Liberalismus.« (S. 430)

Es heißt aber den Teufel mit dem Beelzebub austreiben zu wollen, wenn er diese zutreffende Beobachtung mit der Konklusion verbindet, »daß eine fundamentale Wiederbelebung des Gemeinschaftslebens nur möglich sein wird, wenn die Individuen bestimmte Rechte an die Gemeinschaft abtreten und die Rückkehr bestimmter historischer Formen der Intoleranz dulden«. (S. 430) Folgt nach dem Glaubensverlust der neue Fundamentalismus? Und wird Fukuyama ihm auf den Leim gehen? Wenn man seine Schlußsätze ruhig auf sich wirken läßt – wieder folgt er seinem Vorbild Kojève und malt ein Bild der Menschheit als Wagentreck auf dem Weg ins Gelobte Land – so schwingt mosaischer Messianismus mit, den er befürchtet und doch zugleich latent herbeiredet: »Wir wissen noch nicht mit Bestimmtheit, ob alle Wagen sich tatsächlich in dieselbe Richtung bewegen (in die Richtung der liberalen Idee, L. K.) und für den Fall, daß die meisten Wagen schließlich in dieselbe Stadt einfahren, können wir nicht mit Sicherheit sagen, daß den Menschen auf den Wagen die neue Umgebung auf Dauer gefallen wird. Vielleicht werden sie nach einiger Zeit zu einer neuen, noch weiteren Reise aufbrechen.« (S. 446)

Das Christentum als transzendente Rückbindung des Menschen über seine eigene Selbstverwirklichungskraft hinaus und als entlastende Barriere vor Selbstüberheblichkeit wird von Fukuyama als Sklavenreligion verdammt; die liberale Idee gilt ihm, wieder Hegel zitierend, als Selbstbefreiungskonzept des Menschen in der Folge der Säkularisierung des aus ihr geborenen liberalen Verfassungsstaates für widerspruchsfrei; andererseits hegt er doch Zweifel, ob der in der ungetrübten Idylle lebende »letzte Mensch« nicht doch zu neuen Kämpfen aufbrechen könnte, zu neuen Formen der Selbstüberhebung vordringen könnte. Was dann? Hier schließt sich also der Gedankengang, um zugleich einen neuen einsickern zu lassen. Sein ideologisches Bild vom christlichen Freiheitsbegriff und sein ungezügelter, aber nicht widerspruchsfreier Fortschrittsglaube führen Fukuyama in die Gefahr einer Ideologisierung einiger seiner besten Gedanken. Beispiele: »Angesichts der Herrschaft der modernen Naturwissenschaft ist es kaum noch möglich, an der Vorstellung eines zyklischen Verlaufs der Geschichte festzuhalten« (S. 183f.) – warum nicht? – »Man kann zugestehen, daß die Moderne auch dem Bösen im Menschen eine Dimension eröffnet hat, man kann sogar daran zweifeln, daß es einen moralischen Fortschritt der Menschen gibt, und dennoch kann man davon überzeugt sein, daß der Lauf der Geschichte zielgerichtet und kohärent ist.« (S. 188) – hier wird der liberale Staat herbeigepredigt.

Fukuyamas Buch ist eine wahre Fundgrube an Gedanken. Manche haben nur die Eigenschaft, im Widerspruch zueinander zu stehen. In einem tieferen Sinne ist seine Arbeit ein Beispiel mehr für die These, daß die Ablehnung christlicher Heilstheologie bzw. die Säkularisierung christlicher Grundpositionen geradezu zwangsläufig zu ersatzreligiösen Selbsterlösungsvorstellungen führen muß. In der liberalen Idee sucht Fukuyama sein Paradies ohne Gott – und hat dabei doch die Rechnung ohne den alten Adam gemacht. Mit der Anrufung des Postulats naturwissenschaftlicher Logik versucht er, den zwingenden Sieg des Liberalismus zu beweisen, in politischer wie in ökonomischer Hinsicht: »Alle Gesellschaften überall auf der Welt wollen an dem teilhaben, was um sie herum möglich ist, und sie können nur erfolgreich teilhaben, wenn sie sich an die Prinzipien des wirtschaftlichen Liberalismus halten.« (S. 159) Zunächst einmal bedeutet es nur den Versuch dazu, denn es ist doch – beispielsweise – zu voreilig, für Osteuropa schon zu konstatieren, daß sich dort »eine immer breitere dynamische zivile Gesellschaft« entwickelt habe. (S. 303) Bestenfalls ist man auf dem Wege dorthin und hat viele wohlbekannte Hürden zu meistern – die Gefahr des Rückfalls in neue Formen autoritärer Herrschaft eingeschlossen. Zu Recht kann man wohl mit Walt Rostow vom Kommunismus als einer »Krankheit des Übergangs« sprechen (zitiert S. 185), der man in rückständigen Gesellschaften eher zum Opfer fiel als in den weiter industrialisierten; aber auch der Übergang zur liberalen Welt bringt unkalkulierbare Krankheiten hervor.

Fukuyama ordnet sie – so etwa den alt-neuen Nationalismus in ehemals kommunistisch eingefrorenen multiethnischen Gesellschaften – dem Ringen in der (noch) historischen Welt zu; dies gilt auch für Auseinandersetzungen zwischen Traditionalisten und Modernisierern in anderen Weltkulturen, vor allem in der islamischen Welt. Eine prinzipielle Alternative zur liberalen Fortschrittsverheißung aber sieht er als unmöglich an: »Auch wenn sich der Islam in seiner derzeitigen Renaissance als sehr mächtig erweist, übt er außerhalb des ursprünglich islamisch geprägten Kulturkreises praktisch keine Anziehungskraft aus. Die Tage der kulturellen Eroberungen des Islam sind offenbar vorbei. Langfristig gesehen dürfte die islamische Welt anfälliger für liberale Gedanken sein als umgekehrt, denn in den vergangenen einhundertfünfzig Jahren haben die liberalen Ideen auch zahlreiche mächtige islamische Führer fasziniert.« (S. 83) Das muß ja nicht mehr so bleiben, aber Fukuyama läßt sich durch diese Gegenspekulation in seiner geradlinigen Argumentation nicht beirren.

Getragen wird sie von seinem Menschenbild, für das er sich über Hegel hinaus auf Platon beruft. Dieser hatte in seiner »Politeia« drei Dimensionen der menschlichen Seele entdeckt und beschrieben: »Die Vernunft wird leiten, der Wille wird kämpfen, wird dem Herrscher folgen, und, was dieser rät, mit Hilfe seiner Tapferkeit durchsetzen« (Platon, *Politeia* IV, 442). Der Wille liegt im Kampf mit Begierden; Tapferkeit, Beherztheit soll zu einer Versöhnung führen; daraus folgen Besonnenheit im Auftreten und ein wacher Gerechtigkeitssinn. Vor allem kommt es Fukuyama auf die Beherztheit an, die Seelendimension, die im Begriff »Thymos« ihren Ausdruck bei Platon gefunden hat. Fukuyama überstrapaziert diesen Begriff, indem er ihn zu einem Leitbegriff seiner Gedanken macht: »Das Bedürfnis nach Anerkennung ist der spezifisch politische Teil der menschlichen Persönlichkeit.« (S. 230) Diese kann als Thymos im Sinne von Zivilcourage auftreten (Beispiel: Vaclav Havel), diese kann in der Idee der Isothymia, der gleichwertigen Anerkennung aller Menschen durch Prozesse der Demokratisierung, in einen Balancezustand gelangen, sie kann aber auch zu neuer Selbstüberheblichkeit führen, sich als Überlegenheitstrieb ausdrücken. Hierfür erfindet Fukuyama den Neologismus Megalothymia, der in der klassischen christlichen Theologie wohl mit dem aus der Mode gekommenen Begriff »Sünde« bezeichnet worden wäre. Wo die berechtigte und aus der Würde des Menschen abgeleitete Selbstachtung in Eigensucht und Überheblichkeit, in Macht- und Ruhmsucht umschlägt, da verwandelt sich für Fukuyama Thymos in Megalothymia. Dann wird es bedrohlich auch für den liberalen Staat der Freiheit, der in seiner Existenz davon abhängt, nicht durch ungezügelte politische Leidenschaften zerrieben zu werden. Fukuyama sieht und beschreibt zu Recht, daß die Grenze je neuer ökonomischer Ansprüche des Menschen unendlich ist, eingedenk des von Tocqueville so pointiert ausgeführten Diktums, daß das Verlangen nach Gleichheit das Streben nach Freiheit immer wieder überholt habe.

Francis Fukuyama fragt nach dem Urbild des Menschen. Er sieht in der Menschennatur »das Wirken der Grundkräfte der Natur« am Werke (S. 213), bleibt aber unentschieden, ob die menschliche Natur eine festgefügte, voraussetzungslose Struktur sei, »innerhalb derer sich die Selbsterschaffung des Menschen vollzieht, oder ein Endpunkt, ein Telos, auf den sich die historische Entwicklung des Menschen anscheinend zu bewegt.« (S. 198) In der Ordnungsform der liberalen Demokratie sieht er die menschlichen Anlagen und inneren Wesenkonflikte am besten zur Aussöhnung gekommen. Verwegen ist allerdings, wie sehr er immer wieder den Thymos-Begriff überdehnt, um zu erläutern, wodurch die Triebe der Unvernunft gezügelt werden können: »Der Begriff erlaubt es den Menschen, ihre mächtigsten Triebe zugunsten ihres Glaubens an das, was sie für richtig oder gerecht halten, zu überwinden.« (S. 241) Nun halten allerdings nicht Begriffe Triebe im Griff; nur Bewußtseinszustände und »Gegentriebe« können dies wohl bewirken. Sorge bereitet es dem Fortschritts- und Freiheitsoptimisten Fukuyama doch, daß Überheblichkeitstrieb und Prestigedünkel den Menschen zu überbordenden Leidenschaften treiben und das liberale Gefüge matt setzen könnten. Der Hang zum Kampf bleibt – Darwin wird gegen Hegel und Co. ins Feld geführt – und damit auch die Gefahr der »Megalothymia«, Fukuyamas Substitutbegriff für die menschliche Schwäche und Schuldfähigkeit. Mit seinem Rekurs auf Platon fällt er – im übertragenen wie historischen Sinne – hinter das Christentum zurück. Im christlichen Horizont lauten die Schlüsselbegriffe, die sich aus den Unzulänglichkeiten und Verstrickungen der menschlichen Seele ergeben, Sünde, Versöhnung und Erlösung: Befreit von dem Drang zur Selbstschaffung, von der Fukuyama redet, ist der Mensch in diesem Horizont zu einem anthropologischen Optimismus in den Grenzen seiner Möglichkeiten nicht nur fähig, sondern verpflichtet.

Weitergedacht, könnte ein solcher Ansatz des Menschenbildes und der aus ihm resultierenden Handlungskonsequenzen manche der Fallen vermeiden, in die Fukuyama mit seinem Liberalismus-Plädoyer treten mußte. Ein von der Wahrheitsfrage entkoppelter Liberalismus, der in seiner Hypertoleranz und Autonomieüberbetonung ständig unter dem Damoklesschwert »einer erneuten Entfesselung von Megalothymia« (S. 445) steht, kann nicht widerspruchsfrei sein und wird nicht widerspruchsfrei werden. In der Sorge, daß dem liberalen, selbstzufriedenen, satten letzten Menschen der Selbsterhaltungstrieb versiegen und der existenzielle Druckverlust zu Schwächung und Verfall führen könnte, kommt Fukuyama auf ebenso bizarre wie bezeichnende Gedanken: »Eine liberale Demokratie, die alle zwanzig Jahre einen kurzen, entschlossenen Krieg zur Verteidigung ihrer Freiheit und Unabhängigkeit führen könnte, wäre bei weitem gesünder und zufriedener als eine Demokratie, die in dauerhaftem Frieden lebt.« (S. 435) Kants gelungen interpretierte Ideen über Möglichkeiten und Wege der Friedensstiftung unter Rechtsstaaten (S. 371ff.) geraten zur Karikatur, wenn man diese Überlegungen weiterdenkt. Bedarf der Liberalismus also des Gegners, um dauerhaft zu existieren? Ist er selbst vielleicht nur eine Antithese, die nicht widerspruchsfrei aus sich selbst heraus zu begründen ist?

Francis Fukuyama mobilisiert mit seinen teils originellen, teils provokanten, teils aber auch widerspruchsvollen Betrachtungen das Weiterdenken. Damit leistet er nicht den geringsten Beitrag zu einer Belebung und Aktualisierung der politischen Philosphie nach dem Zerfall der alten Weltordnung. Sie wird künftig vor der Aufgabe stehen, viele der Fragen, die Fukuyama aufwirft, zu beantworten. Mit seinem »Ende der Geschichte« ist also nur ein neuer Anfang gesetzt. Immerhin ist das nicht wenig. Letztlich aber ist Fukuyamas Antwort auf die ganz neue Lage eine altbekannte: die Hoffnung auf menschliche Selbsterlösung. Gegen seine Inanspruchnahme Hegels kann man nur Hegel selbst stellen: »Im

Gedränge der Weltbegebenheiten hilft nicht ein allgemeiner Grundsatz, nicht das Erinnern an ähnliche Verhältnisse, denn so etwas wie eine fahle Erinnerung hat keine Kraft gegen die Lebendigkeit und Freiheit der Gegenwart.« *(Vorlesungen über die Philosophie der Geschichte,* Einleitung). Die Schlacht gegen die Dialektik hat noch jede säkularisierte Fortschrittsutopie verloren. Dies wird auch so bleiben, solange der Mensch der alte Adam (und die alte Eva) ist, als die wir uns offenbar nur ungern erkennen lassen.

FRANCIS FUKUYAMA, *Das Ende der Geschichte. Wo stehen wir?* (Kindler Verlag, München 1992).

Rezensionen

HENNING RITTER

Theory rather than barricades

Wolfgang Schieder's study of Karl Marx as a Political Actor

After the failure of the politics inspired by Marx, it seems foolhardy for anyone to try to arouse a reader's curiosity with a study of »Marx as a Political Actor.« But the Trier historian Wolfgang Schieder has shown convincingly that the excessive respect that has been paid to Marx the theorist has served largely to conceal just how much he was also a man of »political action.« With the end of socialism, it is now high time to uncover the »historical Marx« from the deformations of an incomparable history of posthumous impact and effects – and this in a critical research programme into »Marx's life.«

After Marx became the leading figure for societies and regimes that understood themselves as embodying his theory of revolution, his own day-to-day political activities began to appear far too insignificant to warrant any special attention being paid them. Hence there have only been very few biographical assessments of Marx as a political actor in the mushrooming literature on Marx over the past few decades – and these only in the Anglo-Saxon world where it was easiest to remain aloof from the tendency to glorify Marx. In this respect, Wolfgang Schieder's study is a first test to see whether it is now possible to gain a picture of the historical Marx which is free from glorification and partisanship.

Marx, after all, was politically active for a total of thirteen years – in the revolutionary years between 1847 and 1852 and during the period of the First International from 1864 to 1872. Hence Schieder can remark quite correctly that no one else amongst the great political thinkers of the nineteenth century was more involved, and more intensively involved, in practical politics than Marx. Also, of course, no one else accorded theory such considerable practical effectiveness. Indeed, measured by the emotional attachment to the realization of his theory, it is of course astonishing just now dismissive Marx was of the day-to-day politics of his time. In his eyes, the time was simply not yet ripe for that real political engagement which would have assisted his theory in achieving a breakthrough and which would have proved it in political action.

Thus, in his own political activity, Marx simply did not strive to do anything more than to hinder any significant obstacles being placed in the way of the theoretical development he had mapped out. As far as he was concerned, day-to-day political controversy could only serve either to accelerate or to slow down this development. And since his theory established expectations for revolution in the long-term rather than the short-term, he was above all concerned to see that these expectations were not endangerd by over-hasty action and were not sacrificed for short-terms gains. Since the Marxian theory of revolution was already worked out by the mid-1840s and was never revised, Schieder concludes that the dramatic revolutionary predictions of the *Communist Manifesto* were not authentic expressions of Marx's belief in the imminence of revolution. Rather, they were taken over by him from the stock phrases of the leaders of the foreign secret societies which were set up in the period preceding the 1848 Revolutions.

The form of Marx's political engagement in the first phase of his political activity can also only be understood against the background of this very early formulation of his theory of revolution. He first established contacts with working-class organizations only after emigrating from Germany. Right from the start, he reserved for himself a special role in the background, equipped with extraordinary powers. In the »Communist League,« which he joined in Brussels in 1847, he even allowed himself to be invested with a special power – a »discretionary power« – which permitted him to act independently of the organization's statutes. His point was to prevent the premature formation of separate and independent parties and to be able at all times to clamp down upon any putsch attempts.

Quite clearly, at this time nothing was more important to Marx than to obstruct any attempted putsch by the workers and to prevent them from uncoupling themselves too soon (contrary to the sequence of events envisaged by his theory of revolution) from the bourgeois democratic movement. Typically, he only once called for armed resistance, a call directed to the democratic representatives of the Frankfurt Parliament in 1849. And the only »uprising« in which Marx himself participated, as Schieder recounts, was a campaign in Cologne to refuse paying taxes – a campaign which, of course, quickly petered out. Both »actions« are connected. They both reveal Marx's conviction that the bourgeois revolution must precede the proletarian and that the proletarian revolution could only succeed when the ranks of the proletariat themselves were so augmented by impoverished members of the middle class that they really constituted a majority. But this state of affairs could be brought about neither in the short-term nor by political means.

Out of the conflict between a long-term historical scenario and short-term revolutionary expectations, according to one of Schieder's explosive theses, emerged the formula of the »permanent revolution.« It emerged as a compromise between the irreconcileable conceptions of the revolutionary time-table of the various political actors involved. Schieder also believes that he can prove that the concept of the »dictatorship of the proletariat« emerged through a similar compromise. On this view, then, two enormously effective Marxian formulae were coined in order to conceal the stalling character of Marx's own politics and to accommodate the short-term expectations generated by his theory of revolution.

The dogma of Marx's theory of revolution served not only to dampen his day-to-day political activism. They also provided the justification for him for giving his journalistic work priority over more direct political engagement. He always regarded the political organizations to which he belonged in part as a platform for spreading his journalistic and theoretical works. The more his journalism became a mere bread-and-butter affair, however, so his »academic« work came increasingly to dominate here and his intensive participation in political debates served, by no means secondarily, to establish the autorithy of his theory long before that theory was readily available or an object of study. The extraordinary theoretical authority which Marx acquired in the working-class movement – indeed, which he fought to establish in endless debates – had already during his lifetime long outstripped the weight of his direct political impact. But in the last analysis, it was solely this authority which enabled him to assume his posthumous role.

The image that emerges from Wolfgang Schieder's detailed account of Marx's activities in various organizations is not impressive. The least surprising thing here is that Marx disregarded organizational rules and procedures and the political intentions of others whenever he was allowed to do so. To reproach him for doing this, as Schieder does, is indicative of an excessive »legalism« on the historian's part. The fact that Marx was much more successful in his destructive manœuvres as the eminence grise in the background that he was in achieving the concrete aims that he set himself is more informative of Marx's physiognomy. This too should serve as evidence of his ultimately unpolitical character. Even when he was successful, this usually ended in defeat. Thus, for example, he attempted with the greatest energy to limit the influence of Bakunin's followers in the International and eventually he was successful. But the end result was that the organization which Marx had defended in a »life or death« struggle was so weakened that his victory was no different from a defeat. This was also the end of Marx's career as a political actor in Schieder's sense of the term.

Is it possible at all then, to talk of the historical Marx as a political actor, perhaps even as a successful one? Schieder's concluding reflections on the fate of the »Marx Party,« the small group of intimate friends and the faithful, also give little cause to do so. The basic tenor of their history is one of disappointment, disappointment focussed on apostasy and betrayal. Yet still, according to Schieder, Marx's success as a political actor was »greater than he himself was prepared to admit. Practically everyone who, in the course of Marx's political career, went through the school of his ›Party‹ was excited into extraordinary political effort.« But this effect of his person and his theoretical exertions was not recognized by Marx himself – or it was not enough for him. Hence he destroyed his own chances of tangible political success. Marx's limitations as a political actor were greater than the possibilities which his political talent and intellectual superiority opened up for him.

One can also see here one consequence of the myth of intellectual superiority which was promoted with every possible means. All attempts to apply his theory of revolution were bound to appear to him to be mistaken so long as the conditions for their decisive success did not exist. By his fixation on his own revolutionary secenario, Marx paralysed himself as a political actor. The belief in infallibility exacted a price which Marx, of course, was prepared to pay without hesitation. He did so in the interest of pure theory and a future practice appropriate to it.

This mixture of a pressure to realize theory in practice and a disdain for the factual remained characteristic of the later Marxist parties. An unshakeable theoretical certainty was the decisive precondition – and here history, in an enigmatic way, has shown Marx to have been correct – for Marx to become the stylite of the Russian Revolution. The revolutionaries could appeal all the more effectively to Marx because he had refuses to dissipate his teachings in day-to-day political fights.

But no matter how interesting many of the observations are that Wolfgang Schieder has managed to extract from his subject-matter, his book will not prove convincing as an example of a new research programme into Marx's life. Its restriction to Marx the political actor serves only to import unquestioned opinions about the journalist and the theorist into the study which are in need of urgent revision. Also the pragmatism in judgement so much stressed here arises from a situation where the historian still feels obliged to distance himself from the rapturous tone of the hagiographers. Furthermore, the traces are still evident of a kind of research into Marx which is parasitic upon the towering political significance of its subject. Only when one day, in the changed historical conditions, the whole Marx – the theorist, the journalist, and the man of political action – can be presented at one go will it be possible to answer the question of who he really was. But it will take years or decades before the traces of the cult of Marx have disappeared.

(Source: FAZ, 26th November, 1991)
Trans. Martyn P. Thompson (Tulane University).

WOLFGANG SCHIEDER, *Karl Marx als Politiker* (Piper Verlag, München 1991).

Uwe Justus Wenzel

Neuere Studien zum Geist der Weimarer Zeit

»Heute erleben wir die Auflösung aller mythos- und religionsgebundenen, autarken und schulmäßigen Formen. Chaos und Richtungslosigkeit scheint das Signum der Zeit. Hie Kant, hie Nietzsche, hie Marx, hie Hegel, Untergang der Wissenschaft, Lebensphilosophie, Mystik, Metaphysik, Phänomenologie – wie ein Jahrmarktsgeschrei mischt sich der wüste Chor der Stimmen. Es ist wie bei einem Erdbeben, wo der sichere Halt des mütterlichen Bodens sich löst und die Menschen wie aufgescheuchtes Geflügel wirr durcheinander rennen und niemand weiß, wohin er sich retten soll. Die Not ist groß.« Sensible Gemüter könnten in dieser Klage eine Momentaufnahme auch der heutigen geistigen Situation erspüren. Geführt indes wurde sie am Ende der zwanziger Jahre von dem (unbekannten) Philosophieprofessor Fritz Heinemann. – Die Weimarer Zeit nimmt im deutschen Gegenwartsbewußtsein noch immer einen beträchtlichen Raum ein. Wird sie einmal nicht als pädagogisches Lehrstück zum Zwecke politisch-moralischer Ermahnungen (nahezu jeder Couleur) aufbereitet, so muß sie vielleicht als geschichtliches Varieté zur Befriedigung nostalgischer Kulturbedürfnisse herhalten; oder aber sie dient als Projektionsfeld für geschichtsphilosophische Spekulationen über »Zwischenkriegszeiten«.

Anders als den zwölf Jahren nationalsozialistischer Herrschaft steht der Zeit, die ihr vorausging, die Unwägbarkeit, das Zwei- und Vieldeutige gleichsam auf der Stirn geschrieben. Weimar war nämlich auch, was es hätte sein können. So sind manche der mit der Machtübergabe im Januar 1933 gekappten geistesgeschichtlichen Traditionen in den sechziger Jahren von einem erwachenden Geschichtsbewußtsein wieder aufgespürt, befragt und beerbt worden. Man stieß dabei allerdings auch auf Autoren, die bis dato eindeutig den Wegbereitern des Nationalsozialismus zugerechnet worden waren. Originellere, zumindest schillerndere Köpfe als erwartet, begannen sie zunehmend auch gestandene Linke zu faszinieren, wie etwa Ernst Jünger, Carl Schmitt oder Martin Heidegger. Es ist die ambivalente Signatur der Weimarer Zeit, im Nationalsozialismus ihr Ende, aber keineswegs ihre Vollendung gefunden zu haben, die auch philosophiehistorischen oder allgemein geistesgeschichtlichen Untersuchungen einiges abverlangt. Wollen sie nicht bloß nostalgische Bedürfnisse oder vordergründige politische Interessen bedienen, dürfen sie den Ambivalenzen nicht ausweichen. Die komplexe Aufgabe des selbstkritischen geschichtlichen Bewußtseins ist 1945 von Thomas Mann auf eine (vielleicht zu) einfache Formel gebracht worden: Es gelte zu erkennen, »daß es nicht zwei Deutschland gibt, ein böses und ein gutes, sondern nur eines, dem sein Bestes durch Teufelslist zum Bösen ausschlug...«

Thomas Mann wußte, wovon er sprach. Gegen Ende des Ersten Weltkrieges hatte er – der »Unpolitische« – noch verkündet, die Deutschen seien außerstande, die politische Demokratie je zu »lieben«.

Norbert J. Schürgers[1] liefert Bausteine zu einer Bestandsaufnahme der politischen Philosophie in der Weimarer Republik. Seine Studien suchen das in den zwanziger Jahren kursierende Schlagwort von der »Republik ohne Republikaner« zu relativieren, widerlegen können sie es nicht: »Während die Linken die reale Demokratie geringschätzten, weil sie mit ihrem Ideal von Demokratie nur wenig gemein hatte, kritisierten die Liberalen den Weimarer Staat in erster Linie deshalb, weil er es in ihren Augen nicht verstand, das Individuum vor dem Ansturm der Masse zu schützen und der deutschen Nation wieder zu Macht und Ansehen in der Welt zu verhelfen.« Die in Augenschein genommenen »sozialistischen« und »bürgerlich-liberalen Positionen« verschrieben sich einem sozialistischen Demokratieideal oder dem einer »Führerdemokratie« und ließen dabei die Weimarer Institutionen rechts oder links liegen; überließen sie den erklärtermaßen antirepublikanischen Kräften. Dieses Fazit ist freilich an den Einzelstudien des Autors zu differenzieren, die das Buch zu einem kleinen Kompendium werden lassen. Von Rosa Luxemburg (der noch am stärksten »realpolitisch« orientierten Theoretikerin) und Ernst Bloch bis Gustav Radbruch reicht die linke Palette; von Max Weber bis Max Scheler die bürgerlich-liberale.

Zu begrüßen ist, daß Schürgers der Frage nach dem Verhältnis von »Rationalismus« und »Irrationalismus« die Aufmerksamkeit schenkt, die ihr in einer Untersuchung der Philosophie zwischen den Weltkriegen gebührt. Er hat dabei, die »zu spät« gekommenen Vermittlungsversuche von Ernst Bloch, Max Horkheimer, Herbert Marcuse, aber auch von Paul Tillich und Karl Jaspers im Blick, die auch heute noch lehrreich sind. Frappierend beispielsweise ist Tillichs, des »religiösen Sozialisten«, Nähe zu national(sozial)istischen Vorstellungen von irrationalen »Ursprungsmächten«, die es ernst zu nehmen gelte. Dergestalt mißlungene Versuche, Vernunft und Wille, Geist und Seele zusammenzudenken, diskreditieren das Anliegen als solches freilich noch nicht. Angesichts dessen verwundert die Selbstverständlichkeit, mit der Schürgers heute herrschende Demokratiestandards nicht nur zum Maßstab nimmt, sondern auch noch blank »rationalistisch« zu untermauern sucht – so als habe es die in den zwanziger Jahren forciert geführte Debatte über sogenannte »Werte an sich« gar nicht gegeben. In den rationalistischen Glauben, »auf der Grundlage einer exakten Gesellschaftsanalyse« ließe sich ein »Bündel von (Wert-)Maßstäben« bestimmen, das staatli-

---

[1] Norbert J. Schürgers, *Politische Philosophie in der Weimarer Republik – Staatsverständnis zwischen Führerdemokratie und bürokratischem Sozialismus* (Verlag J. B. Metzler, Stuttgart 1989)

chem Machtmißbrauch »effektiv« vorbeugen könne, hat sich – wie es scheint – ein vormals »linker« Gesellschaftsentwurf zurückgezogen. Dafür hätte es des mühsamen Ausflugs in die Denklabyrinthe Weimars jedoch nicht bedurft.

Norbert Bolz[2] demgegenüber nimmt in seinen Interpretationen nicht Maß an einem positiv normierten Begriff politischer Vernunft. Sie werfen Schlaglichter auf den geschichtsphilosophischen Hintergrund, vor dem einige der von Schürgers registrierten »negativistischen« Haltungen gegenüber den politischen Institutionen der Weimarer Republik sich begreifen lassen. Gemein sei allen behandelten Denkern der »Exodus-Impuls«. Th. W. Adorno, W. Benjamin, G. Benn, E. Bloch, M. Heidegger, E. Jünger, G. Lukács, C. Schmitt suchten aus der »entzauberten Welt«, dem von Max Weber diagnostizierten »stahlharten Gehäuse« des neuzeitlichen Rationalismus, auszubrechen. Ein Verdienst der Analysen ist, daß sie den geschichtstheologischen (eschatologischen) Index des Auszugsverlangens herausstreichen. Nicht allein Blochs »Geist der Utopie«, auch Lukács' Ästhetik, Carl Schmitts Dezisionismus und Benjamins Geschichtsdenken weisen ihn auf. Die Strategie, der die Genannten sich bedienen, dechiffriert Bolz mit Recht als – problematische – Strategie der »Überbietung« der Entzauberungsthese. Von der mitunter apokalyptisch grundierten Extremierung des Negativen der bestehenden Welt versprachen sie sich laut Bolz eine »Verwindung von Webers männlicher Resignation«. Als »Deserteure der Neuzeit« aber scheiterten diese extremen Existenzen der Weimarer Zeit – im Nationalsozialismus oder an ihm. Das Gescheiterte und Versäumte, »das Vergangene in seiner Möglichkeit zu wiederholen«, ist darum die Aufgabe, die der Interpret sich angelegen sein läßt. Es bleibt indes durchaus unklar, was dies im einzelnen besage; ebenso, worin das »Moment des Zweifelns«, das Bolz (mit Freud) »vor die Klammer« seiner immanent verfahrenden Deutungen gesetzt haben will, noch bestehe. Der Interpret wird von den Ambivalenzen seines Gegenstands so vollständig beansprucht, daß seine Untersuchungen eigentümlich resultatlos bleiben.

Eine der umstrittensten Figuren der Weimarer Szenerie war *Carl Schmitt,* der grenzgängerische Staatsrechtler. Von – katholischem – Hause aus kein Nazi, verschrieb er sich den neuen Machthabern dann aber doch, nachdem er zuvor als Berater von Papens und Schleichers einer Präsidialdiktatur (vorgeblich in den Grenzen der Weimarer Verfassung) das Wort geliehen hatte. Der Nachdruck, mit dem Schmitt, zum »Staatsrat« ernannt, sich in den ersten Jahren der braunen Diktatur an der Ausarbeitung von Gesetzen, der Rechtfertigung der Morde vom 30. Juni 1934, der Verfemung jüdischer Kollegen beteiligte, kann nicht mehr Opportunismus genannt werden. Es scheint, als habe er stets die Nähe zur Macht, gleich in welcher Gestalt, gesucht. Das Diktum von Jacob Taubes bringt

---

[2] Norbert Bolz, *Auszug aus der entzauberten Welt – Philosophischer Extremismus zwischen den Weltkriegen* (Wilhelm Fink Verlag, München 1989)

ein bleibendes Problem auf den Punkt: »Irgendetwas verstehe ich vom Nationalsozialismus nicht, wenn ich nicht verstehen kann, wieso Schmitt und Heidegger von ihm überhaupt angezogen wurden.« Dieser Herausforderung weicht die Arbeit von Schürgers aus, indem Schmitt und Heidegger ihr lediglich als »konservativ-völkische« Kontrastfolien zur bequemen Unterlage dienen. Daß es selbst *Armin Mohler* nicht gelingt, Schmitt eindeutig als Exponenten der »Konservativen Revolution« einzuordnen, hätte immerhin zu denken geben können. Denn Mohlers Handbuch, inzwischen in dritter Auflage erschienen[3], will erklärtermaßen eine »Hilfe für die rechte Intelligenz in Deutschland« sein.

Auch im Blick auf Schmitt sollten zumindest Philosophen sich der Einsicht Leo Strauß' nicht verschließen, derzufolge die »reductio ad hitlerum« kein guter Ersatz sei für die »reductio ad absurdum«. Um eine solche ist es *Rüdiger Kramme*[4] zwar nicht zu tun, dennoch ist er nüchtern genug, die »mögliche heutige Relevanz« der untersuchten Theorien zu erwägen. Er deutet Carl Schmitts und Helmuth Plessners politisch-philosophische Schriften als »konservative Antworten« auf die moderne »Last der Selbstverantwortlichkeit angesichts des völligen Zerfalls über- und innerweltlicher Autoritäten«. Konservativ, weil sie zugunsten einer Eliteherrschaft der »politischen Neutralisierung der Vielen« das Wort redeten. Sind die »Orientierungsangebote« Plessners und Schmitts, gemacht vor sechzig Jahren, noch immer »als Antworten auf gegenwärtige Problemlagen anzusehen«, so hätte man gern mehr über *heutige* »Orientierungserfordernisse« und »Legitimationsanforderungen« erfahren. Der Hinweis auf heutige neokonservative Denkstrategien bleibt Hinweis.

Dabei liegt etwa die staatstheoretische »Aktualität« Schmitts, diesseits von konservativ oder progressiv, auf der Hand. Am klarsten hat er sie selbst, im Vorwort zur italienischen Ausgabe des *Begriffs des Politischen,* ausgesprochen.[5] Die klassischen Begriffe wie Staat und Souveränität, Verfassung und Gesetz, Legalität und Legitimität, die zum »Jus Publicum Europaeum« gehören, heißt es dort, gingen mit diesem unter. In der »Rapidität des wissenschaftlich-technisch-industriellen Fortschritts« ließen sich Verfassung, Gesetz und Maßnahme »nicht differenzieren« und würden »einfach zu Methoden permanenter Umbewertungen«. So ergebe sich »das moderne Phänomen der legalen Revolution«. Was einmal Staat und (Volks-)Souveränität war, wird, in anderen Worten, zum Anhängsel des permanenten technisch-wissenschaftlichen »Prozeß-Progresses«. Freilich

---

[3] Armin Mohler, *Die Konservative Revolution in Deutschland 1918–1932. Ein Handbuch. Dritte, um einen Ergänzungsband erweiterte Auflage* (Wissenschaftliche Buchgesellschaft, Darmstadt 1989)

[4] Rüdiger Kramme, *Helmuth Plessner und Carl Schmitt – Eine historische Fallstudie zum Verhältnis von Anthropologie und Politik in der deutschen Philosophie der zwanziger Jahre* (Verlag Duncker & Humblot, Berlin 1989)

[5] Auf deutsch in: *Complexio Oppositorum – Über Carl Schmitt.* Herausgegeben von Helmut Quaritsch (Verlag Duncker & Humblot, Berlin 1988)

führt die damit einherlaufende »Entpolitisierung« und »Neutralisierung« des Lebens für Schmitt mit dialektischer Notwendigkeit neue, unvorhersehbare »Politisierungen« herauf.

Ein Fragezeichen ist auch an die zentrale Interpretationsthese Krammes anzubringen, wonach Schmitts und Plessners auf praktische Politik angelegte Theoriekonzepte als ein »Argumentationskontinuum« zu lesen seien: »Plessners anthropologischer Ansatz faßt den Menschen als einen sich selbst individuierenden Solipsisten mit einer prekär dynamischen psychophysischen Struktur. Um seine Identität zu wahren, bedarf dieser Formen permanent zu vollziehender, selbstbewußter Bindung sowie selbstbehauptender Abwehr. Dies führt Plessner zu der Konstruktion eines politisch-gesellschaftlichen Bildes kompetitiver Einzelner, die zur Wahrung ihrer Persönlichkeit des unvermittelten Gegengewichts einer überpersönlichen Macht bedürfen. Carl Schmitts politische Theorie eines souverän exekutivischen Etatismus befriedigt in ihren ordnungspolitischen Strukturen diese anthropologisch begründete Notwendigkeit eines hypostasierten Staates.«

Fraglich ist das behauptete Ergänzungsverhältnis vor allem deswegen, weil es von Schmitts eschatologisch-apokalyptischem Geschichtsverständnis, von seiner *Politischen Theologie,* absehen muß. Plessner entwirft den Menschen als ein theologisch nicht fixiertes Wesen, das aus der »Relation der Unbestimmtheit zu sich« die Machtdynamik entfalte, die auch den »*Gegensatz* von Vertrautheit und Fremdheit, von *Freund und Feind*« hervorbringe. Die berühmt-berüchtigte – zumeist auch bellizistisch mißverstandene – Freund-Feind-Theorie Schmitts hingegen wurzelt nicht in einer neutralen Anthropologie, sondern zuletzt in einem aus Genesis III, 15 sich speisenden Glauben an einen providentiellen Feind. Das jedenfalls ist die begründete Ansicht *Heinrich Meiers*[6]. Was er über das Verhältnis der Politischen Theorie des jungen Leo Strauß zur Politischen Theologie des katholischen Staatsrechtslehrers Schmitt ausführt, läßt sich auch auf dasjenige der Philosophischen Anthropologie Plessners zur Theologischen Anthropologie Schmitts übertragen. Strauß schrieb in einem Brief vom September 1932 an Schmitt: »Die Abschließungs*tendenz* (und damit die Freund-Feind-Gruppierung der Menschheit) ist mit der menschlichen Natur gegeben; sie ist in diesem Sinn *das* Schicksal.« Dem hält Meier entgegen: »Das Politische ist das Schicksal, weil es die Menschen, ob sie wollen oder nicht, im Stand der Geschichtlichkeit und des Gerichts hält... Immer kommt es Schmitt entscheidend darauf an, im Politischen das Unabweisbare aufzusuchen und zur Geltung zu bringen: die *objektive Macht* des Feindes, die die Weltgeschichte in Bewegung hält; die Frage, die zu

---

[6] Heinrich Meier, *Carl Schmitt, Leo Strauß und »Der Begriff des Politischen« – Zu einem Dialog unter Abwesenden. Mit Leo Strauß' Aufsatz über den »Begriff des Politischen« und drei unveröffentlichten Briefen an Carl Schmitt aus den Jahren 1932/33* (Verlag J.B. Metzler, Stuttgart 1988)

stellen nicht im Belieben des Einzelnen steht, sondern die der Feind *ist*. Im Feind glaubt Schmitt das Werkzeug der Providenz zu erkennen... Der Feind ist für Schmitt der Garant des Lebensernstes.«

Für die geistesgeschichtliche Beurteilung Schmitts ist diese Differenz überaus belangvoll. Es geht dann nicht an, wie Mohler es der Uneindeutigkeit zum Trotz doch tut, Schmitt zum Umkreis der »Konservativen Revolution« zu rechnen. Denn ein wesentliches Merkmal dieser Strömung ist – nach Mohler – deren zyklisches Geschichtsbild, das dem eschatologischen Schmitts diametral entgegegesetzt ist. In seinem Beitrag zur Festschrift für Ernst Jünger verdeutlicht Schmitt dies, indem er die Opposition von »geschichtlicher Einmaligkeit« und »ewiger Wiederkehr« akzentuiert und sich damit gegen Jünger abgrenzt. Diese Abgrenzung findet Meier zufolge ihre Entsprechung in der dritten Auflage des *Begriffs des Politischen* von 1933. Darin hebt Schmitt seinen politischen von dem »agonalen« Feindbegriff Ernst Jüngerst ab, der ein ihn begrenzendes Maß weder in staatlicher noch in heilsgeschichtlicher Ordnung findet.

Im übrigen hat Heinrich Meier ein kleines Meisterstück philologisch-philosophischer Interpretationskunst vorgelegt. Mit großer Sorgfalt fördert er einen bislang nicht zur Kenntnis genommenen Dialog Schmitts mit seinem Interpreten Leo Strauß zutage. Durch ihn werden die verschiedenen Fassungen des *Begriffs des Politischen* als verschiedene konzeptionelle Stufen sichtbar gemacht. An der Konturierung des theologischen Gehalts dieser Schrift hatte die philosophische Insistenz von Leo Strauß maßgeblichen Anteil. Seine eingehende Besprechung der Begriffsschrift, durch den Abdruck wieder zugänglich gemacht, bewegt sich auf einem Reflexions- und Ausdrucksniveau, das nach ihr selten wieder erreicht worden ist.

Uwe Justus Wenzel

Subjektivität und Allgemeinheit

Oskar Negts und Alexander Kluges Fragmente zu einer Theorie des Politischen

Weil sie in Verlegenheit bringen, werden sie selten aufgeworfen: Fragen nach den – scheinbar selbstverständlichen – Grundbegriffen des Denkens und Handelns. Wenn doch, so können sie freilich immer noch falsch gestellt sein, in eine falsche Richtung weisen, wie Kant angesichts der Frage »was ist Wahrheit?« belustigt anmahnte. Allzu leicht könne es dann dahin kommen, schreibt er, »daß einer (wie die Alten sagten) den Bock melkt, der andere ein Sieb unterhält.« Der Soziologe Oskar Negt und der Schriftsteller, Filmemacher und Rechtsanwalt Alexander Kluge machen in ihrem neuen Buch, dem dritten gemeinsamen nach »Öffentlichkeit und Erfahrung« (1972) und »Geschichte und Eigensinn« (1981), keine solch ungute Figur. Im Gegenteil, die Frage, der sie sich stellen, ist ausgesprochen erkenntnisfördernd. Sie lautet: »Was ist am politischen Handeln politisch?« (15) Oder, kürzer und fundamentaler: »Was ist das Politische?« Sie fragen also nicht: Was ist »Politik«? Mit dem Übergang vom Substantiv zum Adjektiv bzw. substantivierten Adjektiv geht eine Fokusverschiebung einher. Nicht dem, was die politische Klasse tut, gilt ihre Aufmerksamkeit, auch nicht – nicht primär – den staatlichen Institutionen. Ins Blickfeld rückt vielmehr das Politische als der »Rohstoff«, der »in jedem Lebenszusammenhang«, in alltäglichen Konstellationen, »versteckt ist« (32).

Das Buch ist aus fünfzehn Variationen verschiedenster Art über dieses Thema (recht frei) komponiert. Theoretische Reflexionen, historische Rückblenden und Kommentare zum Zeitgeschehen (zur deutsch-deutschen Vereinigung, zum Golfkrieg, zur Entwicklung in China) wechseln mit autobiographischen Notizen und analytisch nüchternen Phantasiestücken (Klugescher Provenienz) ab. Ihr Begriff des Politischen, den daraus zu destillieren weitgehend der Lektüre anheimgestellt ist, öffnet sich dem Lebensweltlichen, Sozialen, ohne sich darin zu verlieren. Die Polis, das »Gemeinwesen« bildet, anders gesagt, auch für die beiden undogmatischen – mittlerweile ergrauten – Emanzipationsstrategen und Lernprozeßinitiatoren einen wesentlichen, das Politische definierenden Bezugspunkt. Als Rohstoff, als Politik im »Zustand der Wartezeit« (25), lesen wir, sei das Politische »unvollständig« (vgl. 47). Interessen, Wünsche und Gefühle, die »massenreichen Antriebe« (32), aus denen sich der Rohstoff zusammensetze, entbehrten des Maßes, konstituierten, für sich genommen, »noch kein faßbares Maßverhältnis« (47), das nötig sei, um »Dauer« und »Zusammenhang« zu stiften (16) – bzw., wie die beiden lieber schreiben, zu »produzieren«. Um das Attribut »politisch« zu verdienen, müßten zu den in den Privatsphären (Beruf, Familie, Betrieb) wurzelnden latent politischen Eigeninteressen die Momente der »Verallgemeinerung« und des »situationsüberschreitenden Geltungsanspruchs« (32) hinzutreten. Wie das Politische »im materiellen Sinne« der allgemeinheitsfähigen Form bedürfe, so habe, umgekehrt, politisches Handeln nur dann einen »Gebrauchswert«, sei es nur dann »politisch«, wenn es einem »Zusammenhang« zuträglich sei, in welchem »Eigenwillen und subjektive Autonomie (...) sich zu einem Gemeinwesen verbinden«, das auch die in den Privatsphären gewonnene »wesentliche Lebenserfahrung öffentlich erkennbar hält«. (47)

Diese von den Autoren selbst als »riskant« eingestufte (47) Begriffsbildung intendiert, recht verstanden, das genaue Gegenteil dessen, was unvorbereitete Leser zunächst befürchten mögen. Sie intendiert eine theoretisch-praktische Gegenwehr gegen die »Tyrannei der Intimität«, die Richard Sennett vor bald zwanzig Jahren an den Pranger gestellt hat. Negt und Kluge reden nicht einer Reduktion politischer auf psychologische Kategorien, einem Eindringen des Privaten in die Sphäre des Öffentlich-Politischen das Wort. Sie plädieren lediglich und allerdings dafür, »den Austausch zwischen den *Quellen des Politischen* und den *Resultaten der Politik*« (49 f.) zu verbessern und insofern den Bereich des Öffentlichen zu erweitern. Die weithin herrschende »Realpolitik«, die sie in dieser Hinsicht der Realitätslosigkeit zeihen (17), verhindere infolge ihrer zentralistischen Staatsfixiertheit den Verkehr zwischen Subjektivität und Allgemeinheit. Sie errichte – in Verkennung ihrer substantiellen Basis – zumeist »eine Abwehrschranke gegenüber demjenigen, was noch nicht Politik geworden ist« (91). Oder zerstöre gar durch ihre überhöhte Geschwindigkeit die »Eigenzeit« und die »eigensinnige Entwicklungslogik« sozialer Beziehungen (307).

Sowenig mit dieser Theorie der »institutionelle Aufbau« des Gemeinwesens auf den »emotionalen Unterbau« (222) reduziert werden soll, ebensowenig soll das Politische aus anderen, etwa ökonomischen oder psychologischen, Kriterien abgeleitet werden (vgl. 91). Wie aber läßt sich dann die Transformation privater ›Subjektivität‹ in politische ›Objektivität‹ begreifen – zumal, wenn das Politische nicht als ein besonderes »Sachgebiet« anderen Bereichen gegenübergestellt werden könne (91)? Der Begriff des Politischen, so die Autoren hierzu, beschreibe »den äußersten Intensitätsgrad einer Verbindung oder Trennung, einer Abstoßung oder Anziehung, einer Assoziation oder Dissoziation; in jedem Zusammenhang möglich und in jeder Eigenschaft, die erfahrungsfähig ist, aktualisierbar« (91). Erst eine Seite später, und auch nicht vollends, sind Negt und Kluge geständig, diesen Begriff des Politischen – einen Begriff der ›Politisierbarkeit‹ – von einem politischen Antipoden entlehnt zu haben: von Carl Schmitt. Neben Kant und Marx ist er es, dem ihre »Vorschläge zum Unterscheidungsvermögen« am meisten verdanken. Freilich trachten sie, Schmitts Freund-Feind-Kriterium, ohne es seiner analytischen Schärfe zu berauben, gleichsam zu domestizieren, indem sie den Aspekt der Freundschaft, der Assoziation gebührend hervorheben. Nicht nur in diesem Punkt kommen sie annähernd mit Dolf Sternbergers wohltemperierter »Politologik« überein, die die (ungleichen) Menschen in (gleiche) Bürgerinnen und Bürger zu verwandeln verlangt. In *beiden* Fällen eine Nähe, die noch vor weniger als einem Jahrzehnt, der in allen Farben verbreiteten ideologischen Scheuklappen wegen, Befremden ausgelöst hätte oder gar nicht erst wahrgenommen worden wäre.

Auch im Hinblick auf die theoretischen Traditionen, aus denen es sich speist, ist dies Buch also aus heterogenen Elementen zusammengefügt: ein Dokument des Umbruchs. In ihm ist (noch?) nicht säuberlich getrennt, was in dem ungeschriebenen Buch der Tragödien des Sozialismus nach Oskar Negt in drei Teilen abgehandelt werden müßte: Verabschiedungen, Erneuerungen und offene Fragen.

OSKAR NEGT / ALEXANDER KLUGE, *Maßverhältnisse des Politischen. 15 Vorschläge zum Unterscheidungsvermögen* (S. Fischer-Verlag, Frankfurt am Main 1992)

Henning Ottmann

Eine Rehabilitierung klassischer Politik

Es besteht eine erstaunliche Diskrepanz zwischen der großen Wirkung und der schlechten Verfügbarkeit der Bücher und Schriften Eric Voegelins. Inzwischen als einer der maßgeblichen politischen Philosophen des Jahrhunderts in Deutschland, Italien und in den Vereinigten Staaten anerkannt, sind viele seiner bedeutenden Werke in Deutschland nicht erhältlich. Das gilt von den Schriften der dreißiger Jahre; das gilt von Voegelins Hauptwerk »Order and History«, von dem es bis heute keine deutsche Übersetzung gibt; und das galt in den letzten Jahren auch von der »Neuen Wissenschaft der Politik«, deren letzte deutsche Ausgabe aus dem Jahre 1977 seit langem vergriffen war.

Um so erfreulicher ist die Nachricht, daß die »Neue Wissenschaft der Politik« in einer neuen Ausgabe wieder erhältlich ist. Angesichts einer Politikwissenschaft, die sich Einführungen leistet, in denen von einer Trias von Ansätzen die Rede ist, deren Darstellung unter das Niveau jeder Philosophie fällt, wird man es um so mehr begrüßen, daß eines jener Werke wieder zur Verfügung steht, durch das die Politische Wissenschaft nach dem Kriege aus dem Geist des klassischen philosophischen Denkens über Politik erneuert worden war.

Mit dem Titel seines Werkes hatte Voegelin angespielt auf Vicos »Nuova Scienza«, und wie diese das Recht der Geschichtsphilosophie gegen den Begriff neuzeitlicher Wissenschaft neu begründen sollte, so ging es Voegelin darum, der Politischen Wissenschaft gegen die Restriktionen des Positivismus den Horizont ihrer Erfahrung wieder zu öffnen. Beginnend bei einer Kritik des Positivismus und der Weberschen Lehre von der Werturteilsfreiheit folgte das Werk der Geschichte des westlichen politischen Denkens von Plato bis zu den totalitären Massenbewegungen des 20. Jahrhunderts. Und es war vor allem Plato und seine Philosophie politischer Ordnung, in der Voegelin das große Paradigma nicht restringierter politischer Erfahrung fand.

Bei ihrem ersten Erscheinen im Jahre 1952 stieß die »Neue Wissenschaft der Politik« auf große Resonanz und auf viel Unverständnis zugleich. Das »Nachwort« des Herausgebers erinnert daran. Voegelin hatte die platonische und christliche Erfahrung von Transzendenz und Unverfügbarkeit zum Maßstab einer scharfen Kritik der Moderne genommen. Er hatte vom »Gnostizismus« der Moderne gesprochen, und ein eigenes Kapitel trug die Überschrift »Das Ende der Modernität«.

In den fünfziger und sechziger Jahren hat man dies gern als bloßen Antimodernismus mißverstanden. Heute wird man solche Lehren mit neuen Augen lesen. Nach der Renaissance der politischen Theologie muß eine politisch-theologische Kritik der Moderne in neuem Licht erscheinen. Im Blick zurück auf die Diskussionen der politischen Theologie erweist sich die »Neue Wissenschaft der Politik« als eines jener Werke, das wie die Untersuchungen von Blumenberg oder Carl Schmitt eine politisch-theologische Theorie der Moderne gegeben hat; und Blumenbergs Verteidigung der »Legitimität der Neuzeit«, der Überwindung der Gnosis durch die Neuzeit, muß man wohl erst noch als eine Antwort auch auf Voegelins Theorie der Moderne zu lesen verstehen.

Ob Gnostizismus oder nicht, eine kritische Theorie der Moderne muß in Zeiten der Postmoderne-Diskussion anders klingen, als dies in den Jahren des Fortschrittsoptimismus der Fall gewesen ist. Und man darf hoffen, daß die geistige Großwetterlage heute besser als früher geeignet ist, dem Werk jene Leser zuzuführen, die es verdient.

Peter J. Opitz, der Herausgeber dieser Neuauflage, hat an der Universität München ein Eric-Voegelin-Archiv gegründet. Weitere Veröffentlichungen sind angekündigt: die Publikation von Vorträgen Voegelins sowie ein Band *Die Neue Wissenschaft der Politik in der Diskussion*. Das ist erfreulich. Aber es ist nicht genug. Das interessierte Publikum muß hoffen, daß diesen Schritten weitere folgen werden. Noch immer gibt es keine deutsche Übersetzung des Voegelinschen Hauptwerkes »Order and History«. Noch immer gibt es keine Nachdrucke der Werke der dreißiger Jahre. Es wäre an der Zeit, daß sich ein deutscher Verlag dieser Aufgabe stellt.

ERIC VOEGELIN, *Die Neue Wissenschaft der Politik. Eine Einführung*. In Zusammenarbeit mit dem Eric-Voegelin-Archiv an der Ludwig-Maximilians-Universität München, hg. von Peter J. Opitz. 4. unveränderte Auflage mit einem Nachwort des Herausgebers und einer Bibliographie (Verlag Karl Alber, Freiburg-München 1991).

Reinhard Mehring

Staatslehre als politische Ekklesiologie

Carl Schmitt wollte sein Werk als Politische Theologie gelesen wissen, wie er es 1970 in der »Politischen Theologie II« vorschrieb. In den letzten Jahren wurde verstärkt untersucht, ob und inwieweit diese Selbstdeutung zutrifft und welche Bedeutung die Politische Theologie für Schmitt eigentlich hatte. War sie überhaupt sein »Forschungsprogramm« (Lübbe)? War dieses als eine rein »juristische Politische Theologie« (Böckenförde) oder als eine »politische Theorie« (Beneyto) konzipiert? Oder vertrat Schmitt gar eine »appellative politische Theologie« in religiöser Absicht? War also die katholische die bestimmende »Grundprägung« (Quaritsch)?

Adam stellt Schmitts Staatsdenken als eine »Umbesetzung« (C. Schmitt) theologischer und kirchenrechtlicher Begrifflichkeiten dar, er faßt die Politische Theologie also als eine politische Theorie auf, die eine Antwort auf eine bestimmte »Krise der Staatlichkeit« geben wollte: auf das Problem der »politischen Einheitsbildung«, das mit dem Umbruch zur Demokratie und den Integrationsproblemen der Weimarer Republik evident war. Diese Rekonstruktion der »Staatslehre als politischer Ekklesiologie« (6) hat sich nach Adams Darstellung 1933 selbst widerlegt und erledigt, weshalb die Untersuchung mit 1933 endet. Die »Konstruktion des identitären Führerstaats« sei »aus der Not der Theorie geboren« (6), und Schmitt habe 1933 überhaupt sein »politikphilosophisches« Thema erschöpft, weshalb Adam im letzten Kapitel vom »Ende der Repräsentation« spricht und vom weiteren Werk seit 1934 absieht. Dies ist nicht ganz befriedigend. Adam sieht insgesamt weitgehend ab von den historisch-politischen wie juristischen Aspekten des Werkes zugunsten einer »politikphilosophischen« Rekonstruktion der Grundkategorien von Schmitts politischem Formdenken. Seine politikwissenschaftliche Dissertation (Mayer-Tasch) bietet eine »Rekonstruktion« des »Gedankengangs« (6,55) von Schmitts Rekonstruktion der politischen Einheit 1912–1933 in der Ableitung der Grundbegriffe der staatswissenschaftlichen Hauptschriften aus deren theologischer Abkunft. Den Leitfaden gibt dabei die These, daß Schmitt das »Problem der politischen Einheitsbildung« (6 f, 91) durch eine »Rekonstruktion der Souveränität« (24) zu lösen beabsichtigte.

Den Leitfaden nimmt Adam mehr unausdrücklich von T. Vesting (Politische Einheitsbildung und technische Realisation. Über die Expansion der Technik und die Grenzen der Demokratie, 1990; dazu Verf. Bespr. ARSP 1992, 286–288) auf. Vesting begreift die Weimarer Staatsrechtsdiskussion aus der Problemstellung Forsthoffs und vermag damit nicht nur das Gewicht der Fragen deutlich zu machen, sondern zugleich eine treffende Kritik vom Standpunkt der Notwendigkeit einer gesellschaftlichen Selbstverständigung durch Demokratisierung der »Risikogesellschaft« zu geben. Inzwischen veröffentlichte Vesting übrigens einen großen Aufsatz (Erosion der Staatlichkeit. Zum Begriff des Politischen bei Carl Schmitt, in: AöR 1992, 4ff), der nach einer Kritik an Schmitts konservativ-revolutionärem, nationalistischem Konzept von der politischen Einheitsbildung dessen frühe Einsicht in den Prozeß der »Entstaatlichung« positiv würdigt. Daß Schmitts staatsrechtliches Werk, als Diagnose der Wendung vom »bürgerlichen« Rechtsstaat zum »totalen Staat der Industriegesellschaft«, einen gesellschaftlichen Wandel reflektiert, hat Adam dagegen kaum gesehen.

Zum Gedankengang der Studie: Adam führt zunächst aus, daß Schmitt seinen grundlegenden Begriff der Repräsentation »A. Am theologischen Ursprung« in der Auseinandersetzung insbesondere mit R. Sohm entwickelte. Dies führte zu einer »B. Rekonstruktion der Entscheidung«, die Adam insbesondere der »Politischen Theologie« von 1922 abliest. Nach dieser Rekonstruktion des »Dezisionismus« aus dessen theologischer Abkunft geht der Verfasser zu Schmitts »C. Rekonstruktion des Politischen« und also zum »Begriff des Politischen« über, wobei er dessen Wendung gegen Jellinek und Weber, gegen die Allgemeine Staatslehre und ein staatsbezogenes Konzept vom Politischen in einer mehr immanenten Darstellung vernachlässigt, die als »hermeneutische Rekonstruktion« bezeichnet wird (6f). Anschließend stellt der Verfasser Schmitts Weimarer Verfassungslehre als »D. Politische Theologie der Demokratie« und Konzept der »E. Sichtbarkeit der politischen Einheit« dar, das sich 1933 selbst erledigt habe, so daß vom »F. Ende der Repräsentation« die Rede ist. Was der Verfasser dabei vor allem herausstellt, ist der Rest Staatsmetaphysik, der durch Schmitts Dialektik der Repräsentation bedingt ist, und er vermag einige Konstruktionsprobleme dieser Dialektik offenzulegen.

Es muß jedoch deutlich gesagt werden, daß Adam damit nur ein bekanntes Hauptthema der Forschung in vereinfachter und »politikphilosophisch« abstrakter Weise wiederholt: die »Dialektik der Repräsentation« (J.H. Kaiser, in: Festschrift f. C. Schmitt 1959) und des politischen Formdenkens. Die umfangreiche Literatur ist jedoch kaum zur Kenntnis genommen und nicht fruchtbar gemacht worden, und so bleibt Adams Ertrag in der Explikation seiner Problemstellung gering. Die religiöse Abkunft von Schmitts Rekonstruktion des Politischen ist seit Ball bekannt. Eine knappe und klare, kritische Darstellung der skizzierten Entwicklung findet sich bei Vollrath (ZfP 1989). Auf dessen Aufsatz sei statt Adams Studie verwiesen. Komplexere Darstellungen der Dialektik der Repräsentation, die die rechtswissenschaftliche Ausgangslage kritisch berücksichtigen, liegen durch Hofmann 1964 und Mantl 1975 vor. Rezensent hat diese Begriffsarbeit 1989 als eine Selbstzersetzung der politisch-theologischen Ausgangslage in drei Kapiteln beschrieben. Die analytische Kritik durch Kaufmann 1988 nimmt Adam ebensowenig zur Kenntnis wie die ältere historische Untersuchung von Bentin 1972 zu Schmitts Ausdeutung des Weimarer Präsidialsystems in den konkreten historisch-politischen Bezügen; auch die rechtstheoretische Kritik dieses Konzeptes durch Maus 1976 ist nicht berücksichtigt. Solche Hinweise sind nur Beispiele dafür, daß Adams Untersuchung keinen Anspruch auf einen besonderen Beitrag zur Forschung zu geben vermag. Ihr Wert liegt vor allem in der einführenden Wiederaufbereitung einiger Hauptlinien von Schmitts Weimarer Staatslehre in politisch-theologischer Perspektive.

ARMIN ADAM, *Rekonstruktion des Politischen. Carl Schmitt und die Krise der Staatlichkeit 1912–33* (Acta Humaniora, Weinheim 1992).

Reinhard Mehring

Apologie im Selbstgespräch

Carl Schmitt ist 1985 im Alter von 97 Jahren gestorben. Mit den Nekrologen begann eine neue Phase heftigster Auseinandersetzungen, ähnlich wie die Heidegger-Kontroverse 1983 mit der Neuauflage der Freiburger Rektoratsrede erneut anhob. Beide Kontroversen gehören in den großen Historikerstreit der 80er Jahre über den Umgang mit der nationalsozialistischen Vergangenheit, der heute für die Auseinandersetzung mit der Geschichte der DDR, der deutschen Teilung und der Wiedervereinigung unverhofft wieder aktuell und lehrreich ist.

In den letzten Jahren wurden – Zeichen der Schmitt-Konjunktur – die wichtigsten Schriften neu aufgelegt, erstmals auch solche aus der nationalsozialistischen Zeit. Nun liegt mit dem »Glossarium« eine erste umfangreiche Veröffentlichung aus dem riesigen, seit Jugendzeiten angesammelten Nachlaß vor, die laut Angabe des Herausgebers noch von Schmitt selbst als »posthume Publikation gedacht« (VI) war; sie ist denn auch nicht historisch-kritisch ediert. Bei diesem Glossarium handelt es sich weder um ein persönliches noch um ein politisches Tagebuch etwa nach Art der Schüler R. Altmann und J. Groß, sondern um gelegentliche Aufzeichnungen, in denen Schmitt in literarisierter Form und angeregt von diversen Lektüren die deutsche Katastrophe apologetisch ausdeutet. Material enthält es wenig neues. Anders gesagt: Schmitts Tiefenhermeneutik der deutschen Katastrophe in rechtfertigender Absicht basiert insbesondere auf seiner Diagnose einer »Wendung zum diskriminierenden Kriegsbegriff« (1938) sowie auf den – jetzt durch H. Quaritsch herausgegebenen – Rechtsgutachten »Das internationale Verbrechen des Angriffskrieges und der Grundsatz ›Nullum crimen, nulla poena sine lege‹«. Viele der Überlegungen sind in die späteren Schriften, insbesondere in die »Glossen« zu den »Verfassungsrechtlichen Aufsätzen« (1958) übernommen. Stilistisch dominiert die Ironie in allen Nuancen, vom heiteren Maskenspiel und Spottgedicht bis zur bösesten Polemik.

Es können hier – ohne Belege im einzelnen – nur die wichtigsten Themen kurz genannt werden, die nun deutlicher werden: 1) Zunächst Schmitts nahezu völliges Desinteresse an der Gründungsgeschichte und politischen Form der Bundesrepublik, die Schmitt als bloßes Objekt der internationalen Politik ansieht. Sodann 2) seine Empörung über den Nürnberger Prozeß als diskriminierendes, den Besiegten kriminalisierendes Kriegsverbrechen der Sieger, die Schmitt überhaupt, in seiner ständigen Manier projektiver Schuldzuschreibungen, als historische Urheber der fatalen Wendung zum diskriminierenden Kriegsbegriff des Zweiten Weltkrieges ausmacht. 3) Hitler deutet er in Rassenwahn und Reichsideologie nur als »Vollstrecker« angelsächsischer Vorstellungen. 4) Deutlicher wird auch, daß er den Weg des deutschen Geistes vom 19. ins 20. Jahrhundert als eine Abkehr von Goethe zu Hölderlin sowie zu seinen Dichterfreunden Däubler und K. Weiß deutet und daß er aus diesem Grund das goethezeitlich-humanistische Persönlichkeitskonzept für die gegenwärtige Industriegesellschaft ablehnt. Die Aufzeichnungen zu Hölderlin unterstreichen das volle Gewicht der einmaligen Berufung auf Hölderlin für die nationalsozialistische Rechtsauffassung in »Drei Arten des rechtswissenschaftlichen Denkens« von 1934. Deutlicher wird auch Schmitts irrige, idealistische Hoffnung, die »Selbstzersetzung« des deutschen Idealismus möge durch die Dichtung von Däubler und Weiß erneut »theurgische Kräfte« (83, 171) »entfesseln«. Deutlicher werden 5) die geistesgeschichtlichen Bezüge von Schmitts religiösem, nur noch rückschauendem (»Der Nomos der Erde«, 1950) und der heutigen Rechtswissenschaft wohl exzentrischen Rechtsbegriff – (häufige Berufung auf R. Sohm gegen M. Weber) – sowie sein Pathos, als »katholischer Laie« (283) ein »politischer Theologe« und »Theologe der Jurisprudenz« (17) zu sein. Schockierend deutlich wird schließlich 6) sein kruder, keineswegs theologisch sublimierter Antisemitismus, in dem seine geradezu paranoischen Selbstrechtfertigungen und Entschuldungen der deutschen Katastrophe zu wurzeln scheinen: »Gerade der assimilierte Jude ist der wahre Feind« (18), lautet der todernst gemeinte Grundsatz des Glossariums, den man fortan in die Reihe von Schmitts Feindbegriffen als deren paranoischen, explizit gegen Widerlegung immunisierten (»Es hat gar keinen Zweck, die Parole der Weisen von Zion als falsch zu beweisen«) Grund aufnehmen muß.

Dieses Glossarium macht subtile Schmitt-Hermeneutik fortan überflüssig. Seine Veröffentlichung markiert für Forschung und Wirkungsgeschichte einen Einschnitt. Es liegt nun offen, daß noch die schlimmsten Stellungnahmen aus der NS-Zeit keineswegs nur in politischem Opportunismus oder gar Selbstschutz wurzelten, sondern vielmehr in einem persönlichen Horror, der, wie etwa N. Sombart jüngst meinte (Die deutschen Männer und ihre Feinde, 1991), kollektive Feindbilder und Ängste aussprach. Das Glossarium ist jenseits der Schmitt-Forschung heute weniger als Dokument der Auseinandersetzung mit der deutschen Katastrophe interessant, denn als Psychogramm eines existentiell bedrohten und deshalb umso überreizteren Bemühens um Selbstbehauptung und -rechtfertigung in der Krise.

CARL SCHMITT, *Glossarium. Aufzeichnungen der Jahre 1947–1951,* hrsg. von E. Frhr. von Medem (Duncker & Humblot, Berlin 1991).

Reinhard Mehring

Epos der Moderne

Ernst Jünger, älter als das Jahrhundert, gilt seit Jahrzehnten vor allem als dessen Diagnostiker. Jüngers Sicht des Verfassungswandels aus dem Erlebnis des Frontkämpfers des Ersten Weltkriegs wurde schon Anfang der 30er Jahre von Autoren wie C. Schmitt und E. Forsthoff akzeptiert. Heidegger sah in Jünger gar den einzigen Nietzscheaner, in dessen »Arbeiter« der Wille zur Macht praktisch geworden sei. Seine Rezeption des damaligen antidemokratischen Nietzscheanismus, die sich in den Vorlesungen der 30er Jahre überall findet, verengt sich, deutlich etwa in den Nietzsche-Vorlesungen und im Rektoratsbericht – Koslowski verweist (150 ff.) nur auf den späten Festschriftbeitrag »Über die Linie« – auf Jünger, in dem er den letzten Hermeneuten der gegenwärtigen, »aus der Metaphysik stammenden Verwüstung der Erde« (Vorträge und Aufsätze, 68) sieht. Koslowski nimmt Jünger wieder so ernst wie Heidegger, und darin liegt wohl das wichtigste Verdienst seiner Studie. Er liest Jüngers Gesamtwerk als eine »dichterische Philosophie« der Zeit, als epischen »Mythos der Moderne«. Koslowski teilt mit Jünger das »hohe Ziel einer geschichtlichen Philosophie (...), die Einsichten der Philosophie, der Theologie, der Dichtung und der Mythologie zu einer Philosophie des Zeitalters zusammenführen« soll (11). Deshalb wird ihm Jünger wieder zum Grenzfall der Auseinandersetzung.

Stieß Heidegger sein Seinsdenken in den zeithermeneutischen Bezügen von Jüngers Nietzscheanismus ab, so Koslowski seine katholische Modernitätskritik von dessen Gnostizismus. Heidegger hatte bei seiner Rezeption keinen akademischen Anspruch erhoben und lediglich der »Gestalt« des Arbeiters ihren seinsgeschichtlichen Ort zugewiesen. Koslowski beansprucht jedoch, das Gesamtwerk Ernst Jüngers in einen »Erzählzusammenhang« »zu *einem* Epos der Moderne« (11) zusammenzufügen und also einen Mythos von Jüngers Mythos der Moderne zu schreiben. Dies kann beim kolossalen Umfang des Gesamtwerks nur thesenhaft geschehen und wäre literaturwissenschaftlich noch genauer auszuführen. Koslowskis Studie ist trotz ihrer monographischen Anlage mehr als Thesenbuch zu lesen, das in die gegenwärtige Diskussion um Moderne und Postmoderne eingreift. In dieser Diskussion begegneten sich in den 80er Jahren die Dialektiker der Aufklärung mit den Verfechtern der Postmoderne und den konservativen Modernitätskritikern, wobei die Diskussion an den faktischen Beschreibungen des gegenwärtigen Zeitalters einigermaßen vorbeilief und mehr als Medienereignis geführt worden ist. Koslowski beschreibt Jüngers Gesamtwerk als eine Arbeit am Mythos der Moderne, die die Nachkriegszeit nach 1945 als »Spätmoderne« erkennt und konservativ abwertet. Eine Linie von der Moderne zur Postmoderne hat jüngst v. Beyme für die »Theorie der Politik im 20. Jahrhundert« affirmativ festgestellt. Obwohl diese Historisierung der Moderne sich also durchzusetzen scheint, haftet an ihr noch das Odium der Etikette. Doch gerade diese Einteilung überzeugt bei Koslowski.

Koslowski gliedert seine Studie in drei Bücher, einen Prolog und einen Epilog. Die materiale Rekonstruktion von Jüngers Arbeit am Mythos der Moderne findet sich jedoch ausschließlich in den ersten beiden Büchern. Der Prolog führt in die zentrale These vom gnostischen Charakter dieser »dichterischen Philosophie« ein und weist literaturhistorisch auf die Prägung durch die französische Spätromantik hin. Das erste Buch beschrieb Jüngers große Essays als den »Mythos vom Arbeiter und Titanen Mensch«; das zweite behandelt »Die Kleinen Erzählungen der Spätmoderne« nach 1945. Diese Anlage signalisiert bereits weitreichende Thesen. So scheint Jüngers Mythos vom Arbeiter und Titanen Mensch der Moderne zugewiesen, der Essay als die entsprechende Arbeitsform verstanden zu sein, während die Spätmoderne – frei nach Lyotard – nur noch kleine Erzählungen erlaubt.

Im ersten Buch rekonstruiert Koslowski Jüngers essayistische Morphologie des Menschen des 20. Jahrhunderts als eine Arbeit am Mythos der Moderne, der auf die Überwindung des Nihilismus, auf poetische Sinngebung und Tröstung abziele, schließlich mit »An der Zeitmauer« in gnostische Äonenspekulationen münde, die Nietzsches titanische Selbstermächtigung des modernen Menschen in großem Stil mythologisieren. Im zweiten Buch »Die Kleinen Erzählungen der Spätmoderne« liest er drei Werke – »Gläserne Bienen«, »Eumeswille« und »Die Zwille« – als Erzählungen von der Spätmoderne. Koslowski sucht zu zeigen, daß Jünger nach 1945 die Zeichen der Spätmoderne erkenne und eine konservative Gegenposition entwerfe. Der späte Jünger werde dabei vom Defaitisten und Historiker zum Überwinder der Moderne. Bemerkenswert ist Koslowskis Deutung der »Gläsernen Bienen« als Kritik an der spätmodernen »Totalsimulation der Wirklichkeit« sowie seine Berücksichtigung der späten Erzählung »Die Zwille« von 1973 im Gesamtzusammenhang von Jüngers Mythos der Moderne. Interessant ist insbesondere die These, daß Jüngers essayistische Arbeit am Mythos des modernen Menschen nach 1945 durch Erzählungen von der Spätmoderne abgelöst worden sei.

In den letzten beiden Kapiteln faßt Koslowski seine Deutung zusammen, kritisiert Jüngers Gnostizismus vom Standpunkt der christlichen Theologie aus und führt diese Kritik im abschließenden Epilog »Dialektik des Mythos« zu einer allgemeinen Kritik an Jüngers dichterischer Philosophie, die trotz ihrer Aufgeschlossenheit für die Theologie die Bedeutung der (christlichen) Theologie doch nicht voll gesehen und deshalb die Dialektik des Mythos zu einer nur »dichterischen Philosophie« vereinseitigt habe. Hier entsteht der Eindruck, daß Koslowskis Reflexionen dem Gewicht der Fragen etwas inkongruent sind. Der Bedeutung, die Koslowski der Auseinandersetzung mit Jüngers dichterischer

Philosophie zuweist, würde eine gediegenere akademische Durcharbeitung entsprechen, die die literaturwissenschaftlichen und auch politischen Aspekte von Jüngers Gesamtwerk eingehender berücksichtigt. Verglichen etwa mit der älteren Studie von H.-P. Schwarz (Der konservative Anarchist. Politik und Zeitkritik Ernst Jüngers, 1962), einer der wenigen Studien der Jünger-Forschung, die Koslowski überhaupt erwähnt, verdünnt er den konkreten politischen Gehalt und die Zusammenhänge zwischen Jüngers politischem und metaphysischem Impetus. Dagegen bleibt ihm das Verdienst, Jüngers literarisches Gesamtwerk als eine große Arbeit am Mythos der Moderne wieder ernst genommen zu haben.

PETER KOSLOWSKI, *Der Mythos der Moderne. Die dichterische Philosophie Ernst Jüngers* (Fink Verlag, München 1991).

Reinhard Mehring

Zwischen Zukunft und Zustand

Grimm will – laut Vorwort – die »Dringlichkeit« der »Frage nach der Zukunft der Verfassung« stärker ins öffentliche Bewußtsein heben, indem er aufzeigt, wie der moderne »Wohlfahrtsstaat« an der rechtlichen Verfassung zehrt. Seine überwiegend in den letzten Jahren entstandenen, stets sehr allgemein und umfassend angelegten Einzelstudien haben in der scharf formulierten Provokation dieser Frage ihre Einheit, weshalb der Sammelband kompositorisch sehr geschlossen wirkt und geradezu monographisch gelesen werden kann. Grimm gliedert seine Sammlung in einen »Überblick« (über den Verfassungsbegriff), skizziert dann in drei Einzelstudien die »Herkunft« des modernen konstitutionellen Verfassungsbegriffs, wobei er hier an seine frühere Sammlung »Recht und Staat der bürgerlichen Gesellschaft« (1987) sowie an seine »Deutsche Verfassungsgeschichte« (1988) anschließt, beleuchtet sodann in material zentralen Einzelstudien aktuelle »Probleme« dieser Verfassung, reflektiert im Rückblick auf die (gewesene) Bundesrepublik einige »Reformen« und gibt abschließend statt einer Zukunftsprognose noch ein »Resümee« auf die Frage nach der »Zukunft der Verfassung«.

Grimm ist ein Meister großer konstruktiver Linien. Die allgemeinste Linie, auf die die gesamten Einzelstudien hinauslaufen, ist die Diagnose eines Wandels des Verfassungsbegriffes. Die Zukunft der Verfassung sieht Grimm jenseits des Rechts und Staats der bürgerlichen Gesellschaft; er erörtert – mit und gegen Carl Schmitt – eine Rückkehr des Verfassungsbegriffes aus seiner normativen Verengung durch den bürgerlichen Konstitutionalismus zu einem faktischen »Seinsbegriff«. Während Recht und Staat der bürgerlichen Gesellschaft durch einen normativistischen »Sollensbegriff« (11 ff., 10 ff., vgl. 326) von Verfassung gekennzeichnet gewesen seien, deute heute einiges darauf hin, daß die Verfassung der Zukunft jenseits dieser rechtlichen Normierung als Sollensordnung wieder primär als Verfassung im absoluten Sinne eines konkreten status bestimmt sei. Freilich bringe diese Depotenzierung der bürgerlichen Verabsolutierung der Verfassung im normativen Sinne keine Restauration vorkonstitutioneller Zustände.

Systemtheoretisch spricht Grimm von einer Depotenzierung der rechtlichen Verfassung als einer »Rahmenordnung« zur bloßen »Teilordnung« (z. B. 17, 25 f, 437). Er geht von einer »Krise des Rechtsstaats« aus, die er auf einen gesellschaftlich bedingten »Wandel der Staatsaufgaben« zurückführt, der mit dem Grundgesetz zu einer gewissen Abkehr vom »Konzept des bürgerlichen Rechtsstaates« führte, das nach Grimm im Gesetzesbegriff seinen »Angelpunkt« hatte. Diese erste Problemanalyse schlägt die Generaldiagnose an: Grimm führt an den Einzelproblemen immer wieder aus, daß das Konzept des bürgerlichen Rechtsstaats, mit dessen spezifischem Mittel des Gesetzes als Befehl und Zwang (»imperative Steuerung«), den gewandelten Aufgaben nicht mehr entsprechen kann. Das Gesetz wandle sich infolge des Wandels der Steuerungsaufgaben in der komplexen Industriegesellschaft zu einem indirekten Mittel, das nur noch in »Kooperation« mit den gesellschaftlichen Mächten zustande kommen (Neokorporatismusthese) und nur noch ein »Finalprogramm« vorgeben könne, das der Verwaltung de facto die Macht der politischen Entscheidung überläßt. Dies ist der generelle Tenor der Problemdiagnose, die Grimm in seinem grundlegenden Beitrag »Der Wandel der Staatsaufgaben und die Krise des Rechtsstaats« (159 ff., vgl. bes. auch 383 ff.) entwickelt.

Von dieser allgemeinen Diagnose ausgehend werden sodann einige Einzelprobleme beleuchtet: so das Problem der »Interessenwahrung und Rechtsdurchsetzung in der Gesellschaft von morgen« (176 ff.), die freiheitsgefährdende Ausweitung und Veränderung der staatlichen »Prävention« (197 ff.), der – entgegen der Auffassung B. Schlinks – nicht durch eine »Rückkehr zum liberalen Grundrechtsverständnis« (221 ff.), sondern nur durch eine weitere »Optimierung« der »objektiv-rechtlichen Komponente der Grundrechte« (240) zu entgegnen sei. In einer weiteren Reihe von Aufsätzen erörtert Grimm diese Probleme weniger von der Diagnose des Wandels des Gesetzeskonzeptes her, als mehr politikwissenschaftlich von Seiten der Bedeutung der Verbände (241 ff.) und Parteien (263 ff.), wobei er diese als Mächte korporativer Verflechtung gesellschaftlicher Gruppen – keineswegs: der Gesellschaft – mit dem Staat begreift. Besonders bemerkenswert ist Grimms für die Einflußsphären der Parteien diagnostisch differenzierte Kritik am Anspruch der Parteien auf ein »Repräsentationsmonopol«, demgegenüber die Kontrollinstanzen weniger im Parlament oder gar in den Parteien selbst als in der Öffentlichkeit, in der Wissenschaft und nicht zuletzt im Bundesverfassungsgericht zu suchen seien. Diese Kritik geht, wie ein letzter Beitrag zur Problemdiagnose erörtert, aus von einem inhaltlich entlasteten »Grundkonsens«, der keinen »Totalkonsens« ideologischer Wahrheiten erzwingt, sondern eine »Offenheit« des politischen Prozesses anstrebt, die heute allerdings angesichts der Irreversibilität bestimmter politischer Entscheidungen im Bereich der technischen Realisation an Grenzen der Akzeptanz und Legitimität stoße. Diese Grenzen der Tragweite und Akzeptanz von demokratischen Mehrheitsentscheidungen machen die Zukunft der rechtlichen Verfassung erneut fragwürdig.

Im Abschnitt »Reformen« erörtert Grimm die rechtliche Änderbarkeit von Verfassungen aus deren Funktionssinn (313 ff.). Dabei betont er die Bedeutung der Politikwissenschaft (336 ff.) zur Erkenntnis faktischer Verfassungsänderungen, für die sich verfassungspolitische Konsequenzen ergeben. Ein gewichtiges Beispiel ist hier die »schleichende Umwandlung« der Föderalverfassung in einen »kooperativen Föderalismus«, die Grimm insbesondere in seinem Jubiläumsbeitrag »Das Grundgesetz nach 40 Jahren« als die wichtigste Verfassungsentwicklung der gewesenen Bundesrepublik hervorhebt (376 ff.). In seinem titelgebenden Resümee über »Die Zukunft der Verfassung« (397 ff.) faßt er seine Analysen prägnant zusammen und betont zuletzt eine Spannung zwischen dem unüberholten Regelungssinn des Verfassungstextes und den neuen Aufgaben und Regelungszwecken, als die er die Sozialgestaltung und die Risikovorsorge herausstellt.

Nach den Analysen des Verfassers hat die von Carl Schmitt diagnostizierte Auflösung der rechtsstaatlichen Verfassung durch die Industriegesellschaft noch immer keine klare, zukunftsweisende verfassungsrechtliche Antwort gefunden. Sie wird sich nach der Meinung des Verfassers auf der Ebene des Verfassungstextes allein auch nicht finden lassen. Der Verfasser hält ein Plädoyer für eine Verfassungstheorie, die ein »verändertes Verfassungsverständnis« (437) nur in historischer Perspektive und in enger Zusammenarbeit mit der Politikwissenschaft erarbeiten kann.

DIETER GRIMM, *Die Zukunft der Verfassung* (Suhrkamp, Frankfurt a.M. 1991).

Ein bestechendes Zeugnis der Klugheit und des Mutes

VERLAG J. B. METZLER

Insel der Geborgenheit

H. L. Busemann/ M. Daxner/ W. Fölling

Die Private Waldschule Kaliski Berlin 1932 bis 1939

Hertha Luise Busemann/ Michael Daxner/Werner Fölling
Insel der Geborgenheit
1992. 388 Seiten,
44 Abb., geb.,
mit Schutzumschlag, DM 48,–
ISBN 3-465-00845-2

Die Private Waldschule Kaliski wurde 1932 in Berlin gegründet. Trotz zahlloser Eingriffe der neuen Machthaber bestanden Lehrer und Eltern bis 1939 einen mutigen Kampf und konnten Hunderten von Schülerinnen und Schülern einen Ort bürgerlicher Identitätsbildung und humanistisch-liberaler Weltanschauung bieten. Die Schulgründerin Lotte Kaliski und ihr Schulleiter Heinrich Selver blickten über den dramatischen Alltag hinaus und bereiteten die ihnen anvertrauten Kinder auf die Zeit des sich immer deutlicher abzeichnenden Exils vor. So haben viele von ihnen überlebt. Die Darstellung dieses packenden, einmaligen Vorgangs beruht auf langjährigen Recherchen entlegener Quellen und Dokumente, vor allem aber auf zahlreichen Interviews Lotte Kaliskis, die heute in New York lebt, der ehemaligen Schülerinnen und Schüler. So ist ein eindrucksvoll dichtes Bild entstanden, ein bestechendes Zeugnis der Klugheit und des Mutes.

Die Private Waldschule Kaliski in Berlin 1932 bis 1939

Verlag J. B. Metzler
Postfach 10 32 41
7000 Stuttgart 10